現代アメリカ法入門

アメリカ法の考え方

Takashi Maruta
丸田 隆

日本評論社

はじめに

なぜアメリカ法を学ぶのか

　法律の勉強は、それ自体に目的があって調査や研究をおこなう必要性があるとか、仕事でその知識が求められているということでもなければ、決して楽しいものではない。楽しくない法律の勉強をするのに、日本国内の法律だけでも手一杯、精一杯なのに、どうしてアメリカ法を知る必要があるのかと思う人もいるだろう。第一、日本で法律を使って仕事をするのにアメリカ法の知識なんか必要ないと思われるかもしれない。

　さらに実際に日本で法律の仕事に携わっている人の中で、法学部やロースクールで「英米法」や「アメリカ法」を勉強したという人はそんなに多くはないだろう。それは、「英米法」や「アメリカ法」が司法試験や公務員試験の試験科目でないからかもしれないし、たんに大学の講義科目として開講されていなかったか、開講されていても敬遠されたからかもしれない。

外国法の継受

　しかし、日本は、歴史的に外国法を継受してきた国であるし、明治期における外国法の継受なしに日本の近代化はありえなかった。一八六〇年代の幕藩体制の終焉と明治維新を経て日本が近代国家としてその法体制の構築に着手し始めたとき、明治政府は、西欧、とくにフランスやドイツから法律の専門家を招聘《しょうへい》し、外国法の教えを請うた。その一方で、外国法を学ばせるために多数の学者や官僚を英国、ドイツ、フランス、アメリカなどの諸外国に派遣した。新しい国家の法律制度を作り出すとき、日本にかつて存在した、たとえば大宝律令や幕藩体制の法制度に基づいて日本独自の国家法体制を形成するという選択をせずに、なぜ多数の学者や官僚を外国に派遣してまで外国の法制度を勉強させようとしたのか。このことについて考えを巡らせること自体は興味深いことである。実際には明治期には外国法などは日本の「風土や土壌」に合わないという理由で外国法の継受に反対する者もいた。しかし、少なくともそのような意見や立場は有力なものとはならなかった。それはなぜなのだろうか。なぜ日本の近代の指導者たちは新しい国の立法をおこなう際に積極的に外国法を学ぼうとしたのか。

「真正の」日本法は存在したか

外国法を学ぶひとつの理由としては、近代国家体制の構築を急務としていた明治政府が、列強と称される欧米の先進諸国と対抗するため（とくに欧米列強との不平等条約の改正のため）に表面上だけでも先進国に類似した法体制を整えようとしたことが考えられる。脱亜入欧というスローガンのもとで、何も髷《まげ》を切り落とすなどして髪型を変え、着物を捨てて洋装し、鹿鳴館で舞踏会までやる必要はなかったかもしれない。しかし仮に外国の模倣であっても、それなりに必要性を自覚したうえで選択された政策だった。というのも、明治以降も歴史的に日本独自の裁判制度であったという理由で、たとえば「お白州《しらす》裁判」をそのまま維持していたのでは、諸外国はまじめに日本を相手にしてくれなかったろうし、国際社会で他国と対等に渡り合うことは困難であっただろう。

膨大な費用と人的資源を投入して作り上げた大日本帝国憲法（一八八九年）を中心とする明治政府の法制度は、徳川幕府に代わって天皇制を中心とする法制度であり、その担い手は天皇の官僚であった。この天皇の官僚による法制度は、天皇による国体の護持を大前提とし、国家の意思が、上から下へと伝達される完膚なきまでの上意下達の行政制度に基づくものであった。しかし結局、日本は太平洋戦争を引き起こし、挙句には、原子爆弾を二発も投下され、国土は度重なる空爆によって焦土と化した。この明治憲法下の法体制は、一九四五年の敗戦までわずか五〇数年しかもたなかった。

戦争を遂行した日本の統治者の一部は、一九四八年に極東軍事国際裁判で戦犯として裁かれた。他方で、連合国は日本に新しい民主的法制度の実現を急がせた。その主題は、旧憲法の改正、旧家族法、旧刑事訴訟法等の廃止や改正であり、かつての日本に存在しなかった多くの法原理や法原則がおもにアメリカ合衆国から持ち込まれた。そのとき、そのような外国の法思想は日本的精神に反するとして、連合国主導の法改正に断固反対するというようなエネルギーは敗戦直後の天皇の官僚にはなかった。もちろん、連合国が日本から引き上げると、徐々に戦前から生き延びた官僚らによる反動はあったが、それでもいまの私たちの法制度は諸外国の法制度や法原理の上に成り立っている。しかもこの日本の法制度や法原理に、日本的伝統に則った歴史的に日本独自な法制度や法理論というものは存在しない。あるのは法制度の日本独自の運用方法や法原理や法文の解釈においてである。

法律家による国際協力

国民を主権者とする憲法が公布され、新しい日本国がスタートした一九四六年以降も、アジアでは、インドネシア、ラオス、カンボジア、ベトナム、マレーシア、シンガポール、ブルネイが民主的国家として新しい国づくりを始めた。たとえば、カンボジアの場合、一九九一年一〇月に混乱した治世から解放され、新しい法制度を作って民主的な国家としてスタートを切ろうとした。その時、カンボジアの指導者は、世界の法律家に現代的法体制の確立についての指導を求めた。しかしその時、どれだけの日本の若き法律家や学者がカンボジアに出かけ、彼の国の立法化の指導や法制度整備の援助をしただろうか。また、アジア以外の新興国が自由経済化を推し進め、それに沿って法体制の現代化を試みたとき、日本の若き法律家や学者は現地に行って立法の手助けをしたか。少なくとも、これらの国から日本の法制度の運用や法解釈の独自性を取り入れたいから日本人の法律家を派遣してほしいという要請はあっただろうか。逆にこれらの発展途上の国から日本の法制度を学ぶために継続的に留学してくる法律家や研究者はいたのだろうか。

法的ルールの国際共通化

いま日本法の外で生じていることは、法的ルールの国際的共通化の動きである。自国外にまで膨大な法的資源（法曹の人的、時間的資源）が投下されるのは、政治的目的によるというよりも、多くの場合、経済活動を目的としたものである。この国際経済活動は、二一世紀になる前からすでにボーダーレス化し、リーガルビジネスが国境を越えるだけでなく、国際取引に外国法が複雑に絡み合う構造が創り出されている。その象徴的存在は企業の国際取引活動や特許に関する紛争であろう。

たとえば、日本は世界で上位の特許申請国であり、特許保有国でもある。しかし、そのような知的財産権を世界各地で誰が保護しているのか。日本企業に対する特許侵害訴訟が外国の裁判所において提起されたとき、誰がそれを引き受けているのだろうか。特許紛争は必然的に国境を越える。日本はこのような国際的法的紛争に対処する人的資源を充分に有しているのだろうか。

このことを考えるうえで、参考になるのは、その国で若き学生たちがどのような法学教育を受けてきたかによって自分の置かれた国際的状況や法的状況に対する見方や立ち位置が全く異なるということである。たとえば、アメリカのロースクールでは、各州の弁護士資格を取得するのに国内法規だけ履修しておけば良いとか、外国法の勉強は無駄であるというような教育をしているわけではない。むしろロースクール在学中に外国のロースクールに留学したり、できればその国の学位や法曹資格を取りたいという学生のニーズがあれば、それにも積極的に応え、応援しようとしている。法的ビジネスは国境を越えて限りなく国際的規模で展開しているため、それに対応する法の専門家の育成が嘱望《しょくぼう》されているからである。

アメリカのロースクールでは、司法試験や公務員試験の準備のために試験関連科目だけをカリキュラムにおいて幾重にも用意し、受験のための答案作成訓練をし、法曹試験に関係のない科目の開講は制限するなどという動きはない。ロースクールのカリキュラムは全米法曹協会（ＡＢＡ）によって厳しく規制され、監視されている。また、とくに評判の高い名門のロースクールほど、「ＥＣ法」や「日本法」や「中国法」や「イスラム法」などの外国法関係科目が多数開講されている。しかもそのような外国法の授業では、その科目を通じてその国の法律に通暁《つうぎょう》させるという目的よりも、諸外国で特徴的な法制度の在り方や、そのもとにある異った法的価値観の理解や同じような法的問題がどのように理解されているかを知ることによってより深い法や法制度の理解を学生に与えようとしているのである。そのようにしてこそバランスのとれたリーガルマインドが身につくからである。

外国法知識の有用性

法的紛争の解決を図るのに、これまでに誰かが実践してきた解決方法だけを学習し、会得し、それに依存して新たな問題の解決に役立てることが選択すべき唯一の方法ではないはずである。法的問題の解決には既存の考え方以外にも異なったアプローチの方法があることを知り、他の人とは違う解決のアプローチを取ることは、法律家としてもより実践的であり、問題解決のためには望ましいことであろう。法的問題の解決には法理論も、法制度も、法的方法も異なったものがあるのであって、問題解決に生かせるのならばそれを学ぶことは有効である。

新しい発想が法的問題の固い壁を突破するのに役立ち、また法的問題の解決のための重要な契機になる場合も少なくない。日本で起こっている法的問題は、時を同じくして諸外国においても起こっている。世界中の法律家がいま目の前にある同じような法的問題の解決に取り組んでいるのである。そのアプローチはさまざまであろう。しかし、それがまったく関係のない外国のものであると考えることはできないであろう。問題解決のために異なった法の考え方や法理論を学ぶことはそのためにも十分奨励されるべきものである。

本書は、アメリカ法を学ぶことで異なった国における法制度や法の価値についての見方を知り、法に対するより幅広い見方を理解するとともに、日本で生起する同じような問題や新しい問題にどのような新しい法的方法が可能で、どのような法的理論構成がおこなえるかについての素材を提供することを目的としている。そのため、本書では、アメリカ法とその考え方のどこが日本法の発想と違うのかをとくに意識しながら、アメリカに固有の法的思考の特徴を示すように心掛けた。

アメリカ法の考え方とその展開は、アメリカ的な法的価値観の表明でもあるし、またアメリカという国やその国民が追い求めている政治哲学や公的政策の方向性を示すものでもある。したがって、これらを知ることはたんにアメリカ法と法制度の概要を知ることに加えて、アメリカという国とその法文化の理解につながることになる。そこで、本書では、最初に関心を持っていただいたテーマや章、あるいは偶然開いたところから読んでいただければ、それだけでアメリカがどういう法的発想をしているかを把握できるようにした。本書によって法についての新しい発想に気づいていただければ望外の幸せである。

二〇一五年五月三日　ニューヨークＪＦＫ空港にて

著者

第二刷にあたって

本書が刊行されてから七年余りが過ぎた。この度、第二刷を出す機会をいただいて、以前から気になっていた記述の訂正を行った。その際に、本書を講義で利用していただいている竹部晴美准教授から、注やコラムの追加（八七頁、一二四頁）を含め本文について多くの指摘を受けることができた。御礼を申し上げたい。なお、訂正箇所を含め全体の記述については筆者のみが責任を負っていることは言うまでもない。

Acknowledgements　謝辞

ここで述べられたアメリカ的な「法の考え方」に対する理解は、私の個人的な体験に基づいたものである。つまり、本書での記述内容は、私自身のアメリカやアメリカ法とのかかわりや個人的体験に依拠するところが大きい。それらは、大学院生時代のミシガン・ロースクールへの留学、マサチューセッツ州ミドルセックス郡上位裁判所での研修、ミシガン・ロースクール、英国サセックス大学法センターおよびハワイ大学ロースクールでの日本法の講義、さらにニューヨーク・デイ・ピットニー法律事務所での実務体験などが下敷きになっている。

これらの体験から私が学んだことは、アメリカにはアメリカなりの法や、法律家や、法理論や裁判所の役割に対する独特な考え方があり（これを「アメリカ法の考え方」と呼ぼう）、それは日本の法や法制度に対する考え方と驚くほど違う、ということであった。――そのために、本書のところどころで、“sidebar”（サイドバー、この言葉は、アメリカの法廷で審理中に裁判官と訴訟代理人が協議することを指す）のコーナーを作って、日本法の現状との比較や参考になる記述をおこなっている。

この本が出来るまでには実にたくさんの人々からの示唆と教えを受けている。これらの人との出会いや、教えや、助言がなければ私のアメリカ法との出会いもなかったであろう。残念ながら感謝したい人の名前をとても全員分を書ききることはできないが、以下に代表者として記しておきたい。繰り返すが、これらの人たちとの出会いがなければこのような書物を出版することもなかっただろうと思われる。

Michigan Law School の私の指導教授であった Richard Lempert, 留学中の相談役であった Whitmore Gray, Thomas Green, Lee Bollinger, さらに裁判所での研修機会を提供してくれた Massachusetts Superior Court Judge Paul Chernoff, 私の友人である University of Hawaii Law School の Dean Larry Foster, Mark Levin, Sussex University の Richard Volger, Meryll Dean, さらに、弁護士実務の経験をさせてくれた Day Pittney LLP 法律事務所の the late Yukio Kashiba, Janis Ronald, Keith McWha, Eric Fader, ほかに、Columbia Law School の Curtis J. Milhaupt, そのほかのたくさんの人が私の研究や勉強を支えてくださった。

また、本書の草稿に目を通し、コメントをくださった西村健弁護士、栗原眞人さん、家本真実さん、松村歌子さん、竹部晴美さんにお礼を申し上げたい。また、本書の出版を後押しして下さった日本評論社の串崎浩社長、担当者の武田彩さん、大東美妃さんには大変お世話になった。さらに本書のもとになった講義ノートについて、関西学院出版会の田中直哉さんにお礼を申し上げる。

目次

第8章　刑事裁判手続き――逮捕から公訴の提起まで……153

第1章 アメリカ法とは何か

アメリカ法は、英国法を母国法とする。そのためこれまで、アメリカ法は「英米法」（の一部）として一括して論じられてきた。しかし、アメリカ法と英国法に共通性があるとすると、それは以下に説明するようにコモンローに基づく判例法系に属するという点である。法や法制度が所与の国の価値観やものの考え方を色濃く反映したものになるという意味からすると、アメリカ法は必ずしも英国法と同じ法発展の歴史を辿ってはいない。そのため法の根源は同じであっても、法の発展は大きく異なる。英国の植民地であったアメリカは、むしろ英国的なものを拒否しながらアメリカ法なるものを独自に作り出してきた。[1] その根本には、合衆国統一のひとつの理念型である「アメリカ合衆国憲法」の法的価値がある。この点は、成文憲法典なき英国法とは大きな違いとなって表れている。アメリカ法の特徴と発展については第3章で詳しく検討することとし、アメリカ法や英国法が、日本のようないわゆる法典法国とその発想をどのように異にしているのかを以下見ておこう。

1　大陸法と英米法

世界の法制度は、それぞれの国の歴史的、文化的背景を色濃く反映して多様である。それでも、楔形文字を用いて書かれた現存最古の法典といわれるウルナンム（Ur Nammu）法典（紀元前三〇〇〇年末ごろ）や、この伝統の流れを引いて制定されたとされるハンムラビ法典（Code of

1　英国領アメリカ北大陸植民地における非英国的な法的制度の探求については陪審制度の継受と位置付けを巡る同時代の議論を見ると明らかになる。この点について、丸田隆『アメリカ陪審制度研究——jury nullificationを中心に』（法律文化社、1988年）3－8、63－129頁参照。

Hammurabi）（紀元前一八世紀ごろ）[2]にまで遡らなくても、現在の世界の国々の法は何らかの形で、特定国の法や法制度の影響を受け、継受し、現在の法制度を形作っている。それらは、宗教的影響を色濃く反映したものもある。しかし多くの場合、一国が他国に侵入したり、併合したりすることによって、その支配国の法制度を継受させるという歴史的経過をたどる。ことに現代の法や法制度は、ヨーロッパ大陸で形成されてきた法や法制度を継受したものであることが多い。これは当時のヨーロッパが軍事的、経済的、政治的影響力を背景として、その法制度を拡大してきたことに起因する。その中心となったのは、ローマ法を起源とするヨーロッパ大陸法であり、大英帝国のコモンローである。[3]

ローマ法と大陸法

大陸法は、もともとヨーロッパ大陸に大きな影響力を持ったローマ法がその源泉である。ローマ法とは、ローマ帝国で作られた法典のことであり、「ローマ市民」の法的権利について定めた法である。そのため、市民法（ius civile, civil law）とも呼ばれる。歴史的には、ローマ市民法の最初の形態は、慣習法を明文化した十二表法（Twelve Tables）に残されているが、その後、東ローマ帝国のユスティニアヌス帝（Justinian I）が、六世紀に法律専門家および公務員（Tribonian）を指名し、彼らに対して従来の法学説や勅法の集大成をするために初期のローマ法のすべての収集、編集、および成文化をおこなわせたことが大きい。それをまとめたものが今日『ユスティニアヌス法典』と称され、ローマ法の重要な法典として知られるようになった。[4]

ユスティニアヌス帝が編纂させたのは、具体的には『学説彙纂《がくせついさん》』（Digesta または Pandectae）、『法学提要』（Institutiones）、『勅法彙纂《ちょくほういさん》』（Codex）および『新勅法彙纂』（Novellae）である。これらを

2　古代法の意味と位置付けについては、Martha T. Roth, Symposium on Ancient Law, Economics & Society Part II: *Ancient Rights and Wrongs: Mesopotamian Legal Traditions and the Laws of Hammurabi*, 71 CHI.-KENT L. REV. 13（1995）, Albert M. Rosenblatt, The Benjamin N. Cardozo Lecture: *The Law's Evolution: Long Night's Journey into Day*, 58 THE RECORD 144（2003）参照。

合わせたものが、『ユスティニアヌス法典』といわれるものであり、『市民法大全』（Corpus Iuris Civilis）とも称される。[5] いずれも成文による概括的法規範の集大成であったことが特徴的である。

しかしこれらは、今日の成文法典のような総論から始まり各論に至る体系立った条文から構成された制定法典ではなく、学説や、著述や、勅令や法律などから構成されたものであった。それでもこれら『ユスティニアヌス法典』は、中世から近世のヨーロッパにおいて共通法（ユス・コムーネ、ius commune）として大学で研究され、講じられ、ヨーロッパ各国の民事立法に多大な影響を及ぼした。とくに個別事案に関する法学者の議論の抽出物である『学説彙纂』は、法学校の入門書として使われ、同時に法律としての効力も持っていた。つまり『学説彙纂』は、教科書であると同時に、裁判で条文のように引き合いに出された。このように『ユスティニアヌス法典』が持ったヨーロッパ近代法形成への最大の貢献は、『学説彙纂』にあるといわれている。[6] さらに法律学校の教科書であった『法学提要』もフランス民法典の編別編成のモデルとなっている。

その後、ヨーロッパ大陸におけるローマ法の継受は一二世紀頃から始まった。それはのちにドイツやフランスにおける成文法（最も影響力がある民法典として、フランスのナポレオン法典やドイツの市民法典（ＢＧＢ）が知られる）となってヨーロッパ大陸のほぼ全域に広がった。地理的にみると、ローマ法とその法学方法論は、ヨーロッパから、アフリカ、中東、南アメリカおよび中央アメリカから北アメリカのルイジアナ、ケベックにまで継受されていった。

このようなローマ法を淵源とする市民法、つまり（ヨーロッパ）大陸法の特徴は、法的規則や法的原理の総合的なシステムが成文規定によって法典化されていることにある。しかも法典化された制定法の条文は詳細な記述を回避して、抽象的、一般的な規定となっているために、新しく起こりうる事

3　植民地期アメリカにおける法と法律家については、*see* Christopher Tomlins, Symposium Introduction: Colonialism, Culture, and the Law: *The Legal Cartography of Colonization, the Legal Polyphony of Settlement: English Intrusions on the American Mainland in the Seventeenth Century*, 26 Law & Soc. Inquiry 315 (2001); Antony Anghie, *Finding the Peripheries: Sovereignty and Colonialism in Nineteenth-Century International Law*, 40 Harv. Int'l L. J. 1 (1999).

件にはその条文解釈を通して適用できる余地を一応残している。しかし、成文法は立法システムに依存していることから国家による制定法が中心となる。そのために新しい法的問題には裁判官による判断よりも、むしろ立法による法制定を通じた対応が求められることになる。

ローマ法から発達した大陸法系国（Civil Law Countries）の法典は、ローマ法の特徴を色濃く承継し、ある事件の事実関係が法典の中のどの条文に該当するかどうかについて裁判官が決定し、認定された事実に条文の適用があるかどうかを決定する。つまり、法典中の条文が具体的な法的紛争に適用される法源（source of law）となる。裁判官は、ある事実に条文の適用がある場合には、その条文の定める法律効果を認める判断をし、もし条文の適用がないのであれば、当事者の請求を棄却する決定を下す。それでも包括的な条文規定が想定された紛争事実を包摂できなかったり、新しい事態に追いつかなかったりした場合は、立法府による継続的な法の改正や新法が公布されることで、特定の状況に対応することが可能であるとされている。[7]

コモンロー

他方、英米法の中核をなすコモンロー（common law）は、このような大陸法の成文法体系とは大きく異なる。そもそもコモンローなるものは、一〇六六年の征服王ノルマンディー公ウィリアム（William the Duke of Normandy、通称は征服王ウィリアム、William the Conqueror）によるイングランド支配以降からその存在を明確にし始めた。征服王ウィリアムは、国王裁判所の設置などで司法制度を整える一方、イングランド各地に巡回によって裁判官を派遣し、地域共同体や農民に対する民事事件を管轄するための荘園裁判所（manorial courts）、さらには当時地方にあった慣習法（local

4 *See* Michael H. Hoeflich, *Bibliographical Perspectives on Roman and Civil Law*, 89 LAW LIBR. J. 41（1997）.
5 *Id.* at 42.
6 勝田有恒・森征一・山内進編『概説西洋法制史』（ミネルヴァ書房、2004年）59-63頁。
7 WIILIUM BURNHAM, INTRODUCTION TO THE LAW AND LEGAL SYSTEM OF THE UNITED STATES, 5th ed.（West, 2011）38-49.

laws）に基づいて「王国の一般的慣習」（general custom of the realm）の統一化をおこなった。

一二世紀半ば以降のイングランドにおいて、ヘンリー二世（Henry II）は、増大した国王権力を背景として、王立裁判所（royal court）の訴訟手続きの改革をおこない、領土の全体にわたって適用される法の体系、つまりコモンロー法体系を確立した。[8]

このコモンローは、王立裁判所および国王の司法官僚機構によって施行されていたが、大陸の大学における「学問的な法」に対応するものではなく、むしろより実務的な法であり、最初は非公式に、そして一五世紀までは法律家の養成機関である法曹学院（Inns of Court）で、教示された。[9]

コモンローのもとでは、判決が法源となるため、一般的な法的ルールや制定法典としての編纂はおこなわれなかった。重要な先例は、時間をかけて裁判所の訴訟記録として残され、また法廷年報（yearbooks）や法廷報告集（reports）として経年的に集積されていった。事件に適用される先例は、裁判を主宰する裁判官が決定する。このためコモンローの形成に裁判官の果たした役割は大きい。

コモンローにおいては、後の裁判官は先例的ルールの解釈を広げることもできるし、狭くすることもできる。それゆえ、先例といえども変更される余地があり、これがコモンローの迅速で柔軟な紛争解決のための前提条件となる。つまり裁判官によって判断された法的ルールが新たな権威的先例となる。コモンローではこのように既存の法的ルールに対して新しい拡張が裁判官によっていつでもおこなわれるという点で、その発展には制限がない。コモンローの裁判官は法の託宣者となり、その決定をおこなうことが裁判官としての責任を全うすることになる。[10]

またコモンローの役割で特徴的なことは、大陸法系において裁判官が職権的に審理を進行するのとは異なり、相争う当事者双方が主宰裁判官の前で攻撃防御を展開するという対審構造主義の制度

8　*Id.* at 40-45. See James A. Brundage, Book Review: *John Hudson, The Formation of the English Common law: Law and Society in England from the Norman Conquest to Magna Carta*, 16 LAW & HIST. REV. 593（1998）.

9　*See* J. H. BAKER, AN INTRODUCTION TO ENGLISH LEGAL HISTORY 137-40（4th ed. 2002）、ジョン・ハミルトン ベイカー（J. H. Baker）深尾裕造訳『イギリス法史入門（上）』（関西学院出版会、2014年）参照。

10　Peter G. Stein, Symposium: *Relationships among Roman Law, Common Law, and*

（adversarial system）を採っていたことである。さらに、裁判官が先例を適用する一方で、事件の事実認定については、非法律家である一般市民から構成される陪審にゆだねられていた。この点はコモンローの大きな特徴である。[11]

このコモンローは一七世紀以後に英国の海外植民地へと継受され、徐々に適用法域が拡大された。その結果、現在、最大の英米法域つまりコモンロー法域は、北米大陸、とくにアメリカ合衆国となっている。

判例法主義

コモンローの法的推論の特徴としては、第一に、「先例拘束性の原理」、すなわち判例法主義があげられる。この先例拘束性の原理については第4章において詳しく説明するが、概略していうと、ある特定の法的問題について先に裁判所がおこなった判決（先例）中の推論（reasoning）の部分が、その後の事例における法源（source of law）となって裁判所を拘束するというものである。先例拘束原理は、典型的事例や事実関係の類似した判例を通して抽出され、確立されてゆく。この点、あらかじめ法源として所与の法典があり、その（条文）解釈を通して法の適用がおこなわれる法典法国の成文法的アプローチとは根本的に異なる。

このように英米法系国では、先例に基づく法的原理がコモンローの法理として歴史的に積み重ねられ、判例法（case law）となっている。この法的アプローチの最大の有用性は、新しい現実に対応した柔軟な法的解決が図られるということである。それは、新しい問題や現実に対応した制定法が存在せず、立法府による立法を待たなければならないという法典法国に不可避の状況（いわゆる「法の欠

Modern Civi Law: Roman Law, Common Law, and Civi Law, 66 TUL. L. REV. 1591 (1992).

11　参照、栗原眞人『一八世紀イギリスの刑事裁判』（成文堂、2012年）。

缺」の問題）を回避することができる。

もちろん、判例法国（英国やアメリカ）に法典や制定法がないわけではない。アメリカなどでは日本以上に詳しい法典が図書館を満杯にするほどある。しかし、なおそのような制定法は具体的事案における裁判官による制定法の「解釈」を通じて法的意味が付与される。制定法は、立法作業に動員された官僚や所与の法解釈を専門とする学者などの「解釈」を基準として具体的事件事実に当てはめられるのではない。そのため英米法では、制定法の解釈もやはり判例に従うことになる。

このようなコモンローの特徴を、合衆国最高裁判事であったオリバー・ウエンデル・ホームズJr.は、以下のように述べた。

「法の生命は、論理でなかった。それは、経験であった。その時代の必要性、行き渡った道徳的・政治的理論、公的政策に関する直観、そして裁判官がその同僚と共有する先入観すらも、人が支配されるべきルールを決定する際には、三段論法よりももっと大きな役割を果たしてきたのである。[12]」

"The life of the law has not been logic: it has been experience. The felt necessities of the time, the prevalent moral and political theories, intuitions of public policy, avowed or unconscious, even the prejudices which judges share with their fellow-men, have had a good deal more to do than the syllogism in determining the rules by which men should be governed."

12 OLIVER WENDELL HOLMES, THE COMMON LAW（Lawbook Exchange, Ltd. 1881）著者訳。

アメリカにおけるコモンロー

英米法国では、このように裁判官が法を創造し、発展させてゆくことが承認され、制度化されている（この裁判官による判決を通した法の創造のことを、"judge-made-law"という）。そのために法の発展や成長にとって任命される裁判官の経歴や能力はもちろんのこと、その素養や人物には十分な注意が払われる必要がある。つまり個別裁判官の資質や、その法的思考の在り方が法の実現にとってかなり重要となる。その意味でも英米法系国における「裁判官」の果たす役割は大きい。この点は、英米法のもつ大きな特徴ということができる[13]。

アメリカの法制度は、英国から北アメリカ植民地への入植過程の中で持ち込まれたコモンローの伝統に基づいていた。それでも、すべての植民地がコモンローの影響下にあったわけではなく、大陸法の直接的な影響も垣間見ることができる。その顕著な例はルイジアナ州である。そこでは一八〇三年の合衆国によるフランスからのルイジアナ購入（Louisiana Purchase）の前にはフランスとともにスペインの領地であったため、大陸法が法源となっている[14]。同じように、現在アメリカの南西部州では、かつてそこがスペインの領地であったという事情から、その憲法や制定法に大陸法の伝統や影響を残している。たとえば、カリフォルニア州では、その民事法典において、「人、物、行為」というローマ市民法の伝統を反映した部分が色濃く残されている[15]。しかし、そうはいってもカリフォルニア州の法典はそのほとんどがコモンローに基づく法原則を継受したものとなっていることに変わりはない。

13　判例法国においていかに裁判官個人の資質が重要かは、制定法立案の事実上の担い手でもある省庁の官僚の持つ力が相当程度大きいとくに日本やドイツ、イタリア、フランスなどの大陸法系の国々における裁判官の占める位置と役割とは大きく異なる（つまり、後者では、制度的特徴として裁判官の官僚化が不可避的に存在する）。*See* John L・Kane, *Judging Credibility,* (ABA Practice Essentials), 33 LITIGATION MAGAZINE 1 (2007).

14　ルイジアナ州の法制度については、市民法の継受（フランスおよびスペイン法の影響）とコモンローとのせめぎあいがあって興味深い。ルイジアナ・ロースクールでは、同州における

2　アメリカの法文化

ある国の法を学ぶときにその国の歴史や文化を理解することは重要である。法は、その対象とする既存の社会から生み出されたものであり、その社会の持つ価値観や辿ってきた歴史を反映するからである。法は所与の社会が創りだした観念的な構造物である以上、社会を構成している人々が共有する価値観の特徴を理解しておくことは必要不可欠である。ここでは法を支える所与の社会の人々が持つ法的価値観、共通した考え方や法的行動様式を「法文化」としておこう。法文化は、その国の人々が共有し、共有しようとする特定の正義感、公正感、さらには平等感などという法的価値について特徴ある概念を生み出す。もちろん規範としての「正義」(justice)や「フェアネス」(fairness)、あるいは「平等」(equality)といった概念や法的価値の意味は、多くの場合、その国の裁判所によって付与される。しかしそのような意味づけとて、その国の構成員である人々が持ち、期待する意味づけと無縁であるわけではない。

ここで注意しなくてはいけないのは、法的推論といえばあたかも所与の法文化とは切り離された数式の演算のように論理必然的に推論されているような外観を示す傾向があるが、実際はそのようなものではないということである。つまり法的推論過程には、法規範だけなく、事件当事者や判断者(裁判官)の背景にあるさまざまな歴史的、政治的、経済的観念や価値観が反映されるだけでなく、さらに判決という結果が当事者や社会に与える影響も必然的に考慮されるからである。判決で示される結論は、多くの人が考える「正義」、「平等」あるいは「フェアネス」といった法的価値の意味づけとは

市民法の継受について数回シンポジウムをおこなっている。以下の論文が有用である。*See* Symeon C. Symeonides, The Romanist Tradition in Louisiana: Legislation, Jurisprudence, and Doctrine: A Symposium: *An Introduction to "The Romanist Tradition in Louisiana": One Day in the Life of Louisiana Law,* 56 LA. L. REV. 249 (1995); Shael Herman, The Romanist Tradition in Louisiana: Legislation, Jurisprudence, and Doctrine: A Symposium: *The Contribution of Roman Law to the Jurisprudence of Antebellum Louisiana,* 56 LA. L. REV. 257 (1995); Guy Canivet, *The Interrelationship Between Common Law and Civil Law,* 63 LA. L.

無関係に推論されるものではない。このことが、先に見たオリバー・ウエンデル・ホームズJr.判事の言葉が意味するところである。

では、アメリカの場合、その法文化の特徴はどのようなものか。

アメリカ大陸では、植民地期から自立的な経済活動は見られたが、法的自立性はなかった。そのため植民地は英国法の影響を直接受けざるを得ず、また独立後も英国法を継受した。しかし、当時の英国法が前提とした階級や階層に根差したいわゆる法曹貴族的な法制度をそのまま継受したわけではなかった。[16] むしろコモンローを下敷きにしながらも植民地人の間での直接的な話合い、たとえばタウンミーティング（town meeting については第9章参照）での議論に基づいて法的ルールを取捨選択しながらアメリカ法の素地が形成されていった。[17]

自分たちの社会の在り方を自分たち自身で決めるという考え方は、ひとつにはアメリカ社会における私人による「インセンティヴ」（incentives）の発想として現代まで受け継がれている。つまり、「国が、ではなくて、自分たちが」という法の実現過程における私人の役割の重視である。[18] この私人による「インセンティヴ」の発想は、英国の圧制を反面教師とする人民による民主主義（popular democracy）の思想に支えられている。私人による意思決定の重視というインセンティヴは、しばしば社会の一部の者の利益実現や、立法者間の政治的妥協の産物となりがちな制定法そのものの尊重と無批判な遵守よりも、法廷における論争を通じた裁判における「正義」と「フェアネス」の実現と、さらに手続的保障への期待という形で表出される。

Rev. 937 (2003) and Agustin Parise, *The Place of the Louisiana Civil Code in the Hispanic Civil Codifications: The Comments to the Spanish Civil Code Project of 1851*, 68 La. L. Rev. 823 (2008).

15 *See* Peter L. Reich, *Siete Partidas in My Saddlebags: The Transmission of Hispanic Law from Antebellum Louisiana to Texas and California*, 22 Tul. Eur. & Civ. L.F. 79 (2007).

16 *See* Maimon Schwarzschild, *Class, National Character, and The Bar Reforms in Britain: Will There Always Be an England?* 9 Conn. J. Int'l L. 185 (1994).

3　アメリカの法と法律家をとりまく文化

いうまでもなくアメリカは、異なる価値観や異なる信仰をもつ多人種の移民から構成された多民族国家である。そこでは、多様な価値観が共存する（いわば、社会的共有価値が少ない、less socially shared value）ため、多様な価値観の優劣によるのではなく、一定の共有的な価値としての「法」が社会規範として必然的に重要な役割を果たすことになった。人々の「法」への信頼と依存は、「法」を巡るさまざまな（時には矛盾した）側面に目を向けさせる。裁判や法律家についてのフィクションやドラマがポップ・カルチャー（大衆文化）として広い支持を受けることにつながるのは、まさにアメリカ人の共通価値理念としての法（つまりその根本法である「アメリカ憲法」）が裁判を通して具体的に実現されることへの期待と、一般市民がみずから、ある時は裁判の当事者として、ある時は陪審員として、法の実現過程に関与するという経験に支えられているからである。[19]

アメリカの法廷小説・映画・テレビドラマ

たとえば、法廷小説としては、ジョン・グリシャムの『原告側弁護人』、『チェンバー』、『ペリカン文書』、『依頼人』、『処刑室』、『陪審評決』、『路上の弁護士』、『アソシエイト』、『巨大訴訟』、『司法取引』があり、スコット・トゥロー『推定無罪』、『立証責任』やロバート・トレイバーの『裁判』さらにD・W・バッファの『弁護』やヘンリー・デンカー（Henry Denker）の『復讐法廷』が良く知られている。

17　これを「コモン・ローのアメリカ化」（Americanization of Common law）という。WILLIAM E. NELSON, AMERICANIZATION OF COMMON LAW: THE IMPACT OF LEGAL CHANGE ON MASSACHUSETTS SOCIETY, 1760-1830（Harvard University Press, 1975）は、この点に関する名著である。
18　田中英夫・竹内昭夫『法の実現における私人の役割』（東大出版会、1996年）参照。
19　*See* Daniel Larner, Symposium: *Law and Popular Culture*: *Justice and Drama: Historical Ties and "Thick" Relationships*, 22 LEGAL STUD. FORUM 3（1998), Daniel Larner, *Law,*

法廷小説はまた映画化されることが多い。たとえば『レインメーカー』（一九九七年）（白血病患者の保険金未払いに対する訴訟と若き弁護士の戦い）、『真実の行方』（多重人格者と刑事弁護人の苦悩）、『依頼人』（The Client）、『推定無罪』（Presumed Innocent）、『ザ・ファーム／法律事務所』、『ペリカン文書』、『アミスタッド』や、『デッドマン・ウォーキング』（死刑の意味を問い直す）、『デイアボロス』、『エリン・ブロコビッチ』（最強のパラリーガル）、『シビル・アクション』、『フィラデルフィア』、『ハリケーン』（冤罪のボクサー）、『ヒマラヤスギに降る雪』、『ダンサー・イン・ザ・ダーク』（死刑）、『評決のとき』、『白と黒のナイフ』などある。

もちろん、映画とならんで、裁判、犯罪、法律家に関するTVドラマ制作も盛んである。古くは、『弁護士ペリー・メイスン』（Perry Mason）や、ロースクール進学ブームを巻き起こしたといわれる、『L.A.ロー・七人の弁護士』や『アリーmyラブ』（Ally McBeal）、さらに同じ原作者（David Kerry）による『ザ・プラクティス』（The Practice）やその派生版である『Boston Legal』がある。TVドラマにおける警察ものは定番であるが、『ロー&オーダー（法と秩序）』（Dick Wolf）は、検察官や刑事の苦悩を描いている。ほかに、ビジネス弁護士事務所の実態を描いた『The Good Wife』や『Suits』さらには、刑事公設弁護人についての『Raising the Bar』（Steven Bochco）などが放映された。

これらのアメリカの法廷小説、裁判映画やTV番組に貫徹する思想や発想を通じて、アメリカの法制度や法律家の職業に対する理解や共感が得られるだけでなく、裁判所では自己の立場の主張ができ、法的紛争を適正な手続きに従って公正に解決することができるとの認識が強化される。また近づきやすい弁護士や裁判所のイメージの増幅によって、問題となった事案を裁判所で解決することへの一般

Popular Culture, and Cultural Studies: Teaching Justice: The Idea of Justice in the Structure of Drama, 23 LEGAL STUD. FORUM 201 (1999), David Ray Papke, *The American Courtroom Trial: Pop Culture, Courthouse Realities, and the Dream World of Justice*, 40 S. TEX. L. REV. 919 (1999); Michael Asimow, Symposium: *Popular Culture and The Adversary System*, 40 LOY. L.A. L. REV. 653 (2007); James R. Elkins, SYMPOSIUM: *Popular Culture, Legal Films, and Legal Film Critics*, 40 LOY. L.A. L. REV. 745 (2007).

20　腐敗警察官映画は枚挙にいとまがない。代表的なものを上げると、オーソン・ウェルズ監

的支持と信頼が育まれる。もちろん、腐敗した警察官だけでなく、行き過ぎたエクセントリックな裁判官、検察官、弁護士の描写にも事欠かない。これらの作品では、共通価値としての法についても問題点があることを法制度の現実的な負の側面として描かれている。[20]

督の『黒い罠』（原題: *Touch of Evil*）は、1958年の腐敗した警察官を描く古典作品（出演はチャールトン・ヘストンとーソン・ウェルズ、マルレーネ・ディートリッヒ）。1973年製作の『セルピコ』（原題: *Serpico*）は、ニューヨーク市警に蔓延する汚職や腐敗に立ち向かう警察官の実話を描いたものでアメリカとイタリアの合作映画であった。監督は、シドニー・ルメットで、アル・パチーノが主演した。検察と検察官の腐敗を描くのは、主演ハリソン・フォードの1990年の『推定無罪』（原題: *Touch of Evil*）があげられる。

悪徳弁護士または違法な法律事務所を描くものとして1993年の『ザ・ファーム／法律事務所』（原題: *The Firm*）を挙げることができる。この映画は、ジョン・グリシャム著の小説『法律事務所』を映画化したもので、監督は、シドニー・ポラックでトム・クルーズが主演した。1997年の『レインメーカー』もジョン・グリシャムの小説『原告側弁護人』を映画化したものである。「レインメーカー」は、お札を雨に例え、雨が降るように大金を稼ぐ弁護士のことを意味する。フランシス・フォード・コッポラ監督作品でマット・デイモンが主演した。なお、エクセントリックな裁判官を描くものとして、2014年の『ジャッジ—裁かれる判事』がある。監督は、デヴィッド・ドブキンで、老判事役をロバート・デュヴァルが演じた。

第2章 ロースクールと法律事務所

1 法曹養成制度：アメリカのロースクール

(1) ロースクール

アメリカの大学には法学部はない。各学部卒業生が専門職大学院（professional school）としてのロースクールで法律を学ぶ。ロースクールは、三年間の大学院コースであり、すべての学部からの入学が可能である。ロースクール入学時に法律学の知識はまったく必要とされない。そもそも入学については、毎年六、九、一二、二月の年四回実施されるロースクール適性試験（Law School Admission Test, LSAT）のスコア、学部・大学院の成績（GPA）、履歴身上書（personal statement）、ロースクール志望理由書および推薦書などに基づいて、学内選考委員会（アドミッション・オフィス）で決められる。これらはロースクール内のアドミッション・コミティー（入学選抜委員会）の複数のメンバーによって評価され、数回の委員会の審査を経て合否が決められる。

良いロースクール（top law schools）とされるのは、カリキュラムに専門性の高い多様な選択科目群（たとえば独占禁止法、国際倒産、国際税法、医療過誤、外国法など）と、それぞれの科目について学界の第一人者がたくさんいる学校である。[1] そのためアメリカで上位一〇校にあげられるロースクールでは、入学者がひとつの州からではなく全米から集まり、また全州に就職してゆくので「全国

1　ニューヨーク大・ロースクール（NYU）が、ロースクールの人気と全国的知名度をあげるために、1980年代に全米の税法関係の第一人者の学者の多数を高額の給与でリクルートし、まず全米一といわれる税法プログラムを売りに出し、一気にロースクールのランキングを上げたことは良く知られる。

校」（national school）と称されている。

(2) カリキュラム

ロースクールの一年次カリキュラムは全国的にほぼ統一されている。一年生（One Lという）の基礎科目は、「契約法」（Contracts）、「不法行為法」（Torts）、「財産法」（Property）、「民事訴訟法」（Civil Procedure）、「刑法」（Criminal Law）、「憲法」（Constitutional Law）が全国共通の必須科目であり、ほかに「法実務」（Legal Practice）や「法律文献作成」（Legal Writing）のコースがある。ロースクールによっては、一年次に、「刑事訴訟法」（Criminal Procedure）、「労働法」（Labour Law）、「証拠法」（Evidence）、「知的財産法」（Intellectual Property）、「立法と行政」（Legislation and Regulation）などの専門科目のうち一、二科目を選択科目として履修できる。

他方、二年生（Two L）や三年生（Three L）になると、自分が関心を持った専門的分野の選択科目の履修をし、専門性を高めるセミナーや実務的科目を集中的に履修する。たとえば、「ベンチャー・ファイナンス法」（Venture Finance Law）、「投資銀行法」（Investment Banking Law）、「国際倒産法」（International Bankruptcy Law）、「国際投資法」（International Investment Law）、「担保取引法」（Secured Transactions Law）、「合弁企業実務」（Joint Ventures Practicum）、「国際プロジェクトファイナンス法」（International Project Finance Law）などの国際法務関係科目が提供されている。ほかにも、たとえばイエール・ロースクールでは、「国際人権法」（International Human Rights Law）、「ヨーロッパ人権裁判所」（European Court of Human Rights）、「国際刑法」（International Criminal Law）を、またスタンフォード・ロースクールでは、「アメリカ映画におけ

典型的１年生の時間割例:Typical ONE L Timetable

<table>
<tr><th></th><th>MON</th><th>TUE</th><th>WED</th><th>TH</th><th>FRI</th></tr>
<tr><td>8:30</td><td colspan="4">（契約法）</td><td></td></tr>
<tr><td>9:30</td><td colspan="2"></td><td colspan="3">（憲法入門）</td></tr>
<tr><td>10:30</td><td colspan="4">（不法行為）</td><td></td></tr>
<tr><td>11:30</td><td></td><td colspan="4">（民事訴訟法）</td></tr>
<tr><td>12:30</td><td colspan="4">（財産法）</td><td></td></tr>
<tr><td>13:30</td><td></td><td colspan="4">（刑法）</td></tr>
<tr><td>14:30-15:30</td><td></td><td></td><td></td><td colspan="2">（法律文書作成）</td></tr>
</table>

る法と文化」（Law and Culture in American Film）や、「アメリカン・フィクションにおける法と文化」（Law and Culture in American Fiction）といった科目の履修が可能である。各ロースクールは、このように開講科目の多様化を図ることで、他校にない特色ある教育プログラムを提供しようとしており、それ自体、時代を先取りし、進化している。

(3)　ロースクールの授業

ロースクールの授業は、朝八時三〇分から始まり、午後三時過ぎにはほとんど終了する。一コマ分の講義時間は六〇分間が通常で、同一科目が一週間に数時間組まれ、それが単位数となっている（たとえば週に四回の授業だと四単位という風である）。

毎日の予習のための宿題は、一年生（One L）の場合、分厚いケースブックで、一科目あたり少なくとも毎回二、三〇ページ分の宿題（Reading Assignment という）が与えられる。一日に四、五科目のクラスがある曜日の場合、約一五〇ページ以上を前日に読んで予習しておかなくてはならない。アメリカ人の学生は、こんな分量はたいしたことないというが、非英語圏から来た学生には大変な宿題量である。[2]

2　翌日のクラスのために明け方４時ごろまで予習して、一応読むだけは読んだが、睡眠不足から翌日の授業中に集中力がなくなり、教室で教員から指名されてしどろもどろになるということもよく起こる（筆者の実体験）。また、24時間開館しているロースクールの図書館は、午前０時過ぎになっても残っているのはアジア系の学生だけになったりする。

(4) ソクラティック・メソッド

ロースクールの授業で予習が欠かせないのは、いわゆるソクラティック・メソッド（Socratic method, ソクラテス式問答法ともいう）と呼ばれる授業方法を採るからである。典型的なソクラテスのダイアログでは、ソクラテスは弟子たちに曖昧な概念について質問を発し、それを規定するよう求める。答えがなされたあと、ソクラテスは質問に対する返答の持つ矛盾点や、他の類例を考慮させることを目的として、その例外則や曖昧さを含む別な質問をさらにぶつける。こうして質問と返答が延々と継続される。それにははっきりとした正解はない。正解を求めるのではなく的確な判断とそれを支える理由付け（推論）を求めるのである。[3]

ソクラテス式問答法を使用するクラスでは、教員は、事案（case）について批評的な思索を刺激する一連の質問を学生に矢継ぎ早に発して、多様な争点について自分の考えを瞬時に組み立て、同時に返答することを学生に求める。この質問に対する返答を通じて、法的ルールがすべての状況に白黒の方法で明確に適用されるわけではないことを理解させたり、より適切な法的ルールや法的概念を巧みに操る思考方法を体得させる。この問答を通して得られる利益は、学生に迅速に自己の考えをまとめさせ、述べさせるということである。そのためクラスで教授によって提起される問題は、具体的事例における争点の発見、双方主張の正当性、判決の妥当性とその根拠（またはその欠如）を示すように設計されている。それだけでなく、この問答法を用いることにより批判的思考法を習得する。ソクラテス式問答法による矢継ぎ早の質問は、この能力を鍛え上げることに絶好であるとされる。[4] 学生たちは、自分の主張に説得力を持たせるためにさまざまな根拠を挙げる。歴史的、経済的、社会的、財政的さらには倫理的な根拠をあげる。教授らはそのいちいちを批判し、その根拠の限界に気付かせる。

3 「ソクラテス式対話」(Socratic dialogue) はソクラテスの問いかけに対する論法をソクラテスの弟子であるプラトンがまとめたものである。この「対話（篇）」はソクラテスが自分の弟子や市民に向かって「正義とは何か」や「勇気とは何か」などの道徳的テーマや、認識論的テーマについて畳み掛けるように質問を繰り出し、相手を論理的に追い込むソクラテスの真実発見の弁証法的手法である。詳しくは、CHARLES H. KAHN, PLATO AND THE SOCRATIC DIALOGUE: THE PHILOSOPHICAL USE OF A LITERARY FORM (Cambridge University Press, 1998) 参照。

4 ロースクールにおけるソクラテス式問答法については、Phillip E. Areeda, *The Socratic*

この授業方法は、一八七〇年にクリストファー・ラングデル（Christopher Columbus Langdell）がハーバード・ロースクールの Dean（校長）になった時に始められた。ラングデルの前は、法学の授業といえば、教科書に沿った一方的、説明的講義であり、学生は授業内容を暗記することが勉強方法であった。

ソクラテス式問答法は、教員からクラスで聞かれたときにきちんと答えられるようにシミュレーションしながら予習（つまりケース分析）をしてくることを学生たちに意識させ、他の学生たちとの議論を通じて自分の説得術を磨く、という効果のあることが積極的側面として評価されている。[5] しかし、他方で、ソクラテス式問答法は、法原理の的確なポイントの説明に進むことなく、その周辺のことについて質問と返答のやりとりを繰り返すことから時間の無駄である、という批判もある。さらにソクラテス式問答法によって多数の受講生の面前で一人の学生が指名され、質問を受け、その知識や論理的思考能力がテストされる。そのため授業中に学生に絶えず緊張感と不安感を与え、相当な心理的なプレッシャーやストレスを与えることになる。それが効果的な学習につながるかどうかわからないという批判もある。[6]

ロースクールにおけるソクラテス式問答法を最も典型的に特徴づける例が、ハリウッド映画の『ペーパーチェイス』（Paperchase）[7] に登場してくる契約法のキングスフィールド教授である。ロースクールの新学期にはこの『ペーパーチェイス』が毎年の恒例行事のようにキャンパスで上映され、新入生は、新しく始まるロースクールの授業に何ともいえない不安を抱く。

Method（Lecture at Puget Sound), 109 HARV. L. REV. 911（1990）参照。

5　*See* Orin S. Kerr, *The Decline of the Socratic Method at Harvard*, 78 NEB. L. REV. 113（1999).

6　*See* Ruta K. Stropus, *Mend It, Bend It, and Extend It: The Fate of Traditional Law School Methodology in the 21st Century*, 27 LOY. U. CHI. L. J. 449（1996).

7　映画『ペーパー・チェイス』（The Paper Chase、1973年）は、ジェームズ・ブリッジス監督の作品で、出演は、ティモシー・ボトムズ、ジョン・ハウスマン（アカデミー助演男優

■Sidebar■

正義を決めるのは誰か――Who decides Justice?

私自身が受けた、ロースクールの授業でのソクラテス式問答法は以下のようなものだった。

科目は、月曜日三時間目の不法行為法の授業である。事案は、原告の女性が中耳炎を患い、被告である耳鼻科の医師の診断を受けたところ、右の中耳部が悪化していたため、被告医師から彼女の右耳に手術を行うことを勧められた。そこで原告は同意書に署名した。医師は麻酔をかけた原告の両耳を調べたところ、右耳よりも左耳の中耳部の方がかなり深刻な状況になっていたことがわかった。そこで緊急を要しない右耳ではなく、原告の左耳の悪化した部分に手術を施した。

麻酔から覚めた原告の女性は、医師からそのような説明を受けて帰宅した。しかし左耳の手術については原告の同意がなかったとして、のちに当該医師を相手取って故意不法行為である暴行傷害（assault and battery）に基づく損害賠償を求めたというものである。（Mohr v. Williams, 104 N.W. 12 (Minn. 1905)）。

私は授業中、ぼんやりと留学に出発する前の空港ロビーで読んだ日本の新聞記事を思い出していた。その記事は、東北地方の医師が手術した農家の婦人の体内に術後にピンセットを置き忘れたという事案であった。事案によると、たしかこの婦人は長雨の季節になると腹部が痛むので農作業を中止することにしていた。ところが今回ばかりは腹痛がおさまらなかったので以前に手術を受けた村の総合病院に行き、レントゲンを撮ってもらったところ、腹部にピンセットがVの字のように写っていた。さっそく手術をしてそれを取り除いたというものだった。その新聞記事は、農家のおばあちゃんと担当医者が並んで握手する写真を載せており、「おばあちゃん、ごめんね。」「いいえ、このおかげで、無理せず長生きできたんです。」という、なんとも心温まる「日本的紛争処理方法」を示していた。

そんなことをぼんやり思い出していると、教授は、学生をランダムにどんどん指名し、いろいろな突

賞）、リンゼイ・ワグナー、エドワード・ハーマンほか。この映画について、Michael Vitiello, *Professor Kingsfield: The Most Misunderstood Character in Literature*, 33 HOFSTRA L. REV. 955 (2005) 参照。

っ込みをして、この事件の事実概要から法的争点、原告の主張の確認、さらに被告の反論へと進め、当該控訴裁判所の判決の分析にはいった。

八月二五日に新学期の授業が始まったばかりであったし、六〇―七〇人ものクラスで、座席用の個人写真は提出していたものの、アジア系は私だけだし、後ろの方に座っていたので、まあ留学生だとわかるし、当てられることはないとタカをくっていた。その一方で、「アメリカはこんなことまで訴訟になるのか」、「なるほど訴訟大国の所以だなあ」、などと日本の北国の事件をぼんやり思い出していた。

すると教授は突然、「Mr. マルタ」と呼び、すぐに呼ばれたことに気付かなかったところ、また「Mr. マルタ」と呼んだので、「えっ!」と思いながら、「Yes」と言って立ち上がった。「君はこの控訴審の判決理由をどう評価するのか」と聞いた。私がもぞもぞしていると、「君は私の質問を理解してないのかね」と不機嫌そうに言った。私は何を答えていいのかわからず、思わず「It's against justice.」（それは正義に反します）と答えた。周りの学生が大声を出して笑い、教授は「ムッ」とした表情をした。

教授「君は裁判官か」（Are you a judge, ain't you?）

私「いいえ」

教授「君が正義を決めるのか」（You decide what justice is, don't you?）

私「……?」

教授は私から目線を外すと、クラス全員を見渡して、「決して正義がどこにあるかすぐに決めるな。」

「正義かどうかを決めるのは（と指を下に向けて教室を指して）ここではない。正義を決めるのは、（と指を窓の外の方に向けて）公園の向こうにある裁判所だ。」

「君たちは自分で正義がどこにあるか判断して、法的助言を求めて相談に来た人に、『あなたには正義がないから帰りなさい』と言うのか。」

「どんな依頼人であれ、どんな事件であれ、法的にどのような立論が可能なのか、何が困難なのかをまず考えなくてはならない。」

「決して自分で白か黒か最初に決めてはいけない。法的推論とはそういうものではない。」と述べた。

私は、アメリカのロースクールにおける法的推論の日本との大きな違いに目からうろこが落ちるような気持ちになった。

やってみよう。択一試験問題例：TORTS Question

TORTS　Question

Question 2 is based on the following fact situation. The eleventh grade class of Santa Clarita High School went to Jefferson Avionics on a class field trip. During lunch the school administrator provided the students some time to eat at the cafeteria located on the premises. Margarita, the class clown, decided to pull another prank. As Helen was attempting to sit down with a tray of food, Margarita pulled Helen's chair from beneath her. Helen fell to the floor.

2. Which tort is most applicable under these facts?
(A) Assault
(B) Battery
(C) Negligent infliction of emotional distress
(D) Intentional infliction of emotional distress

ちゃんとTORTSの授業に出て、忘れかけた記憶を、再び法曹試験準備講座で再確認すれば、上記の問題の解答がBであることはすぐわかる。もっとも、試験が終わるとまた忘れてしまうのであるが。

(5) 州法曹試験（State Bar Examination）

五月中旬になるとのロースクール教育が終了する。六〜八週間の期間で法曹試験受験講座（Bar Exam. Prep. Course）が民間の予備校主催で開催される（代表的なものに*barbri*がある）。そこで詰め込みの準備をして、七月末の週末に二、三日間にわたる法曹試験を受けることになる。弁護士資格は州単位（たとえばニューヨーク州の弁護士資格）であるため、試験は各州で個別に実施される。試験は、四択の択一選択問題（multiple choice）と小論文（essay）だけで、口頭試問はない。法曹試験は七月と二月の年二回おこなわれ、全米の平均合格率は八〇％前後である。各州共通の択一試験は三時間で二〇〇問であり、各州の固有法に関する筆記試験（Essay）が次の日におこなわれる。各州の法曹試験に先立って、全国で実施される法曹倫理試験も受験しておかなくてはならない。

(6) 求職活動

たいていは、一年次（とくに二年次）の夏休み期間中に実施される各地の弁護士事務所や役所でのサマークラーク（summer clerk. インターンシップのこと。summer job ともいう）での成果や経験によって事務所や弁護士とのコネクションを作り、そこに就職するか、あるいはインターンシップの経験を生かして別なところに応募する。早い人で新学期に入るともう早々と各法律事務所に手紙を書き出す者もいる。インターンやクラークシップ募集の張り紙がブリテンボード（掲示板）に貼られてから就職活動するのでは遅すぎるのである。

一年生から二年生にかけての夏休みに、自分の行きたい事務所や企業があればそこに、あるいは住んでみたい街があればその街の事務所や企業宛に、「インターンでの仕事体験をする機会をぜひいただきたい」との手紙を書くのである。断られても、断られても手紙を書くのである（私のミシガン・ロースクールのルームメイトのスチーヴンは、一〇〇通くらいの手紙を書いて、たった三通ほどのOKをもらっただけであったが、あこがれのサンフランシスコの法律事務所にサマークラークの仕事を得たと喜んでいた。彼はいまではその事務所のパートナーとなっている）。その際に大事なのは、たんにサマージョブが欲しいというのではなく、相手先がこの学生に会ってみたいと思わせるような、他の人とは違った才能や「売り」を明確に記述することが必要である。そのためにロースクールに入ったその時点から、あるいは入る前から、自分がどういう専門分野に向いているか、どのような仕事をしてきたか、法律の知識以外にどのようなことに専門的知識があるか、何か変わった外国語ができるか、など、ロースクールの在学中に他者には負けない自分の「売り」となる専門性を獲得する方向性をもっておかねばならない。

弁護士事務所への就職活動では、日本のように、司法試験の短答式テストの成績順位が二桁台であったとか、論文試験は上位五〇〇番以内であったなどということは、全く「売り」にならない。就活の面接では、「あなたはこの事務所にどのような貢献ができると思いますか」とか、「この事務所があなたを採用しなければならない理由は何ですか」というような質問をされる。他人とは違う何か「売り」がないと法律の世界だけでなくアメリカではチャンスが与えられないのである。

アメリカは日本以上に人的推薦、つまり「コネ」がものをいう社会であることも、ロースクールの学生に多様な活動を奨励する一つのインセンティヴになっている。そのため最近のロースクールの学生は、ツイッターやフェイスブックで外の社会とつながりを求めることが多い。また、効果があるかどうかは別問題として、地元の弁護士会のクリスマスパーティや、大規模法律事務所の記念パーティなどにウエイターやウエイトレスとして入り込み、コネを作ることまでおこなう。ロースクールの科目として、実務家教員のクリニックのコースを履修したり、実務実習コースを履修するのも実務家とコネを作るためである。ロースクールのキャレルや予備校の自習部屋に一日中閉じこもって、司法試験の答案作成の準備をし、高得点さえ取れれば恵まれたところに就職できるわけではないのである。

就職が決まると弁護士事務所で八月末から就業する（事務所によっては、六月からの就業を認め、法曹試験の受験費用を出してくれるところもある）。事務所では直属の上司の下で、上司の受け持ち事件の下調べのリサーチをしたり、関係判例の要約（ケース・ブリーフィング）をしたり、法律文書の起案をしたり、助手的な仕事をする（これをアシスタントシップという）。名実ともに実務研修（オン・ザ・ジョブ・トレーニング、on-the-job training, OJT）がおこなわれる。そこで卓越した能力や実力が認められると、senior associate に、そして junior partner に昇格する。事務所の経営に参加できるのは、エクイティ・パートナー（equity partner）であり、その場合、事務所に対して応分のエクイティ（持分）の現金出資（たとえば五〇万ドル）が求められる。さらに執行業務パートナーであるマネージング・パートナー（managing partner）やパートナー中の最上席のシニア・パートナー（senior partner）まで昇進することができる。

2　アメリカの弁護士の仕事と法律事務所

アメリカの弁護士の仕事は、大きく法廷内と法廷外に分かれる。いわゆる裁判（公判、審理）を担当するlitigator（法廷弁護士という）と、もっぱら法的戦略を立案し、法廷外交渉や法務活動に重点を置く事務弁護士（business lawyer）に分かれる。特徴的なのは、アメリカの弁護士の職域はそれぞれの専門分野が細かく分かれていることである。たとえば以下のような専門分野の区別がある。

事故弁護士	公民権法弁護士	遺産相続弁護士	人的傷害弁護士
養子縁組弁護士	建設関係弁護士	家族法弁護士	遺言弁護士
アスベスト弁護士	企業弁護士	移民弁護士	不動産弁護士
交通事故弁護士	刑事弁護士	傷害事件弁護士	証券弁護士
航空機弁護士	差別弁護士	保険弁護士	社会保険弁護士
破産弁護士	離婚弁護士	知財弁護士	税務弁護士
脳挫傷弁護士	酒気帯び運転弁護士	インターネット弁護士	法廷弁護士
ビジネス弁護士	雇用問題弁護士	医療過誤弁護士	不法死弁護士
自動車事故弁護士	エンターティメント弁護士	中皮腫弁護士	など
子の監護弁護士		老人ホーム弁護士	
子の養育弁護士	環境法弁護士	特許弁護士	

事務弁護士（ビジネス・ローヤー）の仕事の領域としては、おもに①企業経営や営業プロジェクトに関する法的問題点の指摘と施策作成（税務、投資、独禁法、証券法分野の専門弁護士など）、②企

アメリカの弁護士事務所での打ち合わせ風景

業と政府、企業間、個人と企業間の契約書作成、③法的戦略アドバイス（M&A, Tax, Patent, Cross-Licensing など）、④法廷外紛争処理（ＡＤＲ）、⑤戦略的訴訟提起（cross claim, counter claim, hostile litigation, etc.）などがある。

アメリカの弁護士事務所

アメリカの弁護士事務所はその専門性を高めることで集客の拡大を図る。また高額な事案（たとえば巨大経済事件等）を取り扱うために人的規模がとどめなく肥大化する。取扱金額が大きければ大きいほど投入される弁護士の人員は多人数を要するからである。そのため事務所の専門化と巨大化がどんどんおこなわれ、同時にアメリカのビッグビジネスの規模や専門性に応じて全国化と世界化が進む。

しかし、他方で、中小の地方都市では、普通の市民に対応する単独事務所（solo office）、や三、四人の弁護士で構成される事務所も結構多い。さらに各州に公益弁護士事務所（pro bono law office）が設

America's Largest 350 Law Firms (Updated January 2015)[9]

No.	Law Firm	Base Office	#of Attorneys	#of Partners	#of Associates
1	Baker & McKenzie LLP	Chicago	4,245	1,431	2,814
2	DLA Piper LLP	New York	3,702	1,236	2,254
3	Norton Rose Fulbright LLP	Houston	3,461	1,184	1,916
4	Jones Day	New York	2,510	933	1,332
5	Hogan Lovells	Washington	2,360	788	1,572
6	Dentons	New York	2,285	997	917
7	Latham & Watkins LLP	New York	2,101	634	1,344
8	K&L Gates	Washington	1,952	944	758
9	White & Case LLP	New York	1,878	418	1,460
10	Morgan Lewis & Bockius LLP	Washington	1,839	706	970

置されていることも特徴的である。

しかしながら、弁護士事務所の規模の大小にかかわらず、専門化と細分化は見られるのであって、日本のように、たった一人の弁護士が離婚、交通事故、多重債務者、刑事弁護から事業承継や会社法務など何でも扱うというようなことはあり得ない。[8]

3　弁護士報酬制度

アメリカの弁護士報酬制度は、弁護士団体が弁護士報酬を一律に定めることが独禁法違反となるため、価格自由制が原則である。その報酬制度は、大きく分けて、固定価格制（flat fee）、成功報酬制（contingent fee）と時間報酬制（hourly fee）といわれるタイム・チャージ制がある。

(1)　固定価格制（Flat Fee）

固定価格制とは、通常単一の法的サービスに対して支払われる料金で、遺言の作成費、警告書の作成

8　日本の医師はそれぞれの専門性をもっている。それは特定分野に絞ってその症例を数多く体験することで、その分野の専門家となれるからである。しかし、日本の弁護士の場合、ほとんど専門分野がなく「何でも屋」であるのはどうしてか。しかもどうしてそのようなことが可能か。そのような「何でも屋」弁護士のリーガルサービス自体の質はどうなのか。この点については、世界の他の経済的発展国に比べて、相当に少ない日本の弁護士人口とも関係していると思われる。参照、浜辺陽一郎『弁護士が多いと何がよいのか』（2011年、東洋経済新報社）。

9　*See* America's Largest 350 Law Firms（http://www.ilrg. com/nlj250）visited

参照：日本の大法律事務所（弁護士事務所）2014[10]

2014 Rank	事務所名	事務所所在地	弁護士人数	外国法事務弁護士	66期
1	西村あさひ法律事務所	東京、大阪、福岡、名古屋	473	4	25
2	森・濱田松本法律事務所	東京、福岡	336	1	32
3	長島・大野・常松法律事務所	東京	317	6	19
4	アンダーソン・毛利・友常法律事務所	東京・名古屋	296	4	14
5	TMI総合法律事務所	東京・名古屋	292	5	26
6	弁護士法人アディーレ法律事務所	東京、立川、横浜、札幌、青森、神戸を含み全国59支店	127	0	23
7	シティユーワ法律事務所	東京	126	0	3
8	弁護士法人大江橋法律事務所	大阪・東京	110	6	5
9	ベーカー･アンド･マッケンジー法律事務所　外国法共同事業	東京	106	20	4
10	渥美坂井法律事務所・外国法共同事業	東京	84	8	5

などに対して定額が示される。一定の法的委任行為が終了すると契約は終了する。弁護士事務所によっては、段階を踏むごとに対応する法律行為の依頼に対して固定価格を提示する場合があり、料金は明確である。たとえば、登録商標の侵害の警告文書作成と発送に三〇〇〇ドル、反論書作成と調停申立てに五〇〇〇ドル、訴訟に二万ドルなどと提案される。

(2) 成功報酬制（Contingent Fee）

成功報酬制とは、訴訟の結果、勝訴した場合に依頼人が得る賠償額等の一定割合（たとえば三分の一）を成功報酬として支払う約束に基づいて受任される弁護士契約である。弁護士を依頼する際に、依頼人は預託金（deposit）や着手金（retainer）をあらかじめ支払う必要がないため、訴訟提起が容易となる。また敗訴した場合は、依頼人は訴訟関連費用や報酬を支払わなくて良い（"No win, no pay." という）。したがって、これによって原告側の訴訟制度の利用が奨励される。つまり、預託金や着手金を最

02/03/2016.
10　参照、「日本の50大法律事務所2014　藤本大学」（http://www. fujimotoichiro.com/law/JLawFirm2014.htm）visited 08/15/2014.

初に用意する必要性がないため、財源のない者にも訴訟がしやすい。また弁護士は、訴訟や和解の結果次第で成功報酬が得られるために、依頼人の利益のために全力を尽くすことが仕事の大きなインセンティヴとなる。また成果に対する報酬制は、弁護士の能力と労働に見合う評価としても極めて正当化されやすい。

成功報酬制度は、しかしながら他方で、訴えの乱発（乱訴）の要因となるとか、損害賠償額の高額化を招くとか、あるいは「言い掛かり訴訟」の提起に手を貸す制度である、などの批判もある。これに対しては、原告側弁護士は、何でもかんでも訴訟に持ち込むわけではないとの反論がある。つまり弁護士が成功報酬に誘引されて、仮に「言い掛かり訴訟」などを簡単に引き受けたとしても、結果として訴えの棄却や敗訴になった場合、訴訟準備に要したすべての費用や時間が弁護士（事務所）の負担（持ち出し）となるリスクを負うからである。したがって成功報酬で案件を受任する弁護士は、賠償金を得られる見込みが全くない事件や、勝訴見込みの極めて低い事案を進んで受任するということはなさそうである。

(3) 時間報酬制（タイム・チャージまたは、Hourly Fee）

事務弁護士の場合、弁護士の経験年数と弁護士事務所における地位等によって一時間当たりの請求報酬価格が定められている。この報酬時間単価（アワリー・レイト、hourly rate という）は、たとえばニューヨークの中規模の法律事務所では、パートナーは一時間あたり一〇〇〇~二〇〇〇ドル、アソシエイトで三〇〇~四〇〇ドルなどである。依頼人から受任した仕事に対して使用した稼動時間（ビラブル・アワー、billable hour という）を乗じた額を報酬請求額として依頼人に請求するものである。したがって案件に費やされた稼動時間が増えれば増えるだけ請求額も増えるが、仕事内容の質に対応した請求をしないと依頼人から費用の適正さを疑われることになり、また事務所の評判にも影響することがある。タイム・チャージ制度では、この時間制報酬額に加えて各種の費用を付加して請求してくることがある。つまり、コピー代、郵送代、旅費（航空機の場合、ファーストクラスやビジネスクラス代を請求してくるので旅費についてはあらかじめ決めておく方が良い）そして、打ち合わせ会議費名目で食事代まで請求してくることがある。

タイム・チャージ制は、法人の依頼者に適用されることが多いので、あらかじめ見積もり額を決めておく必要がある。有名弁護士事務所では事案の依頼を受けると、あらかじめ三万から五万ドル、中堅の事務所で一万ドルから二万ドル預託金の支払いを求めてくることが通常である。

■ Sidebar ■

Caveat Emptor（買主をして警戒せしめよ）

アメリカにおいても弁護士と依頼人との紛議の大部分は、訴訟の結果や法的対応の仕方の問題に加えて、報酬額、実費額などの弁護士費用をめぐって生じている。そのため、各地の弁護士会では、弁護士費用に関する紛争解決相談窓口や紛議調停員委員会を設置している。しかし、他方で、依頼人みずからが担当弁護士がどのような弁護士であるかを積極的に調査することが勧められている（そのようなサービスを行うweb サイトとして、avvo.com や nolo.com がある）。

アメリカで弁護士を依頼する際には、複数の事務所を訪問し、事件内容と希望する解決策を面談時に示して、それに対する法的対応（リーガルサービス）の総額見積もりを出させるとともに、初期費用（これを retainer と呼ぶ）としていくら必要なのか、また初期費用はこれから始まる弁護士のタイムチャージに充当されるものか、たんに着手金として先渡しするものかを明確に示すよう求める必要がある。見積り額の提出についても、「2、3日中にメールで送って欲しい」とはっきり述べて、どの事務所が一番最初に見積もりを出してくるかを見ることも最終委任事務所決定の際の重要な要素となる。決して、夕食に招待された時の豪華なレストランのことや、メジャーリーグのチケットやNBA（全米プロバスケット）の試合に連れて行ってくれたことを理由に事務所を選んではいけない。さらに、委任契約後には、絶え間なく送られてくるINVOICEという「請求書」の中を詳しく見て、重複していないか、あるいは過剰に時間請求していないかどうかをチェックし、疑義があれば直ちに告げる必要がある。そうすればたいてい改善される（この辺は日本の弁護士と異なり結構柔軟である）。しかし、黙っているとどんどん請求される。

第3章　アメリカ法の形成と裁判制度

1　アメリカ法の形成

(1)　植民地期アメリカの英国法継受

英国からの北アメリカ大陸への入植は、英国国王直轄の王領植民地だけでなく、国王からの勅許状を得た領主植民地、さらに難民のように新天地を目指した自治植民地などその形態は多様であった。少なくともそれぞれの植民地は、英国の領土の一部としての属地というよりもむしろ各々が基本法である「憲章」(Charter)を持ち、自治権を有していたという共通性があった。一六〇七年には、当時の一三の植民地（一三邦ともいう）による北米大陸初の植民地会議がJames Town（ヴァージニア邦）でおこなわれた。

裁判の運用に関しては、基本的には英国の制度に準じていた。とくに英国の強い影響下にあった植民地では法源としてコモンローを用いた。当時のアメリカでは訓練を受けた法律専門家がほとんどおらず、また法曹養成制度も確立していなかった。そのため母国であるイギリス法を継授するのが一番現実的であったからである。

しかし、英国によるアメリカ植民地への圧政が続いたため、植民地人に反英機運が生じ、またそのような機運によって自分たち自身の法制度を作る必要性を痛感し、植民地独立への動きを伴って高まり始めた。しかしこの新しい独立国家形成に向けた機運は、法制度の観点からすれば新たな法や法制度の形成ではなく、むしろコモンローのアメリカ化（Americanization of common law という）という方向性となった。[1]

(2) 植民地から独立戦争へ

英国は、北米大陸に広大な植民地を得た一七六三年以降、世界に広がる英国領土の警備費と戦費をまかなうために、北米植民地に対し重商主義政策を強化した。つまり、英国は、他国領から植民地に輸入される砂糖に重税を課す砂糖条例（Sugar Act）を一七六四年に発表し、北米植民地の不評を買った。しかも翌年の一七六五年には、商取引の証書、法律書類、また植民地で発行される新聞・パンフレットなどに印紙を貼らせて税収入を増やすための印紙条例（Stamp Act）を北米植民地で施行し、植民地人の生活や社会に大きな影響を与え、反英運動が徐々に拡大した。植民地では、各植民地の代表を一堂に集めて合同会議を開催し、印紙条例に反対する決議が採択された。植民地からは、英国議会に代表を送っていないにもかかわらず植民地への課税は認められないとする、「代表なければ課税なし」（No taxation without representation.）という当時二九歳のヴァージニア代表のパトリック・ヘンリー（Patrick Henry）の言葉が象徴的に飛び交った。

北米植民地での反英機運を察知した英国本国は、一七六六年に印紙条例を廃止した。しかし英国は懲りなかった。同年にこの印紙条例の替わりとして、蔵相タウンゼント氏の提案により、植民地のガラス、ペンキ、紙、茶に対する取引に課税を始めた。これはタウンゼント諸法（Townsend Acts）と称されるが、これに端を発し、植民地の反対派の運動が先鋭化し、ついに一七七〇年にマサチューセ

1 *See* WILLIAM E. NELSON, AMERICANIZATION OF COMMON LAW: THE IMPACT OF LEGAL CHANGE ON MASSACHUSETTS SOCIETY, 1760-1830 (Harvard University Press, 1975).

ッツで反対派を抑えようとした本国の軍隊とボストンの市民が衝突する事態が生じた。英国政府による植民地人に対する初めての武力弾圧であり、五人が虐殺される事件となった。この五人は、英国軍の銃の水平撃ちにより死亡したもので、死者以外にも多数の負傷者がでた。この事件は、歴史上、「ボストン大殺戮」（Boston Massacre）と名付けられている。

英国本国は、東インド会社を救済するためにタウンゼント諸法を修正し、一七七三年に茶条例（Tea Act）を実施した。これにより東インド会社の茶税を免除するだけでなく植民地への茶の独占輸出権を与えた。茶条例に対して、ボストンの急進派市民が猛反発し、同年一二月一六日の夜半にボストン港に入港していた英国東インド会社のビーバー号をはじめとする三隻の商船を襲撃し、積み荷の紅茶を海中に投げ込んだ。これが植民地の英国本国に対する反抗のさきがけとなった「ボストン茶会事件」（Boston Tea Party）である。

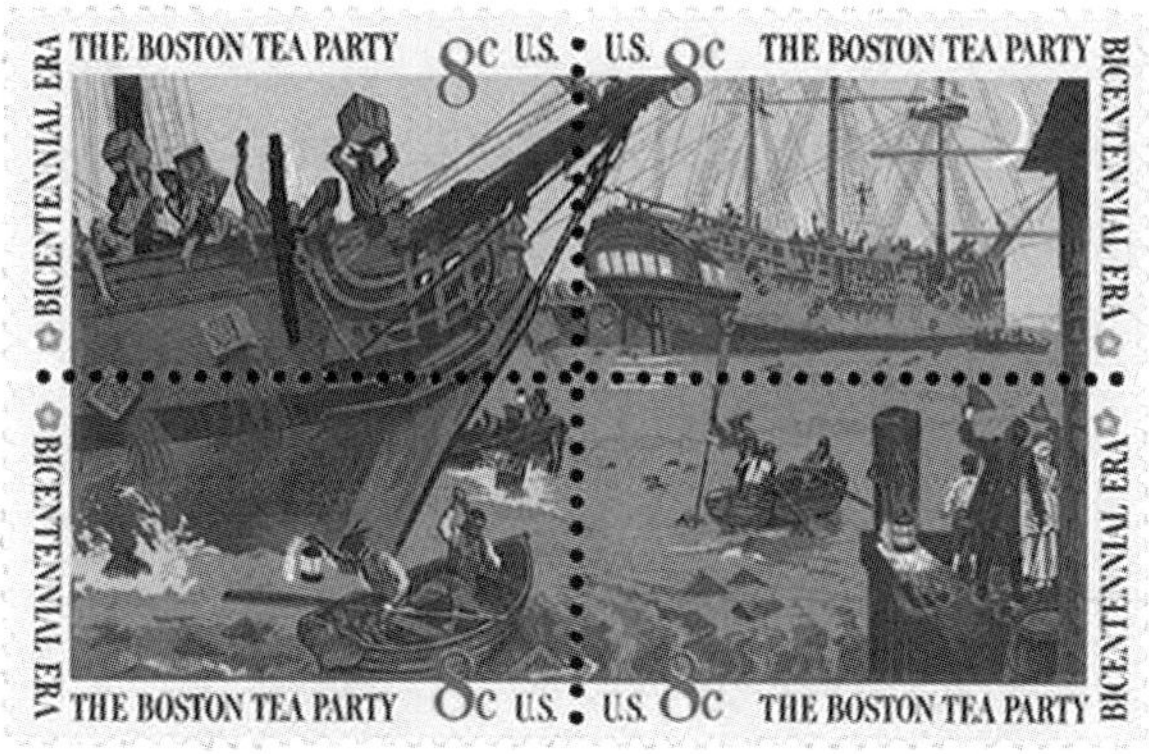

ボストン茶会事件（Boston Tea Party）を記念する切手

英国政府は、一七七四年にボストン茶会事件に対する報復として植民地の弾圧を開始した。まず手始めとして、ボストン港の封鎖をおこない、続いてマサチューセッツ植民地の自治権剥奪、英国軍隊駐屯、移住制限などの四つの強権的条例（これを「英国強圧的諸法」（Intolerable Acts）という）を発した。英国本土との対立が深まる中で、一三の植民地の代表が、一七七四年九月に本国政府に抗議すべくフィラデルフィアに結集し、第一回大陸会議(Continental Convention)を開催した。そこでは、「大陸会議宣言と決意」(Declaration and Resolves of the Continental Congress)が決議、採択され、植民地における英国製品のボイコットを決定した。これに対抗して英国軍はボストン郊外のレキシントンとコンコードで植民地人と衝突した。この事態を受けて、第二回の大陸会議が翌年の五月にフィラデルフィアで招集された。同会議では、植民地相互の協力体制を確保するために一つの連合体を結成する方針が確認され、英国本国に対する武力抗争が宣言された。独立戦争の開戦はジョージ・ワシントン率いる義勇軍が本国軍に応戦する形で開始された。植民地側では、本国からの独立を支持する愛国派(パトリオット)と、なおも英国本国に忠誠を誓おうとする国王派(忠誠派、ロイヤリスト)とが対立していたが、戦争が進むにつれて、次第に植民地独立の意識が高揚し、戦争は文字通りの英国からの独立戦争となった。

一七七六年七月四日の大陸会議では、植民地代表のトーマス・ジェファソンが主導者となり、英国本国からの独立に関する宣言を起草し、「独立宣言」(Declaration of Independence)として公表した。そこでは、個人の自由と平等といった基本的権利、自然権、社会契約説、本国の圧政に対する革命権の正当性などが主張され、近代民主政治の基本原理が示された。フランスは、一七七八年にいち早くアメリカと米仏同盟を結び、アメリカの独立を正式に承認したこともあって、当時フランスと敵対していた英国との対英宣戦に踏み切った。翌年の一七七九年にスペインもフランスと同盟して英国に宣戦し、さらに一七八〇年はオランダも対英宣戦するなど、戦況は他国にも伝播した。一七八一年には、アメリカ植民地軍がフランス軍と協同し、ヴァージニアのヨークタウンの戦いで勝利を収めた。このヨークタウンでの勝利で独立戦争は実質的には終結し、一七八三年のパリ条約で植民地と本国との間で一三邦の成立が締結された。ここにアメリカの独立が承認され、アメリカ合衆国が誕生した。アメリカ合衆国を独立国として初めて承認したのはフランスであり、フランス市民は英国に対する独立戦争勝利を祝して自由の女神像（Statue of Liberty）をアメリカ市民に贈り、リバティアイランドと名付けられたハドソン川河口の島に大西洋の方に向けて設置された。さらにフランスは、ミシシッピ川以東のルイジアナ領地をアメリカに割譲（ルイジアナ購入、Louisiana Purchase）した。

ハドソン川の河口（大西洋側）に向かって立つ自由の女神像（Statue of Liberty）は独立を記念してフランス国民から贈られた。左手のプレートには独立年の一七七六年が刻まれている。

(3) 反連邦派（Anti-Federalist）と連邦派（Federalist）

アメリカの植民地の指導者の大部分は、最初、州（邦）を統括する強大な権限を有する中央集権的政府を持つことに反対していた。というのも、植民地の支配層はすでに保持していた各植民地の自治とそれに付随した既得権益や経済力が中央政府によって相対化され、奪われることを恐れたためである。彼らは強力な連邦国家は避け、できるだけ州権を強く維持しようとする政治勢力であり、連邦制度に反対するため反連邦派（Anti-Federalist）と呼ばれた。反連邦派は、それぞれの州が自立した独立の政府を持つべきであると主張した。そのため憲法制定会議においても、統一的な憲法典の制定には同意しなかった。

それに対し、新しい国家はより強い結合体としての連邦国家として出発すべきであると主張したのは連邦派（Federalist）の政治家たちであり、統一的な憲法典の制定に積極的であった。連邦派は、各州に一票の決定権を与えながらも強力な中央集権的国家を創ることによって相対的に各州の権限を弱めるという方向性をもった。この反連邦派と連邦派との妥協のための協議が憲法会議の最後までおこなわれたが、結局、憲法制定会議は、連邦派の志向の強いヴァージニア案に基づいて新しい憲法案を採択し、憲法案は各州（邦）の批准手続きに付された。[2] アメリカ合衆国憲法制定はこうして、一七八七年に施行に至った。

一七七六年の独立宣言から九年経過後にやっと新憲法が制定されたが、反連邦派は、新しい連邦国家に基本的権利まで奪われることを阻止するために第一回連邦議会で、人権規定を憲法の修正条項（Amendment）の形で発議した。この発議は、合衆国憲法の第一修正から第一〇修正までが一括して提案されたもので、これらをBill of Rights（権利章典）と称した。権利章典は、一七九一年に必要な数の州の批准を得て成立した。とくに反連邦派は、「この憲法によって合衆国に委任されず、また州に対して禁止していない権限は、それぞれの州または人民に留保される」とする州権限（state power または police power）を権利章典（憲法第一〇修正）の中に書き込んだ。

こうした新しいアメリカ合衆国における州と連邦国家の在り方についての双方の政治理念の差異は、今日まで政治制度やその政策、またその元となる憲法についての考え方の対立軸となって、アメリカの政治哲学や憲法に対する考え方に影響を与えている。[3]

2　合衆国憲法第７篇の規定により、新憲法が州間で発効するには９州以上の批准が必要とされていた。

3　これは大変興味深い点である。A.ハミルトン、J. ジェイ『ザ・フェデラリスト』（岩波文庫、1999年）参照。Gregory Payan, The Federalists and Anti-Federalists: How and Why Political Parties Were Formed in Young America（Rosen Publishing, 2003）, Bernard Bailyn, The Debate on the Constitution: Federalist and Liberty of America, Antifederalist Speeches, Articles, and Letters During the Struggle（1993）.

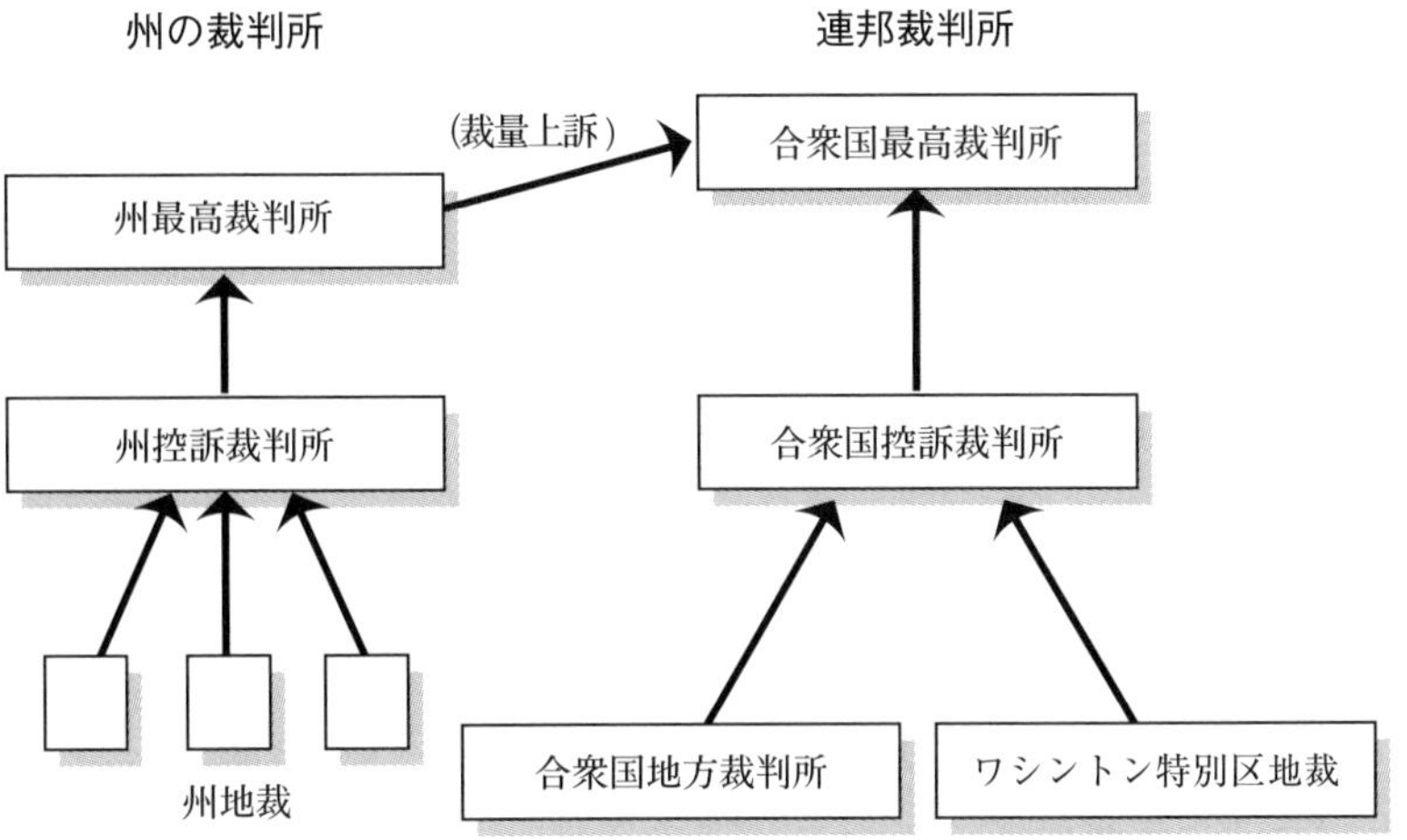

2　アメリカ合衆国の裁判所制度の二元性：州裁判所と連邦裁判所

アメリカ合衆国は、連邦制と州制度を持つ国であるため、法制度も裁判制度も二元的に存在する。

(1)　州裁判所

各州は州憲法に基づき州裁判所制度を設けている。そのため州裁判所の名称は独特であり、州ごとに異なる。たとえばニューヨーク州の場合は、地裁は、Supreme Court と呼ばれるが、これは「最高裁」ではなく、たんにすべての事件についての管轄権を有するという意味において Supreme Court と称される。[4] 他にも、マサチューセッツ州では、地裁は Superior Court と称されている。このように州裁判所は、それだけ州意識の強く反映した法廷である。実際にアメリカで提起される事件の九五％は州裁判所で審理されている。裁判官の人数は、州裁判所で合計約三万人、連邦裁判所では合計約一七〇〇人で

4　ちなみにニューヨーク州の最高裁判所は Court of Appeals と称されている。名実ともに州の終審裁判所であって控訴裁判所ではない。参照、浅香吉幹『現代アメリカの司法』（東京大学出版会、1999年）。

ある。[5]

① 州地方裁判所（district court）

第一審として民事事件と刑事事件を審理する各州の地方裁判所（trial court, 事実審裁判所）は、州内の主要都市に設置されている。事実審裁判所は、陪審による判断がおこなわれるために裁判所としての重要性は高い。他方で、家庭裁判所だけでなく少額裁判所や交通事故裁判所など多種多様な事実審裁判所が設けられている。

② 州控訴裁判所

地裁を含め第一審裁判所の裁判に不服を申し立てる控訴裁判所（Intermediate Appellate Court）については、大部分の州で三審制が導入されている。他方で、いくつかの州では控訴裁判所自体を置かずに、直接、最高裁判所に不服申立てをする制度を有している。というのも、各州は各州独自の憲法、法律、裁判制度を持っており、そのため各州において三審制をとるか二審制をとるかは州の決定事項であるからである。

③ 州最高裁判所

州最高裁判所（State Supreme Court）は、州ごとに別な名称で呼ばれることがある。しかし、共通しているのは、その州の終審裁判所という点である。州最高裁は、通常、法律問題の上訴を審理するために存するのであって、改めて事実認定に関する審理をおこなわない。但し、州最高裁は、事実審裁判所がその事実認定において甚しい過誤があったと認定するような事件については、再審のために事実審裁判所に差し戻しをおこなう。州最高裁が、下位裁判所の訴訟手続上の違反について審理する責任を負っていることから、州最高裁の呼称も各州で異なっている。たとえば、ニューヨーク州の

5　これについては、参照、*From the Federal Judicial Center* Visit http://litigation. findlaw. com/legal-system/federal-vs-state-courts-key-differences. html#sthash. 98AKLAKr. dpuf

最高裁は、New York Court of Appeals と Appeals が付いているし、同じようにメリーランド州も Maryland Court of Appeals が州最高裁である。他方、マサチューセッツ州の場合は、Massachusetts Supreme Judicial Court という。

州最高裁は、州憲法の解釈を求められた事案や死刑事件について必要な審理をおこなわなければならない（権利上訴）が、他方で、裁量による上訴（certiorari）の方法も認めている。これらの事件は、州内の異なる控訴裁判所が異なる判断をした場合や、その州において初めて審査対象となる新しい法律問題を含んでおり、相当に論争の的となる事件に関係するものである。たとえばアイオワ州およびオクラホマ州は、上訴については特徴ある手続きを有している。これらの州では、すべての上訴はいったん最高裁判所に係属し（オクラホマ州は民事と刑事事件に別々の最高裁判所を有する）、先例となる事案がない事件について判断が下される。そうでない残りの事件については、中間の上訴裁判所に送致される。

とくにヴァージニア州最高裁判所は、自由裁量でほとんどすべての事件を検討するが、ヴァージニア州の中間上訴裁判所は、家族事件および行政事件問題だけについて上訴事件を取り扱う。そのため、同州では、ヴァージニア州巡回裁判所（地方裁判所）の大多数の民事および刑事事件について上訴は一回限りとなる。[6]

州最高裁裁判官の任期は、六年とする州（一五州）、七年（メイン州）、一〇年（一一州）、一二年（八州）、一四年（ニューヨーク州）、生涯（二州）となっている。また、州最高裁裁判官の定数は、五人とする州（一六州）、七人（二九州）、九人（五州）となっている。州最高裁判事の任命は、党派的な選挙によって任命をする州（七州）、非党派的な選挙によって任命をする州（一五州）、ミズーリ

6　*See* Sara C. Benesh and Wendy L. Martinek, *Context and Compliance: A Comparison of State Supreme Courts and the Circuits*, 93 Marq. L. Rev. 795 (2009).

プラン（後述参照）による任命州（一六州）、議会の承認を得ることによる知事指名（一〇州）、州議会による選任（二州）となっている。

(2) 合衆国裁判所

合衆国の連邦裁判所は、地方裁判所（District Court）、控訴裁判所（Court of Appeals）、最高裁判所（U. S. Supreme Court）の三審制をとる。

連邦裁判所は多くの点で州裁判所とは異なる権能を有する。州裁判所の管轄権は、しばしば連邦裁判所のそれと重複するが、それはどちらの裁判所にも提訴可能な事案があるということである。そのため、原告が州裁判所を選択しても被告が連邦裁判所への移送を申し立てることもある。事案が全く州がらみのものであっても、当事者の州籍が異なれば連邦裁判所に事件を提訴することができる。[7]

① 合衆国地方裁判所

合衆国地方裁判所は、全米九五都市に設置されており、第一審事実審裁判所として刑事および民事事件を管轄として扱う。小さな州においては、原則、一つの裁判所であるが、大きな州ではNorthern, Southern, Eastern, Westernなどの区ごとに複数の地方裁判所が設置されている。このほかに、特定領域の連邦事件に対する管轄権を持つ特別裁判所があり、これらも第一審裁判所になる。それらは、租税に対する不服訴訟を扱う合衆国租税裁判所（United States Tax Court）、合衆国政府を被告とする事件を扱う合衆国連邦請求裁判所（United States Court of Federal Claims）、輸入関税に関する事件を扱う合衆国国際通商裁判所（United States Court of International Trade）、連邦軍事控訴裁判所（United States Court of Appeals for the Armed Forces）、退役軍人上訴裁判所（United

7　合衆国控訴裁判所では、2012年に事件数が４％増加したが、翌年の2013年には、２％減少し、合計56,475件の新受事件数があった。他方、合衆国地方裁判所では、2013年に１％増加し、新受事件数は375,870件あり、そのうち民事事件数は２％増加し、新受事件数は284,604件，刑事事件数は３％減少し、合計91,266件の新受事件数であった。興味深いのは、合衆国破産裁判所に申請された事件数が、12％減少し、合計1,107,699件になったことである。*See* United States Judicial Business; http://www.uscourts.gov/statistics-reports/judicial-business-2013

States Court of Veterans Appeals）、連邦破産裁判所（United States Bankruptcy Court）、連邦統治領裁判所（Territorial Court）である。

地方裁判所の裁判官は、裁判所の運営と裁判所職員の管理と運営に責任を負っている。連邦裁判官には任期はなく、彼らが「善行」（good behavior）を維持し、議会によって弾劾されない限り解任されることはない。彼らは、単独審（合議はない）で民事と刑事双方の審理を担当する。連邦地裁裁判官の仕事の一部、たとえば民事裁判における正式事実審理前の申立てやディスカバリーの実施方法や関連する問題の取り扱い、また刑事裁判における捜索令状や逮捕令状の交付、冒頭出廷手続き（イニシャル・アピアランスの手続き、第8章参照）を主宰し、保釈金の決定や、証拠の排除に関する申立ての処理などの取り扱いについては、連邦治安判事（federal magistrate judges）がそれを担っている。治安判事は地裁裁判官の多数決で地方裁判所により指名され、任用される。治安判事はフルタイムの場合、任期は八年間であり、パートタイムの場合は任期四年であり、再任が可能である。

アメリカ合衆国で発生する事件のほとんどは州裁判所が対応するが、事件が複数の州にまたがる場合、あるいは連邦法違反の刑事事件に関しては連邦裁判所が管轄する。一方で、同一犯罪に関して二度と同じ裁判を受けないという合衆国憲法上の「二重の危険」（double jeopardy）の保障[8]は、州または連邦裁判所においてそれぞれ適用されるため、双方の裁判所での訴追が可能な刑事事件（たとえば、人種的憎悪を理由とする殺人事件）の場合、憲法上の「二重の危険」法理は、州または連邦裁判所においてそれぞれ適用がある。つまり州裁判所において無罪となった事件でも、連邦法上の別な犯罪容疑で新たに起訴され、連邦裁判所で裁判を受けることがある。

8　憲法第五修正の「二重の危険」（double jeopardy）条項については、Corona Brezina, The Fifth Amendment: Double Jeopardy, Self-Incrimination, and Due Process of Law (Amendments to the United States) (2011)、および Suzanne E. Durrell, Note: Double Jeopardy Multiple Prosecutions Arising from the Same Transaction（1978）参照。

合衆国控訴裁判所マップ

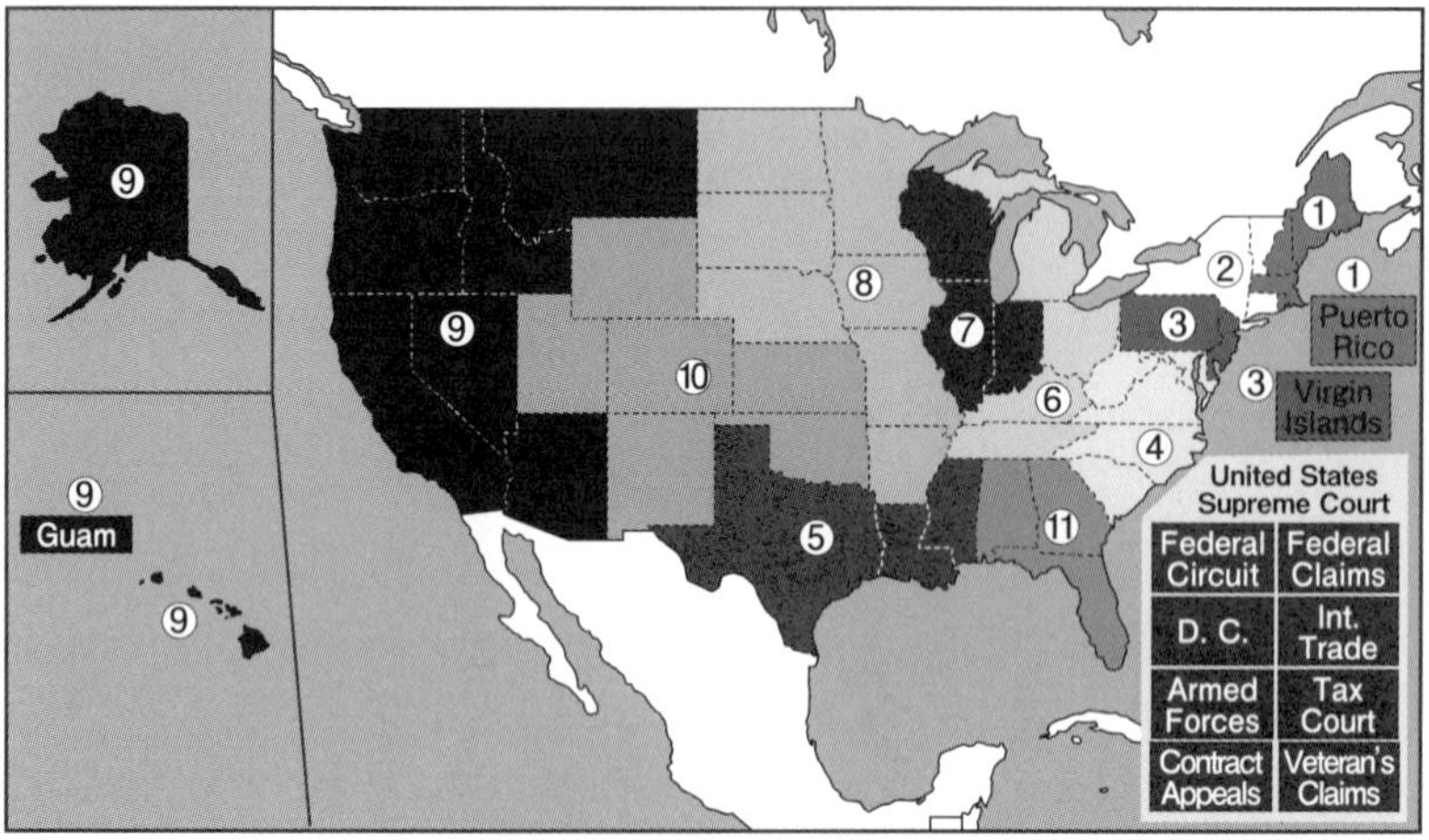

② 合衆国控訴裁判所（Courts of Appeals）

控訴裁判所は、第一審裁判所の判決や裁判の手続きに不服があって控訴された事件を裁判する。控訴裁判所では、公開法廷での当事者双方の口頭弁論が開かれるが、証人の証言を聞くこともなく、新証拠を新たに控訴審で提示することも認められない。控訴裁判所は、第一審裁判所の事件記録を再審査するだけである。

控訴裁判所は、三州から九州を一つの控訴裁判所が管轄する全米一一の地区、およびワシントン特別区（Washington D.C. District of Columbia）に設置されている。この地区を巡回区（Circuit）という。名称はたとえば、第一巡回区合衆国控訴裁判所（United States Court of Appeals for the First Circuit）という。なお、知的財産、合衆国政府に対する契約（contract claims against the federal government）の控訴事件、連邦雇用（federal employment）に関する控訴事件、および国際貿易（international trade）控訴事件については連邦巡回合衆国控訴裁判所（United States Court of Appeals for the Federal Circuit, CAFC）が管轄する。

控訴事件の口頭弁論は、通常三人の裁判官が合議で担当する。当事者は、口頭弁論に先立って第一審裁判所の判決を「破棄すべき」（should be reversed）だとする理由、あるいは「維持すべき」（should be affirmed）だとする理由を述べた「訴訟事件摘要書」（briefs, 通常は「ブリーフ」という）を提出しなければならない。法廷の口頭弁論（oral argument）では、当事者は限られた時間内にその主張を手短に述べるとともに、裁判官から発せられる適時の質問に適切に答えなければならない。

連邦控訴裁判所は、重要事件について全員法廷（en banc）と呼ばれる所属裁判官全員による法廷での判断をおこなうことがある（第九巡回区合衆国控訴裁は除く）。これはいわば、先に下した自らの控訴裁判所の決定を取り消すような場合に（まれに）おこなわれる。

③　合衆国最高裁判所（Supreme Court of the United States）

合衆国の最終審裁判所としては、合衆国最高裁判所（Supreme Court of the United States）が設置されている。一七八九年の裁判所法（Judiciary Act of 1789）によって合衆国最高裁判所は設置されたが、その時は、最高裁判所首席裁判官（Chief Justice）のジョン・ジェイ（John Jay）の他に五人の陪席裁判官（Associate Justices）の計六人だけで大法廷が構成されていた。一七九〇年二月二日に合衆国独立時の首都であったニューヨーク市の商事交易ビル（Merchants Exchange Building）で第一回の招集がかけられた。それ以降、最高裁判所は当時の一三州の裁判区の各々に巡回（ride circuit）して主宰することが求められ、年に二回裁判を開いていた。

建国当初は、連邦裁判制度についての具体案がまだ連邦議会で議論中であったこともあって、新しい米国の司法府は三権の中でも最も弱いものであったたし、最高裁判所が議会によって可決された連邦法の合憲性を考慮する権限を有するかどうかについても、最高裁判所自身、確かでなかった。しかし、この状況は一八〇一年にジョン・アダムズ大統領がジョン・マーシャルを第四代の最高裁首席裁判官に任命してから大きく変化した。一八〇三年に、最高裁判所は、ジョン・マーシャルのもとで、合衆国憲法を解釈し、議会および州議会によって可決された制定法の合憲性を決定する違憲立法審査権（Judicial Power）を確立した。

合衆国憲法は、連邦最高裁の裁判官の定数を定めていなかったため一八六九年に最高裁判事の定員は最初は六人から、その後七人、九人、一〇人、八人と推移し、九人に定着するまでに、法律でその都度決めてきた。一八六九年以来は、ずっと九人で変わらない。

■ Sidebar ■

日本の最高裁判事が一五名の理由は？

日本の最高裁判所裁判官の定員は、なぜ一五人か。憲法は、最高裁長官と「法律の定める員数のその他の裁判官でこれを構成し」（憲法七九条一項）とし、最高裁裁判官の定員については明記していない。裁判所法（一九四七年施行）では、日本の最高裁の裁判官は、長官と判事を合わせ一五人と決められている。このように最高裁裁判官の定員が長官を含めて一五名とされているのは、一九四七年の最高裁発足時の内閣の国務大臣の定員が内閣総理大臣を含めて一五名以内とされている規定にならったと考えられている。つまり、司法権が三権の一翼を担うことから、長官は首相と、判事は閣僚と同格で、人数もそろえるべきだという考えが、「一五人」の背景にあったとされる。

また日本の最高裁裁判官は「識見が高く法律の素養がある四〇歳以上の者から任命される」と定められている（裁判所法第四一条）が、これまで五〇歳以下の者が任命された例はなく、一九六四年一月三一日以降は全員が六〇歳以上の者である。なお、定年は七〇歳である。一九七〇年代以降、最高裁裁判官一五人の出身分野別人数枠は、おおむね裁判官出身六人、弁護士出身四人、検察官出身二人、行政官出身二人、法学者出身一人となっており、各小法廷の構成も、特定分野の出身者が集中しないよう配慮される。このうち裁判官出身の最高裁判事六名の経歴に見られる共通点は、「東京大学法学部卒」、「東京地裁判事経験者」、「最高裁事務総局勤務経験者」、「最高裁事務総局総長または局長などの幹部職経験者」、「高等裁判所長官経験者」であり、いわば最高裁裁判官が、一般的裁判官の上りポストとして位置付けられている側面がある。

今一つ注意すべきは、誰が最高裁判事の事質的指名者かという点である。憲法上は内閣（総理大臣）が指名することになっているが（国会の関与はない）、最高裁裁判官に空きポストが出ると、最高裁から何人かの候補者リスト（ほとんどは単数）が示され、それに従って内閣が指名するという点である。いわば最高裁判所（長官）自身が最高裁事務総局と協議して次期最高裁裁判官候補者を決めることが慣行となっている。

その後、憲法による条文が整い、三権の分立と相互抑制が整理されると、最高裁裁判官は、米国大統領によって指名された。被指名者は、上院の多数決によって承認される。最高裁判所裁判官を含む連邦裁判所裁判官は引退するか死亡するかまたは弾劾されるまで生涯その任期を全うするものとされた。そうはいっても、最高裁判事の平均的在任期間は、約一六年であるとされている。[9] なお、最高裁

9　合衆国最高裁のホームページの中のFrequently Asked Questions（FAQ）より。visit http://www.supremecourt.gov/faq_justices. aspx 但し、合衆国最高裁裁判官の平均在任期間は伸びており、ニューヨーク大学のBrennan Center for Justiceによれば約26年だというデータが出ている。*See* https://www.brennancenter.org/our-work/policy-solutions/supreme-court-term-limits

裁判官で最長の任にあったのは、ジョン・マーシャル裁判官で、一八〇一年から一八三五年までの三四年五カ月一一日その職にあったとされている。

合衆国最高裁判所は、ワシントン特別区（Washington D. C.）の連邦議会の近くに存在する。合衆国最高裁の裁判官だけが、judge ではなく、Justice と呼ばれる。

合衆国最高裁判所は、下級審裁判所からの上告事件を扱う最終審の裁判所である。州の最高裁判所からの後述のサーシオレイライ（certiorari といわれる裁量上訴）による上告事件も扱う。最高裁で事件が審査されるのには三つの方法がある。第一は、最高裁が第一審裁判管轄権を有する事案、州と州が当事者である争訟（disputes between the states）、および大使のような外交官に対する争訟（disputes arising among ambassadors and other high-ranking ministers）である（憲法第三編二項）。第二は、下級連邦裁判所から上告される場合であり、権利上訴の場合である。しかし、連邦下級裁判所からでも、ほとんどの場合、サーシオレイライによる上告である。サーシオレイライは、九人の裁判官のうち四人が当該事件の審理に賛成すれば受理される。第三は、州の最高裁判所の判断に対する上告事案であり、合衆国憲法で保障された権利が州裁判所で否定された事案や、実質的な「連邦問題」を含む事案を取り扱う。

最高裁調査官（Law Clerks）

最高裁の九人の裁判官にはそれぞれ、裁判所の開廷期間中に、三、四人の最高裁調査官が配属される。彼らは、全米の上位のロースクールを首席で卒業した者である。なかには、すでに最高裁以外の連邦裁判官のための調査官として先に一年以上仕えた経験者も含まれる。調査官の仕事は、割り当てられた裁判官のために、どの事件を取り上げるかの意見書（メモランダム）の作成、取り上げられた事案に関する口頭弁論における当事者への質問の準備、あるいは、判決意見を起案するのに役立つ法的調査をする。

訴訟事件摘要書（Briefs）

最高裁が事案を取り上げる（移送命令申立てを認める）決定をした場合、事案は事件記録簿（docket）に登載される。その後、最高裁への請願者（または、上告人、petitioner）には、最高裁判所の規則に従って訴訟事件摘要書（briefs）を書くために一定の時間が与えられる。訴訟事件摘要書は、最高裁が審査を認めた法的争点に対する論点を明確に述べるもので、五〇ページ以下とされている。この訴訟事件摘要書が提出されたあと、他方当事者（被上告人、respondent）にも、訴訟事件摘要書の提出のために一定時間が与えられる（この摘要書も五〇ページを上回らないこととされる）。事件の結果に直接的利害関係は無いが、しかし事件に関心のある人物やグループは、最高裁の許可により、事件の決定に関する自分自身の意見書および勧告を述べるアミカス・キュリィ（amicus curiae「法廷の友」または「法廷助言者」という意味のラテン語）として知られる書面を提出することができる[10]。

口頭弁論（Oral Arguments）

合衆国最高裁の開廷期間は、その年の一〇月最初の木曜日から翌年の六月末までである。一〇月から一二月までは各月の最初の二週間を、翌一月から四月までは各月の最後の二週間を口頭弁論期日に割り当てている。この二週間の開廷中に、最高裁判所が別に指示しない限り、月、火および水曜日に口頭弁論が開かれる。口頭弁論期日は公開され、一日に二件の弁論期日を朝一〇時から開く。一件に一時間が割り当てられる。当事者はそれぞれ三〇分の弁論時間が与えられるが、争点に対する主張や

10　アミカス・キュリィについては、金原恭子「世論と裁判所とをつなぐもの—米国におけるアミカス・キュリィとロー・クラーク」大木雅夫先生古稀記念『比較法学の課題と展望』（信山社、2002年）243頁以下、参照。

根拠の説明をおこなっている間にも裁判官から適時に出される質問に返答しなければならない。最高裁裁判官らは、この口頭弁論期日を訴訟事件摘要書に述べられた法的ポイントを重ねて口頭説明させる機会とは見ておらず、むしろ、訴訟事件摘要書を読んだうえでのさらなる疑問や論点について聞き出す機会ととらえている。そのため、多くの場合、弁論よりも裁判官からの質問に対応することに時間が費やされる。口頭弁論は請願者・上告人から始め、回答者・被上告人が続く。

最高裁裁判官が入廷し着席すると、首席裁判官が、すでに弁論台（podium）に着いている請願者・上告人を確認し、請願者・上告人は、次の言葉を述べて弁論を開始する。「最高裁判所首席裁判官殿および各裁判官各位殿、申し上げます。」（"Mr. Chief Justice, and may it please the Court..."）というふうに始める。首席裁判官だけが「最高裁判所首席裁判官殿」（Mr. Chief Justice）と呼びかけられる。他の裁判官に対しては、たとえば、「ブライヤー裁判官殿」（"Justice Bryer"）や、「ケーガン裁判官殿」（"Justice Kagan"）と呼び、たまには、たんに「裁判官殿」（"Your Honor"）という呼称を使う。

裁判官会議（Justices' Conference）

口頭弁論が終了すると、裁判官らは裁判官会議と呼ばれる合議で事件について決定をおこなう。この会議は、裁判所の開廷期間中の毎週水曜日と金曜日の午後に開催される。裁判官は、その週の水曜日の午後の会議で、その週の月曜日と火曜日におこなわれた口頭弁論事件について合議し、投票をおこなう。金曜日の午後に水曜日におこなわれた口頭弁論について合議し、投票をおこなう。最高裁判所議定書（Supreme Court protocol）によると、この裁判官会議室には、最高裁裁判官だけが入室を許可され、調査官はもとより、法務助手、秘書、書記、警護官を含め、だれも入室できない。

裁判官会議に入る前に、各々の裁判官は、事件に対する異なった見方についての自分の意見を確立するためにも、あらかじめ調査官と事件について議論することが通例である。裁判官会議は、まず首席裁判官が開会を宣言し、最高裁判所裁判官の相互の同等性を確認するために最初にお互いに握手をし合ってから会議が始められる。最初の議題は、通常、その週のサーシオレイライ（移送命令申立書）についてであり、いずれの事件を取り上げるかについて決定することである。そのあと事件について合議を始める。すべての裁判官には、事案についての自己の見解をそれぞれ述べ、事案に関する問題点や関心を提起することができる。各裁判官は、自己の見解を他の裁判官から中断されることなく述べることができる。慣習により、首席裁判官が先ず自己の意見を述べ、年齢の高い裁判官から一番若い裁判官まで順次意見を述べることになる。

各裁判官が自己の意見を述べると、首席裁判官が最初に投票をおこない、年齢の高い裁判官から順次投票をおこない、最も若い裁判官が最後の票を投ずる。票が計算されると、首席裁判官が、法廷意見（opinion of the Court）を執筆する担当裁判官を割り当てる。首席裁判官が少数意見（反対意見）のグループに属しているときは、多数意見中の最長老の裁判官が、法廷意見執筆担当裁判官を割り当てる。少数意見中の最長老の裁判官が、反対意見（dissenting opinion）を書く裁判官を指名する。裁判官が、法廷意見の結論（判決）には賛成しながらも、その理由付けに対して異なった意見を有するときには、同意意見（concurring opinion）を書くことができる。また、どの裁判官もみずからの個別意見を執筆することが認められている。

投票が二つに割れた時には、原審の判断が認められる。これは、何らかの理由で（たとえば、空席の裁判官が補充されていないときとか、事案の審理をみずから回避したようなとき）、九人の裁判官の誰かが合議に参加していない場合に起こりうる。

法廷意見（Opinions）

裁判所のすべての意見は、概して裁判所の開廷期の最終日（裁判所が夏季休暇のため閉廷される六月最後の曜日）までに伝えられる。この最終日までの期限前であれば、判決はいつ出しても良いことになっている。通常は、法廷意見が全員一致の場合には、比較的早く判決が公表され、同調意見や反対意見がある場合は、それよりも遅れることがある。

全員一致法廷意見の場合に二カ月という早い期間に伝えられる一方で、若干の論争が生じた法廷意見については口頭弁論が一〇月におこなわれた事案であっても、開廷期の最終日まで判決が公表されないことがある。

各々の裁判官は、みずからの意見をいずれかの判決意見に署名するというかたちで示すことになる。法廷意見を書く担当裁判官は、多数意見に投票した他の裁判官の意見や懸念を考慮に入れるよう配慮して判決文をまとめる必要がある。票数が接近した事案では、多数派に投票した裁判官が意見の草案を読んだ後にその投票を切替える場合もあるため、反対意見が後に多数意見になることも起こる。法廷意見は、それが公開の法廷で公表されるまでは、いかなる意見も裁判官の公式意見と考えることができない。判決は法廷開廷期の五月および六月中に、毎週月曜日午前一〇時からの開廷日に述べられる。開廷期の最後の週中に、追加的な日が「意見日」（opinion days）として指定されることもある。

3　サーシオレイライ（Certiorari）・移送令状

サーシオレイライ（Certiorari）[11]とは、裁量上訴受理令状のことである。合衆国最高裁判所に裁量

11　Certiorari はもともとラテン語で、“to be informed of”（通知する）との意味であって、コモンローの下では、元来の令状ないし命令は、Chancery あるいは King’s Bench から発せられ、当事者により確かで迅速な裁判をおこなうために原審の記録を原審裁判所の担当官に提出するように命じるものであった。

上訴による事件に関する一件書類の送付命令令状の発行を求め（これを、受理または移送令状の請求Petition for Writ of Certiorari、略して"Cert. Petition"という）、最終判断を仰ぐ手続きである。これにより憲法判断を含む州最高裁判所の判断に対する合衆国最高裁による再審査を可能にした。サーシオレイライ・移送令状を得るための要件は、当事者の氏名、事件事実、検討を求める法的争点、および裁判所が令状を発給すべき理由を明記し、該当裁判所に提出することである[12]。

当事者は裁判所に「移送命令」（writ of certiorari）を提出し、みずからの事件に対する判決について最高裁の判断を仰ぐよう求めることができる。移送命令申立書を検討するのは最高裁裁判官各自の特権であり、この移送命令申立書のファイルのことを「申立てのプール」（cert. pool）という。その申立てについては各裁判官の調査官がそれを分類し、下読みをおこなう。調査官はそれぞれの申立てについて簡潔なメモを作成し、どの事件を取り上げるべきかについて裁判官に勧告をする。各々の裁判官は、裁判官会議でこれらのメモおよび勧告を他の裁判官に伝達し、協議する。しかし「移送命令」が認められ、実際に合衆国最高裁に口頭弁論まで行き着くのは、申立件数約七〇〇〇件以上の事案のうち一〇〇から一五〇件にとどまり、全体の申立て数の約一%足らずである。移送令状（Certiorari）が交付された場合には"cert. granted"と表記される。これにより最高裁判所は、原審裁判所に検討のために事件の一件記録を送付するように命令する。通常、最高裁はこれらの事件を審査するのは裁量によるため重要事件の審査に限定している。したがって、事件が国家的重要性を有する場合や、連邦巡回裁判所間での矛盾する決定を調和させ、先例となる価値を有する場合だけである。多くの州最高裁の判断を覆す歴史的で画期的な合衆国最高裁判決はこのようなサーシオレイライ請求手続きで生まれてきた。

12　*See* RULES OF THE SUPREME COURT OF THE UNITED STATES, 10-16（Jurisdiction: Writ of Certiorari）. 10-16（Writs of Certiorari）.

4　連邦司法権とその範囲

(1)　合衆国連邦地方裁判所の裁判管轄権

裁判所の管轄権とは、一般的に裁判所が受理した事例について審理し、判決をする権限のことである。管轄権には、対物管轄権（in rem jurisdiction）、対人管轄権（in personam or personal jurisdiction）、事物管轄（subject matter jurisdiction）、第一審管轄権（original jurisdiction）、および訴訟係属に基づく関連事件の管轄権（pendent jurisdiction）、の異なるカテゴリーがある。

① 連邦地方裁判所の専属管轄権

合衆国憲法の規定にしたがって、州の裁判所との管轄権が全く競合することがない連邦地方裁判所の専属裁判管轄権としては、以下のものがあげられる。

1. 海事事件
2. 破産事件（連邦地裁内部の破産裁判所が扱う）
3. 特許権・著作権に関する訴訟（ただし、商標に関する訴訟は州裁判所との競合管轄権となる）
4. 合衆国に対する不法行為上の訴訟
5. 領事・外国使節を被告とする訴訟
6. 連邦刑事法に関する事件

② 事物管轄権（Subject Matters Jurisdiction）

どのような内容の訴訟をどの裁判所に係属できるかという権限をあらかじめ法律で定めたものが事

物管轄権である。連邦裁判所が独占的に扱える事物管轄としては、合衆国憲法第三編により以下の事件（cases）または争訟（controversies）となっている。

1. 合衆国の憲法・法律・条約のもとで発生する事件
2. 大使その他の外交使節および領事が関係する事件
3. 海事事件
4. 合衆国が当事者である争訟
5. 二つ以上の州間の争訟
6. 州と他州市民間の争訟
7. 相異なる州市民間の争訟（州籍相違事件という）
8. 相異なる州の付与に基づく土地の権利を主張する同一州の市民相互間の争訟
9. 州またはその市民と外国または外国人との間の争訟

である。連邦権限とされるものに関連するため、多くは連邦制定法の下での訴訟について管轄権を有することになる。

③　対人管轄権（In Personam Jurisdiction）

原告が被告に対してどの土地の裁判所に訴訟提起ができるかについての裁判管轄のことを対人管轄権という。対人管轄権は、人物に対する裁判権のことである。該当者が住所または他のつながり（たとえば当該地域での継続的商事活動の実施など）を維持することによってその裁判所で審理がおこなわれることを合理的に予知することができる場合、裁判所は当該管轄権を有するものとされる。歴史的には、対人に対して判決する裁判所の管轄権は、被告に対する事実上の権限に基づいていた。そのために、裁判所の地域的管轄権の範囲内に被告が存在すること（presence）は、拘束力が生じる判断のための前提条件であった[13]。

たとえば、A州に被告の住所地や営業所在地があれば、A州の裁判所に管轄権が認められる。ところがA州に本店のある企業をB州の裁判所で訴える場合は、その企業がB州に工場や支店、営業所といった活動拠点がある場合にしか、B州の裁判所で裁判を起こすことはできない。

また、連邦が州と競合した管轄権を持つのは、二つ以上の異なる州の市民間の争訟の場合である。これを「州籍相違事件」（diversity of citizenship; diversity case）という。つまり相異なる州の市民間の民事訴訟において、しかも訴訟物の価額が七万五〇〇〇ドルを超えるものについては連邦裁判所管轄となる。つまり訴額がそれより下の事案は州裁判所の管轄となる。

④　最小限の接触（minimum contact）の法理

対人管轄権に関して裁判所の地域的管轄権の範囲内に被告が存在することという要件は、のちに一九四五年のインターナショナル・シュー事件[14]で最高裁判所によって拡大された。この事件の原告、International Shoe Co. は、靴の製造販売会社であり、デラウェア州において本社の設立登記がおこなわれ、その営業の活動拠点がミズーリ州にあった。またワシントン州には事務所はなかったが、一二人から一三人の販売員が同州に常時居在しており、顧客の注文を受け付けていた。他方で、ワシントン州の失業保険法では、使用者が失業保険基金に対して一定額を支払うことを義務づけていたため、同州は、International Shoe Co. に対してこの支払いを求めた。しかし同社が拒否したため、ワシントン州労働委員会は、同法に従って支払命令を出した。これに対して International Shoe Co. は、みずからの会社はワシントン州の裁判管轄に服さず、同支払命令は違憲であると主張した。つまり同州

13　Pennoyer v. Neff, 95 U. S. 714（1878）.
14　Int' l Shoe Co. v. Wash., 326 U. S. 310, 316（U. S. 1945）.

は被告会社の営業の本拠地や登記住所地ではないのであって、このような裁判管轄の決定は、憲法の定める法の適正手続きによらないで被告の権利を奪うものであると主張した。

この争点について、合衆国最高裁は、被告に対する裁判管轄権を認めた。その理由は、①被告が法廷地との間で最小限度の接触を持つ（minimum contact がある）こと、②本件の訴訟維持は公正な行為と実質的正義に矛盾しないこと、および③International Shoe Co. のワシントン州内での活動は継続的かつ組織的なものであり、被告は裁判管轄権に服させるに十分な活動をおこなっていたことである。

本判決より以前は、被告について裁判権が認められるためには、被告が州内に存在する時に、被告に呼出状を直接送達することが求められていた。この要件は合衆国憲法第一四修正の「適正手続き」上の要請である。ところが、この判例は、minimum contact すなわち被告が法廷地との間で「最小限度の接触」を持てば裁判権が認められるとし、また、本件でそう決定することが、「訴訟維持が公正な行為と実質的正義に矛盾しない」として、法廷地州に被告の行為を規制する利益があれば裁判管轄が認められるとした。この判決により従前の考え方よりも他州の者への自州法の適用がかなり緩和された。この判決をきっかけとして、各州は、自州に一定の関係を持った他州民や法人を自州の裁判権に服させる法律、long-arm statute が成立することとなった[15]。

⑤　ロングアーム法（long-arm statute）

ロングアーム法は、将来被告となりうる者が、裁判地のある州との十分な最低接触（sufficient minimum contacts）を有するならば、州外の被告であっても原告居住の州内裁判所において裁判権を行使することを認める法的規定である。ロングアーム法は、地元の居住者に損害を与えた州外の企

15　Long-arm statute については、*see* PERSONAL JURISDICTION AND LONG ARM STATUTES (Litigator Series), (Land Mark Publications, 2012).

業、または個人に対する管轄権を有することを認める。つまり原告の居住する州において「相当に十分な」（sufficiently substantial）接触を有する州外者に対する自州民による訴訟の管轄権を認める。たとえば、州内の事故または損害の発生があったという事実は、「相当に十分な」接触を示すのに十分であるとされる。したがって、たとえば州内の者が州外の者の運転する自動車の過失運転によって被害にあった時は、被告の所在する州においてではなく、当該州で損害賠償訴訟を提起することができる。同じく、他州から出荷された製品の爆発によって州内の者が損害を受けたときも同じく州外の製造業者等に対する訴訟を被害住民と同じ州内の裁判所において提起することを認める。

(2) 連邦地方裁判所のおもな競合管轄権

州の裁判所と管轄権が競合する管轄権としては、まず連邦問題事件（federal question case）があげられる。つまり合衆国の憲法・法律・条約のもとで発生する民事訴訟である。

しかし、「州籍相違事件」（diversity of citizenship; diversity case）については、注意が必要である。原告の中に一人でも被告の中の誰かと同じ州籍を持つ者がいれば、州籍相違は成立しない。この場合は、連邦の裁判所でも州の裁判所でも提訴できる。原告に管轄裁判所の選択権がある。つまり州地方裁判所か、連邦地方裁判所のどちらかを選択することができる。原告が連邦地方裁判所を選んだ場合、自動的に係属が決定する。他方、原告が州裁判所を選んだ場合、被告は訴状または呼出状の送達後三〇日以内に、訴えの提起があった州の裁判所の所在地区を担当する連邦地方裁判所に申し立てることによって、訴訟の連邦地裁への移送が可能となる。

上院司法委員会室（Committee Room 226 in the Senate Dirksen Office Building）

5　アメリカの裁判官の任命方法

(1)　連邦裁判所裁判官の任命

連邦裁判所の裁判官は、すべて大統領によって指名され、上院の「助言と承認」に基づいて任命される（憲法第二編二節二項）。合衆国最高裁判官および同控訴裁判官の候補者は、議会の上院司法委員会による聴聞会を経て上院司法委員会の過半数投票（一〇人以上のメンバー）によって任命される。（最高裁判所裁判官候補者に対する聴聞会の様子はC-SPANなどのケーブルテレビ局によりＴＶ中継される）[16]。

上院司法委員会は大統領に指名された最高裁判所裁判官および連邦控訴裁裁判官候補者を調査し、審査会を公開で開催する。

連邦裁判官の任期はない。高齢になるとみずから引退するか、辞任するものが大多数であるが、しかし、死亡するまでその職にいた裁判官もいないわけではない（たとえば最保守派で知られたアントニン・スカリア裁判官は開廷期中の二〇一六年二月に死亡し、法廷は空席のまま開廷していた）。他方で憲法規定により、下院による弾劾（impeachment）および上院による訴追（conviction）によって、連邦裁判官を解任することができる[17]。この連邦裁判官の生涯任期に対する例外は、連邦治安判事であり、任期がある。

16　連邦最高裁裁判官候補者に対する合衆国議会上院司法委員会の聴聞会の様子はC-SPANなどでTV中継される。*See* Cameras at the Supreme Court. They ought to be in pictures, http://www.economist.com/blogs/democracyinamerica/2014/03/cameras-supreme-court

17　合衆国憲法第１編により、連邦裁判官は、下院による弾劾（impeachment）および上院による訴追（conviction）によって解任することができる。これまで歴史上、14人の連邦裁判官が不正推定され、弾劾された。弾劾は「反逆罪、収賄罪、もしくはそのほかの重罪や軽罪」の理由で発動される。弾劾された裁判官が、上院で裁判を受け、出席議員の３分の２の表決によ連邦裁判官数は、地方裁判所で六七〇人程度、控訴裁判所で約二〇〇人、合衆国最高裁で九人である。これら全員は大統領によって任命されるが、連邦裁判官は生涯の任期期間を有するため、すべての裁判官を一人の大統領が任命することは不可能である。このように直近の政治状況に左右されることなく司法権の独立を保っている。大統領の任期は最長で八年間であるため、たとえば最高裁の全裁判官が一斉に辞任でもしない限り、一人の大統領が最高裁全員を指名することはできない。また、大統領が民主党か共和党から選ばれることにより法廷のバランスが図られる。[18]

連邦裁判官に空きポストが出ると、大統領は、最適な裁判官候補者を選ぶために、多様な情報に依拠する。とくにそのような情報は、しばしば司法省、米国連邦捜査局（FBI）、議員、現職の裁判官およびアメリカ法曹協会から寄せられるし、もちろん、自薦もある。このうち、とくに連邦地方裁判所裁判官については、空きポストが発生する州の上院議員による推薦が大統領の推薦となる。すなわち、大統領と同じ政党の上院議員が自分の選出州の候補者名の推薦者リストを大統領に送り、大統領はたいていこの推薦に従う。これは、地方裁判所判事の任命について当該州の上院議員の意向を反映させる伝統である。これは、上院儀礼（senatorial courtesy）と呼ばれている。

大統領が、最高裁判事や高裁判事を任命するときに考慮する基準は、候補者の資質や実務経験である。連邦裁判所や州裁判所においてすでに相当な経験を積んだか、あるいは合衆国政府での法執行の経験を有する者、さらにはロースクールの教授などを経験し、法的専門分野において深い学識のある者である。もちろん、政治的なイデオロギーも重視される。

大統領は、通常、自分に近い政治的なイデオロギーを有する裁判官を指名する。連邦裁判官は、比較的最近までほとんどすべて白人男性であったが、今日ではそのようなことは通らない。現在、人種

り有罪を宣告され、罷免される。

18　その点、日本のように戦後連綿と同じ政党が多数党であると、最高裁判事の任命傾向だけでなく裁判所全体が同一政党寄りになることは避けられないという指摘がある。*see* Lawrence Repeta, *Decision Making on the Japanese Supreme Court: Judicial Recruitment and Promotion: Reserved Seats on Japan's Supreme Court*, 88 WASH. U.L. REV. 1713（2011）.

（エスニシティ）や性別は、連邦裁判官を指名するための重要な基準となっている。最初のアフリカ系アメリカ人の最高裁判事であるサーグッド・マーシャル（Thurgood Marshall）はジョンソン（Lyndon Johnson）大統領によって任命されたが、これは一九六七年のことである。また、一九八一年に初めての女性最高裁判事としてサンドラ・デイ・オコナー（Sandra Day O'Connor）がレーガン（Ronald Reagan）大統領によって任命された。近時の大統領は、地方裁判所および控訴裁判所にアフリカ系アメリカ人、ラテン系アメリカ人、および他の少数民族のメンバーや女性を積極的に指名するようになってきている。

(2) 州裁判官の任命

州の裁判官の選任方法は、州民による選挙により選出する方法、州知事が任命する方法、指名諮問委員会による推薦選考を経て任命する方法、あるいはそれらの組み合わせがおこなわれるなど多様である[19]。

任命制による場合であっても裁判官の再任の時期には、州民の選挙による再任の可否投票(retention election）が実施される。州裁判官は、通常、それなりの経験と実績のある弁護士や検事、さらに大学教授の中から任命される。州により任期制や定年制がある。州民が選任に関わる独特な裁判官の任命方式からしても、裁判官は市民から信任を受けたという感覚が強く、裁判官は訴訟当事者や代理人からの敬意を集める。

このような裁判官の指名制や任命制度がアメリカに生まれ、根付く一方で、アメリカが大陸法系国のような裁判官の国家養成制度を採らなかったのには歴史的な理由がある。つまり一七、一八世紀の

19　州の裁判所ごとの裁判官任命の任命方法については、以下のWEBが詳しい：http://www.judicialselection.us/judicial_selection/reform_efforts/formal_changes_since_inception.cfm?state

アメリカ植民地期の裁判官は、すべて英国王が任命する者であり、植民地での経済的自立が確立してからも、英国直属の植民地総督（governor）の任命に基づく裁判官であった。しかしアメリカの建国期には、タウン・ミーティングにより新しく選任されたリーダーや地元の知事が州の新しい裁判官を任命していた。

一九世紀の半ばになると、ジャクソニアン民主主義に代表される草の根民主主義が政治運動として現れ、住民の投票による裁判官の選任制度を公約として掲げる知事や政治家が輩出した。まず、裁判官候補者が共和党か民主党のいずれの政党に属するかを明らかにしたうえで選挙がおこなわれる。この党派的選挙（partisan election）が全米で広く実施されるようになった。これは二〇世紀初めになってほぼ全州で採用され、広範な広がりを見せた。裁判官候補者が過剰な選挙キャンペーンを行う問題や、候補者の裁判官としての公平性や能力よりもその政治的志向のほうが前面に出ることが問題とされるようになった。そのため、党派性を明らかにすることなく空きポストに対して複数候補者が立候補し、より適任な者を住民が選挙で選ぶ、非党派的選挙制度（non-partisan election）が導入されるようになっている。

アンドリュー・ジャクソンの時代に現れた人民主義（populist）理想の影響下で、多くの州は「人々の意思」（will of the people）に基づき裁判官を選任し、しかもその任期を制限し始めた。一九世紀後半には非政党的な裁判官選挙制度へ移行する州がいくつか表れてきた。二〇世紀初頭には、党派的裁判官選挙制度に対する見直しがおこなわれ、広範な改良の必要性が議論された。そこで出てきたのが、「ミズーリ・プラン」である。[20]

広く「ミズーリ・プラン」として知られる選任方法は、一九四〇年にミズーリ州の住民が、候補者

20　裁判官選任方法における「ミズーリ・プラン」については、一般に以下の著書参照。Richard A. Watson and Ronald G. Downing, Politics of the Bench and Bar: Judicial Selection Under the Missouri Non-Partisan court (1969).

の裁判官としての資質審査（メリットセレクション、merit selection、利点選択）に基く指名方法を採用したことに始まる。これは、裁判官に空きポストが出た時に、これに対する応募者を業績（merit）と適格性（credentials）を基準にしてふるいにかけたうえ、候補者を数人に絞って、その中から知事が任命するという方法である。政治的動機を重視して資質の不十分な裁判官候補者を選任することの問題点を検討して、改良されたものである。この任命方法では、のちに裁判官、弁護士、市民をメンバーとする裁判官選任委員会が構成され、個々の候補者の審査を通して、しかるべき任命者を推薦する方式が採用されるようになった。この指名委員会制度は、政治的影響が司法府に及ぶことをできるだけ回避するものである。したがって、裁判官は最も優秀な候補者から選ばれる。彼らは選挙運動をする必要はないし、彼らがその職務を十分に尽くす限り、その地位は保障される。この任命方式は、近時の裁判官の任命方式としてあげられる裁判官指名諮問委員会（judicial selecting committee）によるものとして現在、約半数の州で採用されている。

この指名委員会による指名方式を受け入れる傾向は一九六〇年代までに強くなってきた。「能力功績選択」（merit selection）の方式を採用する州は、六〇、七〇、八〇年代初期に指名諮問委員会方式を採用した。現在、三三州およびコロンビア特別区は、裁判官の選任に、ある種の「能力功績選択」（merit selection）を採用している。なお、こうして任命された裁判官であっても再任の時期が来れば、住民による信任投票がおこなわれる。

現在採用されている州裁判官選任手続き方法は、州によってさまざまであるが、五つのカテゴリーに分けることができる。それらは、議会による指名、知事の単独指名、非党派的選挙、党派的選挙および能力功績による選択（merit selection）である。多くの州では、裁判所レベルの違いや、異なる地理的エリアに応じて、これらの複数の方法を使って裁判官が選任される。すべての裁判官のために同じ選任方法が使われる州においても、多様なバリエーションがあり、それぞれ個別の方法が実際には機能している。このような任命方法は任期付き裁判官に関してその再任をおこなうかどうか決定する場合においても多様であり、州によって異なる。

議会による裁判官指名（Legislative Appointment）

わずか二州（サウスカロライナおよびヴァージニア）が議会による裁判官任名方法を保持しており、州議会が唯一の任命権限を有する。サウスカロライナ州は候補者をスクリーニングし、議会に対して勧告をするために、州議会議員および市民からなる一〇人のメンバーからなる司法適正選択委員会を設立している。

知事の単独裁判官指名（Executive Appointment）

多くの州では、大統領による裁判官の指名をおこなう連邦モデルを採用し、州知事による裁判官指名がおこなわれていた。しかし一九世紀初頭には、州知事による単独指名制度を変更し始め、現在、裁判官の任命に知事が単独の裁量権を有するのは三つの州（カリフォルニア、メインおよびニュージャージー州）にとどまる。それでもメイン州およびニュージャージー州では、知事の指名候補者であっても州上院によって承認されねばならず、カリフォルニア州では指名候補者は三人委員会（three-member Commission on Judicial Appointments）によるチェックを受けなければならない。他方、裁判官を選任するために選挙を用いる州では、二八州が知事に裁判官の任期中に空きポストが出た場合には、その任命権を与えている。これらは、任命任期途中の指名であって、正式な任命選択プロセスの外側にあるといえる。

党派的選挙による裁判官の選任（Partisan Election）

党派的選挙による裁判官の選任では、裁判官候補者は、通常、指名を得るために、政党の予備選挙に立候補しなければならない。そのあと州民による一般的選挙で選出される。

他方、一八〇〇年代前半に有権者が投票で裁判官候補を選ぶ際に所属政党を明記せず、候補者の氏名だけを投票用紙に記入する方式の裁判官選挙制度が提唱された。他方、非党派的選挙による裁判官の任命をおこなっているミシガン州およびオハイオ州では、まず無所属の候補者となるために、あらかじめ政党の党大会で候補者に指名されることを必要とした。[21]

資質による裁判官選任（Merit Selection）

能力や資質による裁判官選任方法は、上記で述べた「ミズーリ・プラン」または委員会方式指名としばしば呼ばれる。この選択方法には多くのバリエーションがあるが、それに共通する特徴としては、まず、指名諮問委員会が申請者をスクリーニング（書類選考）して、欠員の出たポストについて最も高い資質のある候補者を複数選ぶ。そのうえで、州知事が、推薦された候補者のうちの一人を指名する。この裁判官指名諮問委員会の構成は弁護士、知事、州議会議長などの公職者によって選ばれる一般市民を含む。州によっては、選ばれる裁判官の職種ごとに異なる別々の委員会を有している。この委員会が推薦する人数、方法、審査期間、参照される候補者情報の範囲、委員会審議の公開性等については、各州の憲法、または制定法で定められている。また州知事による最終被任命者については州議会によって承認を求めている州が多い。資質審査で選任された裁判官がその任期を満了すると、今度は再任のための選挙をおこなう州も存在する。投票用紙には再任候補者の氏名が書かれており、それに“yes”か“no”かの投票をすることになる。もし州民が、当該裁判官を再任しないことを選択し

21　加えて、最近の連邦裁判所の判決では、裁判官候補者の政党への参加または関係を制限する州の権限を弱体化したこともあって、非党派的選挙による裁判官の任命は時間とともに徐々に困難になってきている。

た場合、そのポストは空席になったと宣言される、そして、新任の裁判官が上記の資質に基く選任方法によって指名される。

資質に基づく裁判官選任方法の実例：ハワイ州の州裁判官任命制度

ハワイ州の州裁判官任命制度では、裁判官選任委員会は、すべての裁判官候補者の申請書類を調査、評価し、無記名投票によって資質ある裁判官候補者を複数名選ぶ。これは一九七八年の州憲法修正条項によって確立され、州裁判官選任委員会規則が定められた。最終候補者に選ばれた複数（四人以上六人以下）の候補者について、それぞれの任命権者のもとにそのリストが送られる。州最高裁、州控訴裁および州地裁の裁判官リストについては知事に、家裁を含むそれ以外の裁判所裁判官のリストは州最高裁長官のもとに送られる。これらすべての最終指名者は、州議会上院によって承認を受ける。

裁判官選任委員会は、こうして任命された裁判官の再任についても審査をおこなう。同委員会は再任を希望する裁判官の氏名を公表し、再任に関心を持つ一般市民からのコメントを求める。再任を求めている裁判官および裁判官についてのコメントは、同委員会宛に寄せるように求められる。これらの再任候補者については、選任時とほぼ同様の手続きによって知事あるいは州最高裁首席裁判官によって指名される。州地裁、州控訴裁および州最高裁裁判官の任期は、一〇年であり、その他の裁判官は六年である。任期満了が来ると、再任を希望する者に対してこうして再び再任のための資質審査がおこなわれる。

なお、九人の裁判官選任委員会のメンバーは、弁護士でない一般市民が五名で、弁護士は四名以下とされている。これらの委員会メンバーの選任は、知事が二名（そのうちの一人は弁護士でも良い）、州議会の上院および下院の議長がそれぞれ二名を、最高裁判所首席裁判官が一人を選出し、残りの二

ハワイ州の裁判官の選任手続きの流れ

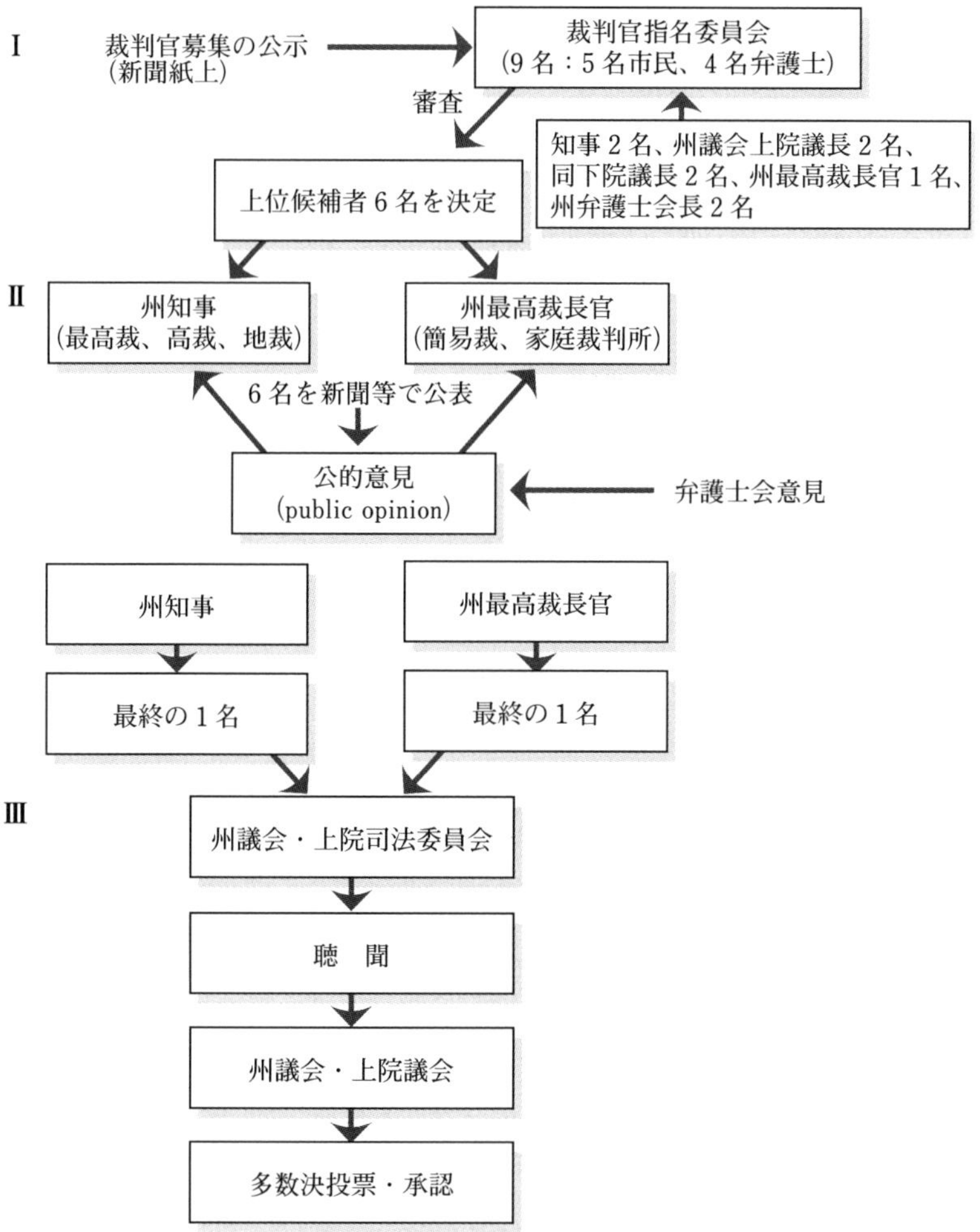

（注）再任についても Ⅰ の手続きから始まる（*See* Hawaii Const.Art.VI.　Sec.4）。

名はハワイ州法曹協会（州弁護士会）によって選任される。委員の任期は、六年間であり、再任は認められない。

ハワイ州の裁判官の選任手続きの流れを示すと、前頁のようになる。

NOTICE OF VACANCY IN JUDICIAL OFFICE

The Judicial Selection Commission, State of Hawaii, announces that it is accepting the submission of names of applicants for the office of **Judge, Circuit of the First Circuit, Twenty-Third Division, Family Court,** State of Hawaii. This vacancy arises from the establishment of the Twenty-Third Division pursuant to Act 156, Leg. Session 1999, and the appropriation of funds for a circuit court judge. The names of qualified individuals may be submitted by any interested person, including an applicant for the judicial office referred to in this notice.

The Constitution of the State of Hawaii provides that the Governor shall fill a vacancy in the Circuit Court of the First Circuit by appointing a person from a list of not less than four nominees presented by the Commission. The Constitution requires that persons selected by the Commission be residents and citizens of the State of Hawaii and of the United States and have been licensed to practice law by the Hawaii Supreme Court for a period of not less than ten years preceding nomination. All names submitted to the Commission will be kept confidential by the Commission and should be delivered by mail to the following address not later than March 17, 2000.

David Fairbanks, Chair
Judicial Selection Commission
State of Hawaii, P.O. Box 2560
Honolulu, HI 96804

ハワイ州裁判官選任委員会はハワイ州第1裁判区巡回裁判所第 23 部（家庭裁判部）の裁判官の応募を受け付けます。この欠員は、第 23 部が 1999 年に定められた司法規則第 156 条と巡回裁判所の予算措置に基づいて新たに設置されたことによるものです。意欲のある有能な方の応募を期待します。

ハワイ州憲法は、知事が、委員会の提出した4人以上の候補者名簿の中から第1裁判区巡回裁判所裁判官を任命するよう定めています。州憲法は、応募資格として、ハワイ州に住む州民であり、アメリカ合衆国国民であること、任命の時点でハワイ州最高裁判所の下で法曹資格を有し、10 年以上法律職に従事してきたものであることを定めています。応募者の名前は秘密にされます。

下記宛先へ郵便で応募して下さい。2000 年3月 17 日必着です。

HI96804　ハワイ州ホノルル市私書箱 2560 号
裁判官選任委員会
委員長　ディビッド・フェアバンクス

第4章　判例法（Case Law）主義とは何か

1　判例法の考え方

(1)　判例法(Case Law)とは何か

英米の判例は、後の事件の先例となる。これを「先例拘束性の原則」（precedent doctrine of stare decisis）という。[1]

つまり訴訟においてすでに法的判断のなされた判決があれば、その法的推論（legal reasoning）が「先例」（precedent）となって同じ管轄内にある裁判所の後の事件の法的判断において裁判官を拘束することになる。

先例拘束性の原則は、アメリカのコモンロー・システムの基礎である。先例の拘束力はすべての訴訟事件において、また、すべての法的争点で依拠される原則である。先例は、特定の事実的状況下において権利や義務が何であるかを指し示すため、先例の適用は、法における公正さ、および効率性を提供するものとして正当化されてきた。

この先例拘束性の原則は、コモンロー・システムが成長し、進化するに伴い、判決が積み上げられて形成されてきたものである。[2]

先例拘束性の原則は、裁判官が判決を導くために参照すべき過去の類似した事案における法的争点

1　「先例拘束性の原則」のラテン語は、stare decisis et quieta non movereである。この英訳は、to stand by things decided and not disturb settled lawとなる。意味は、「決められたものによって破られず、固定した法を妨げない」である。

2　*See* Sabrina DeFabritiis, *Lost in Translation: Oral Advocacy in a Land Without Binding Precedent*, 35 SUFFOLK TRANSNAT'L L. REV. 301 at 305-6（2012).

に目を向けることを意味する。先例と、現在直面している審判対象事件の法律問題に共通性があるかどうか決定するために、裁判官は、法的争点に関する先例の決定とその理由を考慮しなければならない。

拘束力を持つ先例（これをbinding authorityという）とは、先例で述べられた判決理由を法源として審判対象事件に適用される判決である。そのため、審判対象事件と、拘束力ある先例として依拠される事件の事件事実が類似していても、法的争点が実質的に異なる場合には、この原則は適用されない（裁判官は、後述のように事件事実を「区別する」という方法をとる）。

判例法においては、判決文全体が判例法となるのではない。判決文において、最終的な判断（日本の判決でいう「主文」）は、判決文の最後のほうにconcludingとかconclusionという言葉で示される。したがって、判決文の中では、認定された事実に対する結論に至るまでの法的推論過程を説明する「理由付け」（reasoning）の部分、つまり結論を出すのに必要な法的推論を示す部分が、判例を読み込むときに注意を払うべき要点となる。具体的判決において先例の拘束力のある部分を、「判決理由」（レイシオ・デシデンダイ、ratio decidendi, reason for deciding）と呼び、ratio decidendiの部分だけが先例として拘束力を有する。これが後訴における法的判断を拘束する規範となる。

判決文において裁判官が一般論を述べた部分や議論は、「傍論」（オビタディクタ、obiter dictum、things said by the way）と呼ばれ、先例としての拘束力を持たない。他方、そうはいっても傍論を判決に引用することは認められる。

このように英米法系国では、制定法ではなく、判例が第一次的法源（primary source of law）となり、それ自体で完結した法体系をなしている。先例拘束性では、先例が適用されるほどに十分な法的争点上の共通性があるかどうか決める場合に、裁判所に事件事実に注目して、当該先例の適用を制限したり、回避したりする柔軟性を認めている。したがって、判例法としていったん先例拘束力を確立しても、それが、変更され、修正され、時には取り消されることもある。同種の事件事実であっても先例の適用がなされないときには、事実から「区別」（distinguish）する、ということがおこなわれ、先例の適用が回避される。つまり、事件事実の差異を認めて先例の適用を回避するわけである。先例が適用されるときや、拘束力を認めるときは、「追従する」（follow）が使われる。時には、裁判所が依拠すべきいかなる先例も有しないこともある。そのような場合にはどうするか。これらの「先例のない訴訟事件」（case of first impression）において、裁判所はその決定を正当化するために、連邦裁判所や他州の法領域における類似事件の先例との類似性を示し、準用することになる。[3]

■Sidebar■

日本における判例法の適用過程

ところで日本では、判例に法源性があるのだろうか。日本で法的紛争が起こると、法廷では当該紛争の事実関係の認定がおこなわれる。紛争当事者の主張する事実は、当事者の立場によって食い違うことが多い。そこで裁判所は、法適用の小前提となる事実の認定に審理の大部分の時間を割く。事件事実が裁判所によって認定されると、大前提である適用法令が決定され、適用される。日本の法令の条文は、個別具体的事実関係よりも幅の広い事実関係への適用を前提としているため、一般的、抽象的に書かれている。そのため、裁判所は当該法令の解釈をおこない（大前提の確定）、認定された小前提の事実に

3　*See* John Hanna, *The Role of Precedent in Judicial Decision*, 2 Vill. L. Rev. 367 (1957); Joseph W. Mead, *Stare Decisis in the Inferior Courts of the United States*, 12 Nev. L. Jour. 787 (2012) このミードの論文は先例拘束性について包括的な説明をおこなっている。

当該法令の適用（あてはめ）をおこなうか、あるいは適用なし、として事件に対する判決を下す。

このような法適用は実際にどのような過程を辿るのかについて、具体的な事案、たとえば河川沿いの工場の廃液が住民に健康被害をもたらしたと主張されている事案で考えてみる。

裁判所のおこなう判断過程は次のような流れとなる。まず、問題とされている「工場の河川への有害物の排出」についての事実の有無の認定、つづいて「当該排出物の特定、その有害性の有無の認定、その排出量、排出期間など」の認定がまず必要となり、それに加えて原告が受けたとされる損害と被告の行為との因果関係の立証の成否などの判断をおこなう。その上で、当該「有害排出物」の規制に関する制定法、自治体の規制条例、省庁の基準やガイドラインの選び出しとその解釈に基づいて、当該法令の事実への適用がおこなわれ、損害の請求を認めるか、請求を棄却して判決とする。

ここでの問題は、裁判所がおこなうこれらの関係法規（制定法、条例、通達、基準など）の解釈（法の解釈）である。条文の規定が適用範囲において狭く、適用対象がきわめて限定されているときはともかく、それが広義であるときは、その対象は何かや、その適用範囲についての裁判官の決定を拘束する法解釈上の「指導的原理」が問題となる。つまり裁判官は、特定の法の適用対象や適用範囲を自由に決定して良いのか、という問題に直面する（さらに押し進めると、これが裁判官に委ねられた仕事である、とも言える）。

しかしそもそも裁判官を拘束するような法適用の指導的原理や原則（これを法解釈の「判断基準」と呼ぼう）は存在するのだろうか。存在するとすればそれは担当裁判官の頭の中にあるのか、明文のガイドラインとして客観的にあるのだろうか。もし、それが個々の裁判官の頭の中にあるとすれば、このような「判断基準」はどういうものか。実際に法的判断をおこなう場合に、裁判官である一個人の彼または彼女の頭をよぎる「判断基準」は何であろうか。

その「判断基準」は、上位裁判所の判例なのか、当該関係法令の立法主旨か、学者による解釈学説か

（学説ならば誰の学説か）、社会的、政策的判断か、世論か（世論とすれば「世論のすう勢」をどのように客観的に認識するのか）、あるいは最高裁で行われる裁判官会同・協議会で示された模範的判決か、はたまたこれまでの最高裁判所の判例か。裁判官である彼または彼女の頭に浮かぶ想いは何であろうか。

仮に、彼または彼女の判断が、最高裁判所のこれまでの判例に依拠するものであっても、その判決文で、「この（自分の）判断は、最高裁の判決に従って解釈したものである」と書く必要があるのだろうか。そうではなくて、これらの指導的「判断基準」を意識的、あるいは無意識的に「秘匿」（？）したうえで、あくまでも裁判官自身がおこなった当該関係法令の文言的、論理的解釈から導き出された当然の帰結（結論）である（「論理必然的にそうなる」）という言い方が求められているのか。もしそれが求められるとすれば誰がそれを求めているのか。一裁判官として最高裁の判決に同意できないときでも、不承不承従うべきなのか。

そもそも日本での判例の法源性については、実務上はともかくも、法的構造上は必ずしも明確になっていない。まず、憲法第七六条三項は、次のように規定する。

「すべて裁判官は、その良心に従い独立してその職権を行い、この憲法および法律にのみ拘束される。」（憲法第七六条三項）ところが、裁判所法の第四条は、「上級審の裁判所の裁判における判断は、その事件について下級審の裁判所を拘束する。」としている。この点、刑事訴訟法では具体的に、「高等裁判所がした……判決に対しては、左の事由があることを理由として上告の申立をすることができる。」として「最高裁判所の判例と相反する判断をしたこと。」「最高裁の判例がない場合に、大審院、……の判例と相反する判断をしたこと。」（刑事訴訟法四〇五条二号、三号）と、最高裁判所の判例、戦前の大審院または（上告審としての）高等裁判所の判例に反する高等裁判所の判決は、上告理由となるとしている。

さらに、民事訴訟においては、「上告をすべき裁判所が最高裁判所である場合には、最高裁判所は、原判決に最高裁判所の判例（これがない場合にあっては、大審院又は上告裁判所若しくは控訴裁判所である高等裁判所の判例）と相反する判断がある事件その他の法令の解釈に関する重要な事項を含むものと認められる事件について、申立てにより、決定で、上告審として事件を受理することができる。」（民事訴訟法三一八条一項）と規定し、同じく最高裁判所の判例、戦前の大審院または高等裁判所の判例に反する高等裁判所の判決は、「上告受理申立理由」となるとしている。

ところが民事訴訟の場合、地裁から高裁への、あるいは簡裁から地裁への「控訴」については、上記のような明文規定がないため、必ずしも地裁裁判官が上位裁判所の判例に従わないことが直接の控訴理由とはされていない。もちろんそれは控訴審で争うためのひとつの理由となるであろう。そうすると、地裁裁判官も高裁で覆されたくないため、高裁判決を意識した判断をすることはありうる。しかし、他方で（アメリカと異なり日本では裁判官が地裁と高裁を行ったり来たりするので）裁判官によってはそれほど気にしない向きもあるので、しばしば地裁と高裁の判断が入り乱れる。（民事実務では、高裁への「控訴」理由は、「上告」の理由ほど法的に厳格要件となっていないため、地裁判決に不満があれば一般的に、また普通に控訴されるし、そうすることが多い。したがって、実務では最終的な和解は地裁でではなく、高裁でおこなうという実務もよくみられる。とくに、日本の民事控訴審は、「続審制」であり、地裁で一旦終結した口頭弁論を再開し、やり残した立証を含め、新しい攻撃防御方法を提出でき、引き続き審理をすることも可能となっているからである。

さて、裁判官は、憲法上「憲法と法律に従う」と言っても、法にとくに規定がない場合に、裁判所の過去の判断が当該裁判官に対して規範的効果を持つ場合がある。たとえば、労働法における「整理解雇の四要件」はその要件が制定法にとくに定められていないが、判例で確立され、法源性は高い。同じく、民法では、特定の条文がなくても判例によって譲渡担保は認められている。

他方、刑事事件では、控訴の理由は民事の控訴に比べて制限されている。先例に倣うという意味では、たとえば死刑を科す場合の要件については明文で規定されていないが、死刑が科される場合の基準として最高裁が示した「犯罪の性質、動機・計画性、残虐性、殺害被害者数、遺族の被害者感情、社会的影響、被告人の年齢、前科、犯行後の情状を総合考慮する」とする、いわゆる「永山則夫事件の判決基準」（昭和五八年七月八日、最高裁第二小法廷判決）が、考慮されることがしばしばある。

　とすると、日本でも、上位裁判所の判例は「事実上の」法源性を有しているのであり、判例には「事実上の」拘束力があると考えることができるのではないだろうか。

2　判例法の発展：寄与過失から 比較過失（Comparative Negligence）へ

　判例法がどのように発展するかについて、その例として寄与過失法理から比較過失法理への変化を見てみよう。英米法では、過失による不法行為訴訟に対する積極的抗弁（defense in negligence act）として種々の法的抗弁の類型が判例法によって形成されてきた。なかでも原告側の損害の発生について、原告自身に過失のある場合は、訴えの提起そのものを無効とする寄与過失（contributory negligence）の法理が受容されてきた。

　歴史的には、一八世紀から一九世紀にかけて英国のコモンロー法廷において、原告が自分自身の損害の発生を防ぐのに十分な注意を払わなかったというような場合、コモンローは、発生した損害の原因となる過失が原告にあるものとし、「みずからの危難や損害をみずから招いた行為」（behavior that contributes to one's own injury or loss）として、そのような者を法的に保護しないとしてきた。この原則は、一八〇九年の英国の判例であるButterfield v. Forrester事件[4]において明確になった。この事件は、被告のフォレスタが自宅の改修中に不注意で自宅前の道路に木材を放置していたところ、原告のバターフィールドが、夕刻八時ころに馬に乗って急スピードで疾走してきたため、その木材の存在に気付かず、馬が足を取られて落馬し、負傷したというものである。

証言によれば、当時、視界は一〇〇ヤード（約九一メートル）あり、原告のバターフィールドがスピードを上げていなければ、当該木材の存在に気付き、衝突を避けられたであろう、ということであった。裁判官は陪審に対して、「原告が相当な注意力をもって乗馬していたならば事故を避けることができたかどうか」、また、「原告が通常の注意義務を果たしていなかったかどうか」について、そう認定するのであれば、それは寄与過失となり、被告のフォレスタの勝訴とすべきであると説示した[5]。

したがって、ここでの争点は、原告が被告に損害賠償を求めることができるかどうかの判断をおこなうにあたって、原告の行為が思わぬ災難から自分自身を守るために取るべき注意の基準を下回っていたかどうかであった。陪審はこの点について、原告の過失を認め、被告勝訴としたので、原告が控訴した。上級審の王座裁判所（Kings Bench）は、事故（損害）は、原告の行為に起因するものであるから寄与過失（contributory negligence）により被害回復はできない、として原告の控訴を退けた。この判例は、被告に過失があるからといって、原告は自己防衛のための注意義務を果たさなくても良いということではないという寄与過失に関する指導的判例（リーディングケース、leading case）として先例的役割をはたすことになった[6]。

4 Butterfield v. Forrester, 103 Eng. Rep. 926（1809）.

5 アメリカに比べ、英国の陪審裁判では、裁判官は陪審に対してかなり立ち入った説示をおこなう。判断の争点を示すというよりも、陪審の判断を指示（direct）するような説示も認められていることに注意する必要がある。

6 *See* Paul T. Hayden, *Butterfield Rides Again: Plaintiff's Negligence as Superseding or Sole Proximate Cause in Systems of Pure Comparative Responsibility*, 33 Loy. L.A. L. Rev. 887（2000）

(1) 最後の回避機会（Last Clear Chance）

バターフィールド判決は、原告の注意義務違背による訴権の喪失を意味した。しかし、被告の過失が原告の過失に比べて大きいものであっても原告に過失があれば、原告への損害賠償はゼロであるとする法理は、公平さの観点からも修正を迫られた。一つは「最後の回避機会」という法理の導入によって原告の救済を認める方向であり、他方は、比較過失の立法につながる原告と被告の過失割合を考慮して損害賠償額を決めるものである。双方とも、寄与過失の法理を修正し、また否定する方向性を持つ。つまり被告の行為が「理不尽で、無謀で、意図的である」（wanton, reckless, or intentional）場合には、原告に過失があっても原告の賠償請求権を認め、さらに危険な状態にある被告を救済しようとした原告の求償権も認めようとした。[7]

まず、寄与過失の先例原則は、一八四二年のDavies v. Mann事件[8]によって修正された。この事件において、原告ディビスは、自己の所有するロバを道路沿いの支柱につないだまま現場を離れた。そこに被告のマンが馬車を猛烈なスピードで疾走させてきてロバに衝突し、ロバを死亡させた。原告ディビスはロバの損害賠償を請求した。これに対して被告は、バターフィールド事件を引用し、原告の寄与過失を主張した。原審裁判官は、陪審に対して、「被告が通常の注意を行使することによってこの事件の損害を回避することができたと認定できる場合、原告の勝訴としなければならない」と説示した。陪審は、被告に最後に事故を回避する機会のあったことを認定して、原告勝訴とした。そこで被告はバターフィールド判決に反した判断であるとして控訴した。

上訴審裁判官は、確かにロバに関する原告の過失のために危険な状態が発生したといえるが、被告にもスピードを落とすなど安全速度を守る注意義務があったのであって、被告のほうに過失がなけれ

7　*See e. g., Eckert v. Long Island R. R.*, 43 N. Y. 502, 506（1870）では、「法は、人間生活にとってかなり高位に見られるのであって、無分別を構成するような特段の事情でなされたものでない限り過失を転嫁することはない」とし、また、*Oulette v. Carde*, 612 A. 2d 687, 690（R. I. 1992）では、「純粋比較過失」州においては、「被告は相手の損害を減少させるために被告の救済者（rescuer）の過失を用いることはできない。」とした。
8　Davies v. Mann, 152 Eng. Rep. 588（1842）.

ば事故は発生しなかったとして陪審の判断を支持した。つまり、本件の場合、被告が事故を回避する最後の機会（これを「最後の回避機会」、last clear chance という）を持ちえたことになると判断した。

つまりここで確立した判例法は、発生した当事者間の事故（損害）についてどちらかの当事者がその回避について最後の回避機会を有していた場合、それを回避する責任があり、みずからその回避行動をとらなかったとすれば、その結果生じた損害に対する賠償責任が生じるとの判断をおこなったのである。したがって、加害者（被告）のほうに損害を「回避できる最後の機会」があり、被害者（原告）にはそれがなかったときは、原告の損害賠償請求は認められることになった。

そうすると前記のバターフィールド事件判決に依拠すれば、仮に路上に置かれた木材（仮にこの木材に相当な財産的価値があるとしよう）にバターフィールドの馬が乗りあげたため、この木材を滅失したとして、その損害回復を求めて逆にフォレスタがバターフィールドを訴えたとしても、木材を置き忘れた過失に基づく寄与過失法理により損害賠償請求はできないことになる。ところが、ディビス事件の準則を当てはめると、バターフィールド事件においては、木材よりも馬の御者に最後の回避機会があることになり、（そういう主張と立証ができればの話だが）、フォレスタの木材に対する求償が認められそうである。したがってディビス事件は明らかに従来の寄与過失法理の制限と修正となる。その要件は、被告に被害を回避する最後の機会のあったこと、および原告には被害を回避する機会のなかったこと、である。[9]

原告のわずかばかりの過失の存在が、より重大な被告の過失と、それに起因する原告の損害の存在を不問にすることに対する不公平や、不公正の観点からなされる批判から、もっぱら陪審による判断を通して、寄与過失法理から当事者の過失割合に応じた責任分配および損害賠償額の算定をすべきで

9　最後の回避機会については、次の論文が参考になる。Fleming James Jr., *Last Clear Chance: A Transitional Doctrine*, 47 YALE L. J. 704 (1938).

あるという考えが生じ、それを支持する裁判所が先例を変更していった。[10]

(2) 各州における寄与過失と比較過失の制定法化

ここで、実務的にも重要なので各州における寄与過失と比較過失の制定法化の現状を見ておこう。

アメリカでは、現在も一九世紀初めの英国の伝統的な「純粋な寄与過失」（pure contributory negligence）法理を承継し、維持している州がある。しかし、徐々に原告と被告の過失を比べて賠償の責任と範囲を決める「比較過失」法理を採用する州が増えてきた。[11] これらの「比較過失」を採用する州については、大きく三種類に分けることができる。まず、原告と被告の過失の大小にとらわれずに被告の責任と賠償の範囲を、それぞれの過失割合に応じて軽減する「純粋な比較過失」（pure comparative negligence）の州、原告に五〇％以上の過失がある場合には賠償を認めない「修正比較過失」（modified comparative negligence, 50% bar rule）の州、および原告に五一％以上の過失がある場合に賠償を認めない「五一％修正比較過失」（51% bar modified comparative negligence rule）の州がある。

現在、「純粋な寄与過失」を採用している州は、アラバマ、バージニア、メリーランド、ノース・カロライナの四州とワシントン・D．C．だけにとどまる。他方、「純粋な比較過失」を採用している州は、アラスカ、アリゾナ、カリフォルニア、フロリダ、ケンタッキー、ルイジアナ、ミシシッピー、ミズーリ、ニュー・メキシコ、ニューヨーク、ロード・アイランド、サウス・ダコタおよびワシントンの一三州である。「純粋な比較過失」の法的効果は、たとえば原告が一〇万ドルの損害を負ったが、原告自身の過失が三〇％であるとき、損害賠償額は、七万ドルになる。

10　*See* Eli K. Best and John J. Donohue III, *Jury Nullification in Modified Comparative Negligence Regimes*, 79 Univ. Chi. L. Rev. 945 (2012). この論文では、寄与過失の法理から比較過失への判例の転換を促したのは陪審によるものであると論じている。

11　純粋比較過失の効果は日本民法の「過失相殺」と類似している。

この「純粋な比較過失」を修正したのが、原告に五〇%以上の過失ある場合には、その求償を認めないとする「修正比較過失」である。これは、アーカンソー、コロラド、ジョージア、アイダホ、カンザス、メイン、ネブラスカ、ノース・ダコタ、オクラホマ、テネシー、ユタおよびウエスト・バージニアで採用されている。この五〇%以上ルールでは、原告の損害について原告の過失寄与度が四九%かそれ以下の場合だけ求償権を認めようというものである。したがって、原告の損害への過失寄与度が五〇%かそれ以上の場合は、損害の賠償を求めることができない。

他方で、「五一%禁止ルール修正比較過失」を採る州は二三州あり、最多となっている。それらは、コネティカット、デラウエア、ハワイ、イリノイ、インディアナ、アイオワ、マサチューセッツ、ミシガン、ミネソタ、モンタナ、ネヴァダ、ニューハムプシャー、ニュージャージー、オハイオ、オレゴン、ペンシルヴァニア、サウス・カロライナ、テキサス、バーモント、ウイスコンシンおよびワイオミングである。これらの州では、原告の損害について原告の寄与度が五一%以下の場合のみ求償権を認めようというものである。そのため原告の損害への過失寄与度が五一%か、それ以上の場合は、損害賠償を求めることができない。換言すると、これらの州では、原告と被告の過失割合がちょうど五〇%ずつであっても原告の求償権は求められる。

このように、先例が修正され、新しい先例が確立する一方で、それらが立法を通じて制定法化されている。しかし、この制定法とて具体的事件の中で裁判官によって解釈され、その内容が決定されてゆくと同時に、変更されてゆく。では先例はどのように意識的に変えられてゆくのであろうか。

3　先例となる判例適用の回避

先例となる判例の適用を回避したい場合には、先例での小前提となっている事実の細かな違いをあげて「先例の射程範囲を狭くする」方法も採られる。

たとえば、一八五二年の Thomas and his wife v. Winchester 事件[12]では、被告のウィンチェスターは、実際は毒が入ったビンに誤って「タンポポオイル」（Dandelion Oil）のラベルを貼りつけた。薬剤師がこの瓶をウィンチェスターから仕入れて、それを販売した。原告のトーマスは、妻の疾病に対して医師からタンポポオイルの使用を処方されたため、このビンを薬剤師から購入した。トーマスの妻がそれをタンポポオイルだと思って使用したことにより毒による損害を受けた。

この事件に対する指導的先例としては、一八四二年の英国の判例である Winterbottom v. Wright 事件[13]がある。しかし、この判例では、当事者間に直接的な契約関係（privity of contract）がなければ売主に損害賠償請求ができないとされていた。そのため、この先例に従うと、トーマスおよびトーマスの妻はラベルを貼り間違えた被告ウィンチェスターから製品を買ったわけではないので（つまり薬剤師はウィンチェスターから当該瓶を買ってそれを再販しただけ）、被害者と被告の間には契約関係が存在せず、トーマスと妻はウィンチェスターを訴えることができなくなる。

しかし、ニューヨーク州裁判所は、被害が例外的に「相当ひどい」（egregious, 重大な）場合には、「本質的に危険なもの」（inherently dangerous）と分類される「対象物」（たとえば、銃器やナイフや毒物などの人間にとって直ちに危険なもの、imminent danger to human life）の取扱者の責任の範囲

12　Thomas and his wife v. Winchester, 6 N. Y. 397, 57 Am. Dec. 455（1852）.
13　Winterbottom v. Wright, 10 M. & W. 109（Exch. 1842）.（郵便馬車を走行中の脱輪事故でけがをした原告は、馬車の管理者との直接的契約関係がないとして損害賠償請求が拒否された事例。）

を広げることにより、「直接的契約関係」(privity of contract)の要件を縮小解釈した。つまり「本質的に危険なものについては、当事者間に"privity of contract"がなくても責任を負う」という新しいルールを確立した。これは、ウィンチェスター事件の主要事実を、ウィンターボトム事件の事件事実と「区別」する(distinguish)という手法によって可能となった。[14]

なお、直接販売した薬剤師の責任については、彼がすべてのビンの中身をテストすることを期待するのは不合理とされたため過失責任は認められなかった。そのため、薬剤師がトーマスと直接的契約関係(privity)を有していたとしても彼には損害賠償責任は及ばなかった。結局、裁判所は、正義の名において(in the name of justice)物品の製造者であるウィンチェスターに責任があるとした。

このように判例法主義の下では、事件の迅速で妥当な紛争解決のために、裁判所による判例の柔軟な適用を認めている(これがいわゆる"judge-made-law"といわれるゆえんである)。具体的事件における判例のあてはめの場面では、先例適用についてはこのように裁判官に裁量権をゆだねている。この裁量権を正当化し、説得力を持たせるために裁判官にゆだねられた判断基準は、裁判紛争解決における「公正さ」(fairness)や、「正義」(justice)という一般法的概念である。そのため、何が「公正さ」(fairness)であり、何が「正義」(justice)であるかは、裁判官のみならず法に関わる者の追求してやまない法概念ということになる。

14　製造物責任における先例法の発展につき *see* David P. Griffith, Note: *Products Liability -- Negligence Presumed: An Evolution*, 67 TEX. L. REV. 851 (1989) and Bruce Chapman, *The Rational and the Reasonable: Social Choice Theory and Adjudication*, 61 U. CHI. L. REV. 41 (1994).

第5章 クラス・アクション（Class Action）

1 クラス・アクション（集団代表訴訟）

クラス・アクション（class action, あるいは集団代表訴訟ともいう）は、薬害による損害賠償事件のように、同一原因に基づく被害者が多人数存在するような場合、多人数のそれぞれが原告となって個別に訴訟を提起するのではなく、被害者の集団（クラス）に属する代表者が原告として訴訟提起し、その判決効や和解の成果を集団に属する者に及ぼそうとする民事訴訟の方法である。これによってクラスの代表者に対する判決（和解の場合は和解内容）は、クラスに属する原告資格のある者全員に及ぶことになる。このクラスへの帰属の意思表示をすることをオプト・イン（opt-in）といい、逆にクラス・アクションの結果（判決や和解内容）に不満がある場合には、クラスに帰属しない意思表示をすることができる。これをオプト・アウト（opt-out）という。この opt-out は、クラス・アクション提起前の段階でも選択することができる。この場合は、クラス・アクションとは別に自分で独自の訴訟を提起することが可能となる。

しかしながら、各被害者の損害額が軽微であり、金銭的にも少額にとどまる場合に、各被害者が個別に訴えを提起することは経済的な採算を考えても困難さを伴う。たとえば多数の消費者と大企業との間で購入商品について契約上のトラブルが生じた場合、個々人が個別の訴訟を提起することは訴訟費用などの点でも容易ではない。また、裁判で一人の消費者が個人的に勝訴したとしても、必ずしも同じような被害を受けた他の者がその判決に従って救済されるとは限らない。つまり、他の者には先行者の裁判の既判力は及ばず、結果として企業の姿勢が一向に改まらないという問題がある。

この点、多数の被害者の損害賠償請求や差止訴訟を一括して代表者によって進める方法は、法的コストの面からも現実的である。したがってクラス・アクションは、訴訟経済に資するという点と、訴訟する資力のない者にも裁判の恩恵を享受させることができる、という利点があるとされる。[1]

2　クラス・アクションの公的政策形成機能

クラス・アクション訴訟は、製造物責任訴訟、環境汚染訴訟、雇用差別訴訟、証券詐欺訴訟、反トラスト訴訟等のほかに契約法および不法行為法に関する訴訟を対象としている。なかでも消費者や弱者救済の民事訴訟の方法としてクラス・アクション訴訟の公益的（公共的）側面が評価されている。

たとえばウォーバーン土壌汚染事件では、被告らの工場で洗浄用に使用していた発癌性物質を含む有毒な化学物質トリクロロエチレンが、廃棄された工場内の土壌から市の上水道に流れ込み、地域住民に白血病などの症状を生じさせた。訴訟は、一九八二年にマサチューセッツ州ウォーバーン（Woburn）市で提起され、のちに白血病に罹患した患者たちを束ねて同地区の連邦地裁でクラス・アクションとして提起された。[2]

類似の水質および土壌の汚濁事件は、一九九〇年代にカルフォルニア州ヒンクリー（Hinkley）市で起こった。その原因は、電力会社の Pacific Gas & Electric（PGE）が、天然ガス汲み上げ用の地

1　Linda S. Mullenix, *Putting Proponents to Their Proof: Evidentiary Rules at Class Certification*, 82 Geo. Wash. L. Rev. 606 (2014), Richard Marcus, *Reviving Judicial Gatekeeping of Aggregation: Scrutinizing the Merits on Class Certification*, 79 Geo. Wash. L. Rev. 324 (2011). アメリカのクラス・アクションの現状について、浅香吉幹「アメリカ弁護士のクラス・アクション戦略」東京大学法科大学院ロー・レビュー３巻135頁（2008年）参照。

2　Anne Anderson, et al., v. Cryovac, Inc., et al.. 96 F. R. D. 431(D. Mass. 1983). この事件は、ジョナサン・ハー（Jonathan Harr）によってA Civil Actionというタイトルで小説化され、

中パイプの除草剤として使用していた六価クロムが土壌中に垂れ流され、その結果、汚染された上水を飲用していた地域住民、約一〇〇〇人が種々の癌および不妊症に罹患したというものである。[3] これらの事件をクラス・アクションとしてまとめ上げるために、原告の弁護士は横のつながりの全くないバラバラな状況下にある被害者を一人ひとり訪ね、クラス・メンバーへの参加の同意を取り付けていく必要があった。この訴訟は当初たった一人の法律事務所員が六〇〇人以上の被害者をクラス訴訟の原告としてまとめ上げることによって可能となった。[4]

しかし、このような環境汚染訴訟だけがクラス・アクションの果たしてきた役割ではない。差別や公的政策の是非を問う公共訴訟がクラス・アクションによって提起され、憲法上の重要な判断をもたらしてきたこともクラス・アクション制度のもつ重要な側面である。

たとえば人種差別訴訟では、公教育の場（学校）における「分離すれども平等」の原則を覆し、公教育における法の下の平等を実現したブラウン対教育委員会事件[5]もこの制度によるものであった。この訴訟では、公立学校における分離（segregation）教育が、憲法第一四修正の「法の下の平等」に反するかどうかについて争われ、アフリカ系アメリカ人の小学生リンダ・ブラウンが父親オリヴァー・ブラウンとともに州の教育委員会を相手取って分離教育の執行停止を連邦地裁に求めた。ブラウン事件は、同じような状況にある児童のためのクラス・アクション訴訟のかたちを採った。合衆国最高裁判所での裁判は、ブラウン裁判のほか、四つの同様の訴訟と統合された。合衆国最高裁は、全員一致判決により「我々は、公共教育の場における〝分離すれども平等〟の原則は成立しないものと結論する。教育施設を分離させる別学制度自体が本質的に不平等だからである。」との判断を下した。[6]

さらに女性の出産に関する自己決定権を明らかにした歴史的な合衆国最高裁判決もクラス・アクシ

それがジョン・トラヴォルタの主演で『シビル・アクション』（原題：*A Civil Action*）として1998年に映画化された。この映画では、環境汚染に対する損害賠償訴訟に関わった弁護士ジャン・シュリクマンの活動を中心にクラス・アクション化するプロセスと問題点を描き出した（監督スティーヴン・ザイリアンで、製作者にロバート・レッドフォードが名を連ねている）。

3　パシフィック・ガス・アンド・エレクトリック（Pacific Gas and Electric Company）会社事件（Aguayo v. Betz, Pacific Gas and Electric Company, et al., consolidated under Case No. BC123749）と同じ原因に基づくクラス・アクションは全部で8件提起され、これらをま

ヨンによってもたらされた。一九七三年のRoe v. Wade事件[7]は、合衆国において論争と社会的注目を集めた事案であり、いくつかの州で同時に議論された三つの訴訟が併合され、クラス・アクションとしての認定を得た。原告の女性（Jane Roe, 仮名）は、テキサス州ダラス郡の司法長官（Henry Wade）を相手取って中絶を犯罪とするテキサス州法の違憲性を争って訴訟提起した。合衆国最高裁は、女性の産まないことを選択する権利は、Griswold v. Connecticut事件[8]で確立されたプライバシー権に含まれると述べ、それを奪うことは憲法第一四修正の法の適正手続きに反するとして、一八五一年のテキサス州の堕胎罪を違憲とした。

性差別についても全米で最初のセクシュアル・ハラスメント訴訟がクラス・アクションによっておこなわれた。一九八八年に炭鉱で働いていた女性鉱員であるルイス（Lois Jenson）とパトリシア（Patricia Kosmac）によって鉱山会社Eveleth Minesに対して提訴された訴訟は、一四人の同じ被害を受けた炭鉱で働く女性とともに初めてのセクハラに関するクラス・アクションとなった[9]。彼女らはミネソタ州エベレスのTaconite's EVTAC鉱山の同僚の男性鉱員やその上司によって執拗な性的嫌がらせを受けてきた。一九七四年に合衆国政府は、鉄工所で働く者については女性および未成年者を二〇％雇用するように要請した[10]。これが逆に、炭鉱で働く女性に対するハラスメントを蔓延させることになっていた。

彼女らは男性同僚による性的嫌がらせは、一九六四年公民権法（Civil Rights Act of 1964）の第七編（タイトルセブン）違反であると主張し[11]、またミネソタ州人権法違反であると主張した[12]。女性たちの主張内容は当時の社会ではなかなか支持されない時代的情況もあり、女性たちに対する嫌がらせや当該訴訟の内容に反発を持つ事実審裁判官（男性）による審理遅延などの紆余曲折があったものの、

とめて、“Aguayo Litigation” と称される。

4　“Aguayo Litigation” についてはジュリア・ロバーツ主演で『エリン・ブロコビッチ』（原題：*Erin Brockovich*）として2000年に映画化された。映画では、アメリカ西海岸を拠点とする被告汚染会社の大手企業PG&Eからクラス・アクションを通して史上最高額の和解金を勝ち取る法律事務所事務員のエリン・ブロコビッチの半生を描いている（監督スティーヴン・ソダーバーグ。ジュリア・ロバーツはこの役でアカデミー主演女優賞、ゴールデングローブ賞女優賞や英国アカデミー賞女優賞などを受賞した）。

この訴訟では、原告を含む一五人の女性のクラス代表者たちがみずからの主張を貫いて最終的に裁判外で和解し、それ相応の損害賠償額を受け取ることができた。この訴訟の結果は、同じような立場に置かれた他の職場の女性を救っただけでなく、州および連邦の関連法の改正を余儀なくさせることとなった[13]。

こういった差別訴訟だけでなく、表現や思想信条の自由保障についてもクラス・アクションで問われたことがあった。一九二五年夏にスコープス・モンキー裁判（Scopes Monkey trial）と称される公立高校での「進化論」教育の是非をめぐる裁判があった[14]。当時、テネシー州は、州制定法（Butler Act）によって人間の進化論を教えたり、それを記載した教科書を使ってはならないと規定していた。同州デイトン（Dayton）市で高校の生物教員であったジョン・スコープスは教室で進化論（ダーウィンの進化論）を教えたとして、同法に基づき起訴された。この裁判の弁護を担当したのは、著名な法廷弁護士であったクラーレンス・ダロー（Clarence Darrow）[15]と女性参政権運動で名高いダドリー・マロン（Dudley Field Malone）[16]であった。一一日間にわたる公判の様子は、初めて全米でラジオ放送された。この裁判は、やがて「モンキー裁判」（Monkey Trial）と呼ばれるようになり、全米の注目を集めた。ダロー弁護士は、テネシー州法自体が、合衆国憲法第一修正の国教条項（Establishment Clause）に反して違憲であると主張した。しかし、地裁裁判官は被告が進化論の研究者を専門家証人として召喚することを認めなかった。結局、スコープスは、一〇〇ドルの罰金刑で有罪とされた。その後、事件はテネシー州の最高裁で審理されたが、同州最高裁は、州内の教育をどのようなものにするかは州の権限であるという理由に基づき、同州法を合憲であるとした。この事案は、全米で同じ進化論についての教育上の禁止的制裁を受けたスコープスと同じような立場の教員と

5　*See* Brown v. Board of Education of Topeka, 347 U. S. 483 (1954)。この事件は、公立学校における白人学校と有色人種学校との隔離教育が憲法違反であるとしたアメリカ合衆国の最高裁判例においてもまたアメリカ史においても歴史的判決である。
6　*Id*. at 495.
7　Roe v. Wade, 410 U. S. 113 (1973) は、女性の出産に関する自己決定権を承認した重要な判決である。この判例は、「憲法は中絶の権利を明記していない」という理由で49年ぶりに合衆国最高裁で覆された（Dobbs v. Jackson Women's Health Organization, 597 U.S._, 142 S. Ct.

スコープス裁判を記念するモニュメント
（アーカンソー州デイトン市）

のクラス・アクションの形を取り、合衆国最高裁にもちこまれた。

アーカンソー州の公立学校の教員であった原告のエパーソンは、同州の「反進化論」制定法の違憲性に関する宣言および差止判決を求めて州裁判所に提訴した。同州法のもとでは「人類は動物から進化した」ものであるということを州の経済的支援を受けている学校や大学で教えたり、そのことを記述した教科書を使うことを禁止していた。州の第一審裁判所（State Chancery Court）は、同州法が合衆国憲法第一条および第一四修正に反して「表現の自由」を侵害すると判断した。しかし州最高裁は、たった二行の判決で「同州制定法は公立学校のカリキュラムを特定できる州権限の範囲内にある」（statute as within the State's power to specify the public school curriculum）として下級審判断を覆した。そこで原告が合衆国最高裁に上告した。

最高裁は、同州制定法が憲法第一修正の国教条項だけでなく表現の自由に反し、また第一四修正の法の適正手続きに反し、違憲だと判断した。[17] 法廷意見は、判決の最初の箇所でスコープスの裁判に言及し、アーカンソー州法がテネシー州法の「モンキーロー」（"Monkey law"）に基づくものであるとした。スコープス裁判は、このように、科学と神学、信念と

2228 (2022)).
8　Griswold v. Connecticut、381 U. S. 479 (1965).
9　*See* Jenson v. Eveleth Taconite Co., 139 F. R.D. 657, 667 (D. Minn. 1991) (Jenson I 事件).
10　1977年に合衆国政府は、鉄工所で働く者については女性および未成年者を20%雇用するように要請した。*See* Federal Mine Safety and Health Act of 1977.
11　Title VII of the Civil Rights Act of 1964, 42 U.S.C. §2000e-17 (1988),
12　Minnesota Human Rights Act (MHRA), MINN. STAT. §363.03, subd. 1(2).

理念、個人的自由が争われた事案でもあった。結局、スコープスをはじめとするクラス・アクションによって、州議会が科学的探究の自由を阻害する制定法を立法できないこと、さらに州は学問的自由を尊重すべきことを、憲法上の権利として打ち立てた。最高裁は、同州法を、宗教を規制する州法の制定を禁止した憲法第一修正が第一四修正を通して州にも適用されることから、違憲だと判断した[18]。

このようにクラス・アクションは、現在も差別的訴訟や法の下の平等や公民権問題について広く利用されている。このような同制度の有用な側面は、多数の消費者による訴訟の方法として消費者契約法の中に消費者団体訴訟を位置づけている日本の集団訴訟の在り方とはずいぶん異なる。

■ Sidebar ■

日本の「消費者団体訴訟制度」との比較

(1)　日本の「選定当事者」制度（民訴法三〇条）との違い

アメリカのクラス・アクションは、多数被害者全員による提訴委任を要件とすることなく、クラス・アクションの代表者が全体を代表して全体の被害について請求することを認める（ただし離脱 opt-out は自由であり、その場合、離脱した人には訴訟の効力が及ばない）。他方、日本の民事訴訟法が認める選定当事者制度は、あらかじめ原告の当事者が自分たちの中から訴訟を遂行する選定当事者を決める。（民訴法第三〇条三項参照）。さらにその判決効は、選定当事者を選び出した原告だけにとどまる。

(2)　消費者団体訴訟制度

消費者団体訴訟制度は、消費者と事業者の情報力・交渉力の格差を前提とし、消費者の利益保護を図

13　連邦地裁は、1993年5月13日、被告 Eveleth Mines が、管路職への登用に関して女性に対して性差別がおこなわれていたこと、女性に対する雇用に性差別およびセクシャルハラスメントがあったと認定し、女性たちの原告としてのクラスを認めた。*See* Jenson v. Eveleth Taconite Co., 824 F. Supp. 847, 889（D. Minn. 1993）（Jenson II 事件）。この事案は、2005年にシャリーズ・セロン主演『スタンドアップ』（原題：*North Country*）として1998年に映画化された。この映画では、2人の子どもを持つシングルマザーが鉱山労働者として男の職場である炭鉱で悪質な性的嫌がらせに苦しみながら勇気を持って立ち上がる姿が描かれた。

ることを目的として、二〇〇六（平成一八年）の消費者契約法の法改正によって導入され、二〇〇七（平成一九）年六月より実施されている。事業者が消費者に対して一方的に不利益な条項を含む約款の使用、消費者を誤認させるような宣伝行為、カルテルによる製品価格のつり上げなど、消費者の利益を侵害する違法な行為をおこなった場合、あるいはそのような行為をするおそれがある場合に、適格消費者団体が、消費者の利益を擁護する目的で、被告企業の製造や販売の差止めを求める訴訟を提起する資格（提訴権・原告適格）を認める。適格消費者団体は、消費者全体の利益擁護のために差止請求権を適切に行使することができる適格性を備えた消費者団体として、内閣総理大臣の認定を受けた者に限定される（消費者契約法第二条第四項）。既存の民事訴訟制度と大きく異なるのは、直接の紛争当事者ではない適格消費者団体が原告として訴権を行使するという点である。

3　クラス・アクションに関する連邦法上の根拠

(1)　連邦民事訴訟規則（Federal Rules of Civil Procedure）二三

連邦民事訴訟規則（Federal Rules of Civil Procedure）二三は、とくに団体性のないグループのために、共通の法律問題または事実問題があれば、クラス代表者が名乗り出てクラス・アクション訴訟を提起するための要件を規定している[19]。

連邦民事訴訟規則二三が定めるのは以下の項目である。

14　State of Tennessee 対 John Thomas Scopes 事件。この訴訟は、“Monkey Trial” と呼ばれる。資料については Smithsonian Archives で見ることができる。

15　クラーレンス・ダロー（Clarence Darrow）弁護士は、ミシガン大学ロースクール修了。労働事件や社会問題に関わり、レオポルド＝ローブ事件や、モンキー裁判の弁護で有名になった。

16　ダドリー・マロン（Dudley Field Malone）は弁護士であるが、最終的にニューヨーク州の民主党のリーダーとなり、みずからは政治に深くかかわるようになり Woodrow Wilson

(a)　クラス・アクションの前提要件
①クラスの存在
②クラスのタイプ
③クラスの共通事実および法律問題の存在
④クラス代表者の典型性
⑤代表者の適性代表性
(b)　維持可能なクラス・アクション
(c)　クラス・アクションの決定
(d)　裁判所の命令
(e)　和解、任意的取り下げ、あるいは裁判外和解
(f)　上訴、承認判断に対する控訴裁への裁量上訴（一九九八年改正）
(g)　クラス・アクション弁護士
(h)　弁護士費用

規則二三(a)の①から⑤は、認証のために満たされなければならない要件を定めている。それらは、(1)クラスが多数で大きすぎるためにすべての構成員を併合審理することが実際には実行不可能であること（これを「大多数クラス性」（numerosity）という）、(2)クラスに共通した法律問題や共通事実があること（これを「クラス共通事実および共通法律問題の存在性」（commonality）という）、(3)クラス代表がおこなう請求もしくは防御がクラスにとって典型をなすものであること（これを「クラス

の大統領選出に力を尽くした。
17　Epperson v. Arkansas, 393 U. S. 97（1968）.
18　*Id.* at. 102-109.
19　Fed. R. Civ. P. 23(a), (b)(1)(3).

代表の典型性」（typicality）という）および、(4)クラス代表は、クラスの利益を公正かつ適切に主張し、保護することができること（これを「クラス代表者の適切性」（adequacy）という）である。これらを具体的に見ておこう。

① 大多数クラス性（numerosity）の存在

クラスの多数性の存在について裁判所は、厳格に人数の検査をおこなうわけではない。また一定数の原告の人数の存在が決定的というのでもない[20]。裁判所は、たとえば個々のクラス・メンバー、地理的間隔、クラス人口の流動的要素、個々の請求の規模、分離した訴訟を提起する個々人の能力や動機付け、提起された請求と求められている救済の性質の確認と認定など各事案の特定的な事実を調べて決定の際に考慮する[21]。

② クラスの共通事実および共通法律問題（commonality）の存在

共通性については柔軟な対応がされており、クラス・メンバー間の多少の事実的差異があるからといって共通性が否定されるわけではない。クラスの共通事実および共通法律問題に関するリーディング・ケースである一九八二年のGeneral Telephone Company of the Southwest v. Falcon事件[22]において、合衆国最高裁は、「クラス代表はクラス・メンバーと同じ利益を持ち、同じ損害を負う者でなければならない」と判決した。クラスの共通事実および共通法律問題性の要件は、「クラス代表の請求が想定上のクラス・メンバーと本質的に同じ基本的特徴を有するかどうか」に重点を置く[23]。

③ クラス代表（class representative）の典型（typicality）性

クラス・アクションでは、クラス・アクション・メンバーの利益を最も良く代弁できるクラス・メ

20 たとえば、40人以上のクラスは多数要件を満たすとされる一方で、20人以下のクラスは不十分だとされる事案もある。
21 Fed. R. Civ. P. 23(a)(1).
22 General Tel. Co. v. Falcon, 457 U. S. 147 (1982) at 157, n. 13 (1982).
23 *See* Stirman v. Exxon Corp., 280 F. 3d 554, 562 (5th Cir. 2002); Stewart v. Abraham, 275 F. 3d 220, 227-28 (3d Cir. 2001), Piazza v. Ebsco Industries Inc., 273 F. 3d 1341, 1351 (11th Cir. 2001).

ンバーをクラス代表者として選ぶ。クラス代表者は、クラスの残りの者と典型的に共通した法的利益を持ち、他のメンバーと類似の状況にある人物であり、被告によって損害を受けたとされる者全員のために存在し、クラスの他のすべてのメンバーを公正かつ適正（fairly and adequately）に代表する者となる。実際には、被告によって受けた損害について最初に弁護士に相談した者が選ばれることが多い。しかし、クラス・アクションにおけるクラス代表者を最終的に承認するのは裁判所である。裁判所は、個々の訴訟の状況から適格性を判断し、個人、個人グループ、またはそれらのグループをまとめてクラス代表者に任命することも認められる。[24] 規則二三(a)(4)により、クラス代表は公正、また適切に不参加のクラス・メンバーの利益を代表することが求められている。[25]

④　クラスの期間（class period）

訴訟を提起する弁護士は、クラス・アクションに関する事実を検討し、裁判所に対しクラス・アクションの認定と代理人としての資格の認定を申し立てる。申立てでは主任となる弁護士と裁判所が、クラス期間の開始、終了を協議し決定する。クラス期間は、最初の訴状の提出後に発表される通知で指定される。このクラス期間は、たとえば被告が不法行為に携わっていたとされる一定の期間である。クラス期間は最初の申立てが提出されたあと、事案事実および事案の実情によって、長くしたり短縮することができる。[26]

⑤　クラス・アクションをおこなう弁護士

代表当事者はクラスを代表する弁護士を選任し、裁判所に申請する。選任された弁護士は、「裁判所の承認を得て」クラス弁護士（class counsel）となる。規則二三(g)(1)は、裁判所がクラス弁護士を指名する際に考慮しなければならない要因として、申立てについての確認と調査、クラス・アクショ

24　Fed. R. Civ. P. 23(a)(3).
25　Fed. R. Civ. P. 23(a)(4).
26　上記の規則23(a)の要件に合致すると、こんどは、規則23(b)の３つの種類（Types of Class Action）の一つに合致することが必要となる。

ンの経験、法的知識、さらにクラス弁護士の財源について規定する。クラス弁護士の公正な適性を評価する際には、弁護士の熱意および助言能力も重要な要因であるとされる[27]。とくに弁護士の代表妥当性に関しては、二〇〇三年に規則二三の(g)に修正が加えられた。それにより、裁判所がクラス弁護士を指名する場合に、クラス弁護士に対して公正かつ適切に（fairly and adeguately）「クラスの利益」代表することを命じている。

(2) 離脱する権利（Right to Opt-Out）について

クラス代表者は、クラス・メンバーから離脱する権利について必要な通知をメンバーに対しておこなわなければならない[28]。これは離脱していないクラス・メンバーを保護する上でも重要である。もしある者がクラスの一部に含まれたくないとか、または個別に自分自身の訴訟を提起したいとか、あるいはクラス・アクションの解決条件の通知が遅れて送達された場合、クラスの一部であることを離脱（opt-out）することができる。彼らがopt-outする場合、クラスに対して示された有利な提案も、不利益な結果も受け入れる必要はない。しかし重要なことは、あまりに多くのクラス・メンバーが離脱するような場合、被告は和解を無効とすることはできる、との条項をクラス・アクションの和解契約に挿入することがしばしばみられることである。そうすると、せっかくの和解交渉も成果も水泡に帰してしまうこととなる。

もちろん、大部分の消費者保護の請求のような少額請求クラス・アクションにおいて、個々人が個々の訴えを起こすことは現実にありえない。これらの訴訟は、多くの請求が集められ、賠償総額がクラス・アクションを提起するに見合う場合だけ経済的に可能となるからである。したがって少額の

27 *See* Sheinberg v. Sorenson, 606 F. 3d 130 (3rd Cir. 2010).
28 *See* Phillips Petroleum Co. v. Shutts, 472 U. S. 797, 105 S. Ct. 2965, 86 L. Ed. 2d 628 (1985).

クラス・アクションの和解がおこなわれたことを潜在的な原告に告知する新聞広告（例）

LEGAL NOTICE

A federal court authorized this notice. This is not a solicitation from a lawyer.

If you purchased a product manufactured by Humphreys Pharmacal, Inc. labeled as "homeopathic," your rights may be affected by a proposed class action settlement.

Para una notificación en Español,
llamar 1-877-282-8792 o visitar www.HumphreysClassActionSettlement.com

WHAT IS THIS CASE ABOUT?

A proposed settlement has been reached in a class action lawsuit. The lawsuit claims that labeling and marketing on homeopathic products manufactured or distributed by defendants Humphreys Pharmacal, Incorporated. and its parent company, Dickinson Brands Inc. (collectively, "Humphreys"), was false or deceptive. Humphreys stands by its advertising and denies it did anything wrong. The Court has not decided which side was right. Instead, the parties have decided to settle the case.

ARE YOU A CLASS MEMBER?

You are a class member and may be eligible to receive a settlement benefit if you purchased any homeopathic product manufactured or distributed by Humphreys labeled as "homeopathic" between June 20, 2008 and June 19, 2013 (the "Products"). You should read the entire Notice carefully because your legal rights are affected whether you act or not.

WHAT DOES THIS SETTLEMENT PROVIDE?

A settlement fund of $1.4 million is being set up to pay claims to eligible class members, attorneys' fees and costs, incentive award to the named plaintiff, and the notice and claims administration costs. Humphreys is also agreeing to make certain changes to the manner in which it labels and advertises the Products. The complete Settlement Agreement is found at www.HumphreysClassActionSettlement.com.

WHAT HAPPENS NOW?

The Court will hold a hearing in this case on **October 21, 2013** at **2:30 p.m.** at the federal courthouse located at 221 West Broadway, San Diego, CA 92101, Courtroom 5 (Third Floor), to consider final approval of the settlement, payment of attorneys' fees of up to thirty percent of the Settlement value and costs, incentive award of up to $3,500 for the Class Representative in the lawsuit, and related issues. The motion(s) by Class Counsel for attorneys' fees and costs and incentive award for the Class Representative will be available for viewing on the settlement website after they are filed. You may appear at the hearing in person or through your attorney at your own cost, but you are not required to do so.

WHAT ARE YOUR OPTIONS?

SUBMIT THE CLAIM FORM	The only way to get a cash refund. To get a refund, class members must file a claim form online or send a completed claim form to the Claims Administrator at the address below **postmarked no later than June 19, 2013**.
EXCLUDE YOURSELF	Get out of the lawsuit and the settlement. Get no cash refund. If you do not want to be bound by the settlement, you must send a letter to the Claims Administrator at the address below requesting to be excluded. The letter must be **postmarked by June 19, 2013**. If you exclude yourself, you cannot receive a benefit from this settlement, but you can sue the manufacturer of the Products for the claims alleged in this lawsuit.
OBJECT OR COMMENT	Write the Court about why you do, or do not, like the settlement. If you want to object to the settlement you must **file a written statement with the Court by September 3, 2013.**
DO NOTHING	You will get no cash refund and you give up your rights. If you do not exclude yourself from the settlement, you will be bound by the Court's decisions.

Your rights and options – and the deadlines to exercise them – are only summarized in this notice. The Detailed Notice describes, in full, how to file a claim, object, or exclude yourself and provides other important information. For more information and to obtain a Detailed Notice, claim form or other documents, visit www.HumphreysClassActionSettlement.com, call toll-free **1-877-282-8792**, or write to: Claims Administrator, c/o Gilardi & Co. LLC, P.O. Box 1110 Corte Madera, CA 94976-1110.

1-877-282-8792 www.HumphreysClassActionSettlement.com

DO NOT CALL HUMPHREYS OR THE COURT

被害救済のためのクラス・アクションではあまり離脱する者はいないのが現実である。

他方で、クラス・メンバーは、和解の支払いを受けるために、改めて請求書を提出（file a claim form）しなければならない。そのこともあって、大部分のクラス・アクションでは、離脱者が多数出るということはない一方で、わざわざ請求書を用意してまで少額のクラス・アクション提示額を受け取ろうとする者もそれほど多くはない。それは、彼らが受けることのできる和解結果があまりにも少額すぎて請求書にいろいろ書き込むだけの手間に値しないと考えるか、あるいは自分自身がクラスの一部であるということを認識していないからである。このようなことを想定して、クラス・アクションの和解案では、受取人が期限までに現れない賠償金については、事件の被害者の救済基金や、その他の社会福祉プログラム基金等への寄付や拠出金とすることを規定しておくことが多い。したがって、多数の原告に支払う賠償額は原告一人当たりは少額でも、被告企業からすれば巨額賠償となることはよくあるため、被告企業には一応の責任を取らせたことにはなる。彼らが和解額から個人の配当分を受け取らない場合であっても、これらのクラス・メンバーは opt-out しない限り、まだクラスの一部であるから、自分自身で個別の請求を裁判所に求めることはできない。

4　クラス・アクションに関する合衆国最高裁判例

クラス・アクションが盛んに提起された一九八〇年代から一九九〇年代までは、クラス・アクションを巡る憲法的問題は顕著ではなく、合衆国最高裁においても目立った判例は存在しなかった。しかし、一九九〇年の終盤から二〇〇〇年にかけて、クラス・アクションを巡る憲法判例が増加してきた。

それは、性差別やタバコ訴訟のような全米に広がる大多数の原告を含むようなクラス・アクションが多数提起されてきたためであり、最高裁がクラス・アクションにおける「クラス共通性」の判断を厳格化してきたからである。この理由は、二〇〇〇年初めの最高裁の保守的裁判官による多数派形成と、後述の二〇〇五年のクラス・アクション公正化法（Class Action Fairness Act of 2005, CAFA）の成立が大きい。

(1)　AT&T Mobility LLC v. Concepcion, 131 S. Ct. 1740 (2011).[29]

クラス代表のヴィンセントおよびライザ・コンセプシオンは、AT&Tと携帯電話利用契約を結んでいた。彼らは、AT&Tの電話に対する税金は無料であるという会社の広告があったにもかかわらず税金を払わされるのは契約違反であるとして訴訟を提起し、同じような携帯電話利用契約をAT&Tと結んだ多数の消費者がこれに加わり、クラス・アクションとなった。しかし、この契約合意書にはすべての請求は個別の仲裁（arbitration）によって処理されるとする規定があり、クラス（による集団的）仲裁を禁止していた。AT&Tは、契約に従い個別の仲裁を強要する命令を裁判所に求めた。原告らはカリフォルニア州法の下では、クラス仲裁を許容しない契約は容認されず、また違法だと主張してAT&Tに対抗した。連邦地裁が原告の主張を認めたので、AT&Tは、コモンローやエクィティに認められている場合を除き、個別仲裁できるとする一九二五年連邦仲裁法（Federal Arbitration Act of 1925, FAA）が、州法に優越するとして控訴した。しかし、第九巡回区合衆国控訴裁判所は、カルフォルニア州最高裁の Discover Bank 判決[30]では、カリフォルニア州ではすべての契約に非良心性（unconscionability）の法理を適用し、非良心的な契約は撤回可能であるとしている

29　AT&T Mobility v. Concepcion, 563 U. S. 333 (2011).
30　Discover Bank v. Superior Court, 36 Cal. 4th 148 (2005).

のであるから、ＦＡＡがそれに優越することはないとして連邦地裁判決を支持した。そこでＡＴ＆Ｔは、合衆国最高裁に上告した。

合衆国最高裁での争点は、クラス仲裁を禁止する契約を許容しない州法にＦＡＡが優越するかどうかであった。スカリア裁判官執筆の法廷意見は、ＦＡＡが州法に優越するとした。最高裁は、カルフォルニア州最高裁のDiscover Bank判決が仲裁の性質やＦＡＡの趣旨と目的に反するものだと判断し、Discover Bank判決のもとでは、当事者によって承認されないクラス仲裁を強行させることはできないとした。クラス仲裁をあらゆる仲裁契約に必要なものとすることは、仲裁プロセスの性質を変更することになり、これによりＡＴ＆Ｔはクラス仲裁を避けるための相当な圧力がかかることとなる。また原告の少額賠償を求める請求は訴訟システムにおいて成功しないかもしれないという理由でクラス訴訟が必要であるという議論は根拠がなく、さらにクラス・アクションを仲裁に包含したいという要求を根拠づける理由は仲裁の目的とは無関係であり、意図されている手続きはＦＡＡと釣り合わない。したがって、原審決定は覆えされ、差し戻されるとした[31]。

(2) Wal-Mart Stores v. Dukes, 2011 U. S. LEXIS 4567, (U. S. Jun. 20, 2011)（ウォルマートの全女性従業員によるクラス・アクション[32]）

大手スーパーのウォルマートの女性従業員が、男女ともに同程度の仕事内容であるにもかかわらず会社は女性の賃金を男性従業員より少なくし、昇進においても性別による差別を受けた、として損害賠償を求めて提訴した。二〇〇一年に同社発祥の地であるアーカンソー州の六人の女性従業員が「同じ職種で給料は男性より五～一五％低い」、「女性という理由で昇進の機会が奪われている」と訴えた

31 AT&T Mobility, *supra* note 29 at 352.

32 Wal-Mart Stores, Inc. v. Dukes et al., 564 U. S. 338 (2011). ウォルマート女性差別事件については、以下参照、Recent Case: Civil Procedure-Class Actions-F*ifth Circuit Holds that District Court Failed to Conduct Rigorous Class Certification Analysis in Light of Wal-Mart Stores, Inc. v. Dukes.- M. D. ex rel. Stukenberg v. Perry, 675 F. 3d 832 (5th Cir. 2012)*, 126 HARV. L. REV. 1130 (2013).

のが発端であった。原告らは、ウォルマートの現地管理職が女性従業員に対して賃金および昇進について相当な裁量権を有してきたこと、またこの裁量は差別的な社風の中でおこなわれ、しかもウォルマートはそのことを認識していたのに制止せず、この差別的な慣行によって女性従業員に悪影響を与えたと主張した。原告らは、ウォルマートを退職した元の女性従業員をクラス代表として、集団訴訟の認定のための申立てをカリフォルニア州北部地区合衆国地方裁判所に提起した。二〇〇四年に、同地裁が一九九八年一二月以降に同社で働いた経験のある女性従業員に対するクラス・アクションの原告資格を認め、クラス原告が一五〇万人程度まで拡大するクラス・アクションとして認定した。

本件の争点は、女性従業員が受けたとする昇進や報酬面での性差別はクラス・アクションとして認めるべき法的要件を具備したものかどうかであった。この点、第九巡回区合衆国控訴裁判所も、原告らには性差別という共通性があるとして、原告らにクラス・アクション資格を認めた。

ウォルマート

しかし、合衆国最高裁は、五対四の判決によって、クラス・アクション資格を否定した。最高裁は、より高いレベルの共通性を要求し、その理由として、①ウォルマートは社の方針として性差別を禁じており、原告は差別の存在を証明するには不十分な「弱い」根拠しか提示していない、②ウォルマートの女性従業員に対する雇用方針は包括的ではなかったため女性従業員が受けたと主張する差別の内容は一人ひとり違う可能性がある、③原告らは一つの集団訴訟として訴えるクラスの共通の訴因を有していない、つまり、「(原告らは)性別とこの訴訟以外は何も共通するものがない。」そして、④原告らの性差別による未払い賃金の給付請求についても集団訴訟として審理を継続することは妥当でない、とした。

　最高裁は、合衆国公民権法において、とくに雇用差別を禁止する同法のタイトルセヴン違反による損害、またはタイトルセヴンの差別的効果に基づく損害を負ったとする同じ会社の従業員による請求は、そのすべての請求が一度にすぐに訴訟できると信ずるいかなる根拠も与えず、その請求は、共通の主張、たとえば同一の管理職の差別的な偏見の主張に依拠しなければならない、とした。この共通性の主張は、さらにこの訴訟によってクラス全体の解決が可能という性質を持たなければならないのであって、それによってそれぞれの請求の正当性の問題を一気に解決できることを意味する[33]とした。最高裁は、原告が、ウォルマートの全女性に直接影響を及ぼした特定の雇用慣行の共通性を提示することができなかった[34]とし、このようなクラス・アクションにおいては、被告の差別方針についての専門家証人による証言や統計的証拠による「重大な認証」（significant proof）まで必要とされるとした。[35]

(3)　Comcast Corp. v. Behrend, 133 S. Ct. 1426 (2013)[36]

　六人の消費者である原告は、被告大手ケーブル・テレビ会社コムキャストが市場を独占し、他の競争会社を吸収合併し、またケーブルシステムや加入者を交換することによってフィラデルフィア市地区外の加入者に不当な利用料金の釣り上げをおこない消費者に損害を与えたとして、クラス・アクションを呼びかけた。連邦地方裁判所は、すべてのクラス・メンバーに適用できる共通の証拠の存在と損害がクラス全体に広がっており、その額が専門家のモデルによって算定できることに基づいて被告の市場独占による影響が確立されたとして、規則二三(b)(3)によるクラス・アクション資格を原告に認

33　Wal-Mart Stores, Inc., 564 O.S. at 362.
34　*Id.* at 357.
35　*Id.* at 359.
36　Comcast Corp. v. Behrend, 133 S. Ct. 1426（2013).

めた。第三巡回区合衆国控訴裁判所も地裁のクラス・アクション認証を支持したので、被告コムキャストは合衆国最高裁判所にサーシオレイライによる裁量上訴を求めて上告した。

最高裁は裁量上訴を認め、事件をクラス・アクションとすることによって原告のクラスに損害賠償が与えやすいことを示す専門家証人による証拠に基づいて、クラス・アクション認証ができるかどうかを検討した。被告コムキャストは、控訴時に、地裁で原告から提出された専門家証人の証言の「適性」（fitness）、および「信頼性」（reliability）について疑問を呈していた。これに対して原告は専門家証人による証言は十分に基準を満たすと反論した。

最高裁は、ケーブル・テレビ・サービスの加入者によって提起されたクラス・アクションについて、連邦民事訴訟規則二三(b)(3)が、「個々のメンバーだけに影響を及ぼしている問題を超え、クラス・メンバー全体に共通する法律問題または事実問題であるかどうか」の判断を裁判所に委ねているとしながらも、第三巡回合衆国控訴裁判所は専門家証人の示した損害賠償額モデルがクラス全体原則（class wide basis）による損害賠償額を示すことができるかどうかについては決定していない、とした。最高裁は、この損害賠償額モデルは不適切なものであり、したがってクラスは認証されるべきでなかった、とした。この判断は、五対四の僅差であり、再びスカリア裁判官が多数意見を執筆した。

この最高裁判決は、原告がクラス資格証明を立証するためには高程度の証拠を裁判所に提出しなければならないことを明確に判示したことにより、クラス・アクション訴訟におけるクラスの認証手続き（class certification proceedings）に重大な影響を及ぼすことになった。

(4) Amgen Inc. v. Connecticut Retirement Plans and Trust Funds, 133 S. Ct. 1184 (2013)[37]

「市場に対する詐欺」(fraud-on-the-market 理論、いわゆるFOM理論)に基づいて、原告のコネチカット個人退職金積立計画と、同信託財産は、被告のアムジェン会社が二種類の医療薬について、安全性と効能やマーケティングに関して不実記載と疑わしい遺漏を行なっていたことについて、それが証券取引法(Securities Exchange Act)§10(b)および証券取引委員会規則(Securities and Exchange Commission Rule)10b-5に反していると主張した。連邦地方裁判所は、この主張を受け入れ、不実記載と疑わしい遺漏があったとされる期間にアムジェン会社の株式を購入したすべての投資家に対してクラス・アクションのためのクラス資格を認証した。

被告アムジェン会社が控訴した第九巡回区合衆国控訴裁判所において、被告は、①原審が原告によって主張されている「不実記載と疑わしい遺漏」が具体的なものであることを原告らに最初に証明させないままクラス資格を認証したこと、および、②被告提出の反論証拠を考慮することを拒んだことに過誤がある、と主張した。しかし、控訴裁は認証を容認した。

サーシオレイライによる上告を受けた合衆国最高裁判所は、具体性の証明(proof of materiality)によって、クラスに共通する法律問題または事実問題が、連邦民事訴訟規則二三(b)(3)の定める「個々のメンバーだけに影響する問題を超えて支配的である」(predominate over any questions affecting only individual members)ことの確証まで求められているかどうかが当面の争点であるとし、控訴裁の判断を支持した。最高裁は、具体性の証明はそこまで求めるものではないとして、二つの理由を挙げた。まず、第一に具体性の証明は、客観的なものでなくてはならず、クラスに共通する証拠によ

37 Amgen Inc. v. Connecticut Retirement Plans and Trust Funds, 133 S. Ct. 1184 (2013). アムジェン証券クラス・アクションについては以下参照。Leading Case: II. *Federal Jurisdiction and Procedure: A. Class Actions-1. Certification Requirements Under SEC Rule 10b-5-Amgen Inc. v. Connecticut Retirement Plans & Trust Funds*, 127 Harv. L. Rev. 268 (2013).

って証明されること、第二に、具体性の証明は、原告らの請求の重要な要素となるため、その要素の証明自体がなければすべてのクラス・メンバーについて事件が終結してしまうことである。そこで地裁が、被告アムジェン会社の反証を考慮しなかったことに関して、最高裁は、地裁が原告らの共通問題（common questions）が規則二三(b)(3)のもとで優勢かどうか決定する際に、不実記載および遺漏は重要なものではないという被告の証拠を考慮する必要はなかったと判断した。六対三の多数意見判決をギンズバーグ裁判官が執筆し、主席裁判官ロバーツ、ブレイヤー、アリトー、ソトマヨールおよびケガンが加わった。少数意見は、スカリア、トーマスおよびケネディであった。

5　クラス・アクション公正化法（Class Action Fairness Act of 2005, CAFA）

(1)　クラス・アクション公正化法の狙い

一般的にクラス・アクション訴訟は、州裁判所に提起されることが多い。それは大企業や保険会社などの被告が、州裁判所よりも連邦裁判所の方を好むからである。そのため、共和党のブッシュJr.大統領は、二〇〇五年にクラス・アクション訴訟を抑制する法案を提出し、クラス・アクション公正化法（Class Action Fairness Act of 2005, CAFA）[38]が制定された。

このクラス・アクション公正化法では、クラス・アクションについて、訴額が五〇〇万ドル以上で、しかも原告（クラス）のいずれか一人と被告のいずれか一人とが別々の州の市民であれば、連邦裁判所への管轄権を原則として認め、例外的に一定の要件を満たす場合（たとえば、原告（クラス）のうちの三分の二と主要な被告が同一の州の市民であるとき）には連邦裁判所に管轄権を認めないことと

38　Class Action Fairness Act Public Law, 109-2, 119 Stat. 4. 今回の立法では、自動車、薬物、銃製造業者から住宅建築会社やたばこ製造メーカーに至るまで、訴訟提起上の規制が盛り込まれた。Class Action Fairness Act of 2005, Pub. L. No. 109-2, 119 Stat. 4（codified in sections of 28 U.S.C.). Pub L. NO. 109-2, 4-5, 119 Stat. 4, 9-13（codified in scattered sections of 28 U.S.C.).

した（28 U. S. C. 1322を改正）。これは、九〇年代半ば以降のクラス・アクション数の増加傾向を踏まえ、それを抑制するために成立したものである[39]。

この法の狙いは、まず、第一に、州裁判所の管轄下にあった、クラス・アクションの大半を連邦裁判所の管轄へ移行することにあった。とくに損害賠償額五〇〇万ドルを超えるクラス・アクションについては第一審裁判管轄権を連邦裁判所に移すことによって、州裁判所に提起されたクラス・アクション事件を連邦裁判所へ移す機会を被告に与えた[40]。つまり、クラス・アクションに対する連邦裁判所の管轄権を大幅に拡大し、州裁判所へのクラス・アクション事件総数を抑制しようという意図を有した。実際にこの法の発効後、連邦裁判所で審理されたクラス・アクション数は約三倍増となった[41]。第二に、独禁法違反の疑いが浮上したときには、通常、連邦裁判所においてクラス・アクションが提起され、それを契機に、並行して全米各州でも州法に基づき州裁判所でクラス・アクションが提起されることが多かった。このことは被告（企業等）にとっては大きな負担であった。これに対し本法は、州裁判所に提起された訴訟を連邦訴訟として連邦裁判所に一本化する道を被告に与えた。

ＣＡＦＡでは、州裁判所から連邦裁判所へのクラス・アクションの移送を容認することに加えて、「大多数訴訟」（mass action）の規定によってクラス・アクションの併合審を進めることとした。つまり、民事訴訟で「百人以上の者の金銭的な請求事件は、併合して審理することが提案される」（monetary relief claims of 100 or more persons are proposed to be tried jointly）とした[42]。そのため、クラス・アクションの原告側弁護士は連邦裁判所での審理を回避するために、その依頼人であるクラス・アクション・メンバーを九九人よりも少ない原告グループに分けて対応する方策を取った。第九巡回区合衆国控訴裁は、二〇〇九年に、このような原告の方策は支持できるとした。同控訴裁は、

39　クラス・アクション公正化法は、以下の場合、連邦裁判所の管轄事件となる。①連邦問題である場合（28 U. S. C. 1331）、②完全州籍相違（28 U. S. C. 1332(A)）による場合。この場合、クラス代表者が相手方と州籍が異なっておれば良く、クラス構成員の中に州籍が同じものがあっても良い。③最小限州籍相違（28 U. S. C. 1332(d)）による場合がこのクラス・アクション公正法で追加された規定であり、100人以上の原告クラス構成員と被告との間に最小限の州籍相があり、全クラス構成員の請求額を合算して500万ドルを超えている場合を対象とした（ただし例外がある）。CAFA については以下参照。William B. Rubenstein,

各々九九人を原告とする七つの個別の「大多数訴訟」（mass action）を一個に併合すべきであるとする被告の申立てを拒否して、州地方裁判所に事件を差し戻している。[43]

(2) クーポン和解と弁護士費用について

クラス・アクション公正化法は、弁護士報酬に対しても一定の規制をかけた。同法はクラス・アクションにおける和解において、原告本人ら（クラス）は、賠償としてクーポンを受け取るだけの利益しか得られないにもかかわらず、原告代理人弁護士が過大な報酬を得ることを阻止することを目的として制定された。[44]クーポン和解は、現金に代わって、被告企業がクラス構成員に当該企業の商品またはサービスの将来の購入、または利用時に割引を受けることができるクーポンを与えることを内容とする和解のことである。これは、原告弁護士が、実際の金銭的な支出を抑えられるクーポン和解を好む被告企業とは比較的簡単に話をつけやすい反面、クーポン自体は個々のクラス構成員に数ドル程度の割引券しかもたらさず、しかも一般にクーポンの額面上の発行総額を基礎に弁護士報酬が定められるため、構成員の数が多ければ莫大な報酬を得ることが可能となるものである。

クーポンによる不適正な和解条件によりクラス構成員の利益が害されるおそれがあるため、同法はまず、クーポン和解そのものが適正な和解かどうかのチェックを求めた。つまり、提案された和解案がクラス構成員にとって公正で合理的で十分であるかが審理され、和解案を承認するというものである。請求されなかったクーポン分の価値については、公益団体・政府機関へ配分することを求める和解条項を入れることができる。それと並行して弁護士費用についてはクーポン付与に起因する部分は償還されるクーポンの価値に基づくものとされた。またクーポン付与を基準にしない部分については、

Understanding the Class Action Fairness Act of 2005, (UCLA Program on Class Actions); Edward A. Purcell, Jr., *The Class Action Fairness Act in Perspective: The Old and The New in Federal Jurisdictional Reform,* 156 U. PENN. L. REV. 1823 (2008); George Cort, Laural Hooper, Marie Leary, Angelia Levy, Dean Miletich, Robert Niemic & Shelia Thorpe, *The Impact of the Class Action Fairness Act of 2005 on the Federal Courts Fourth Interim Report to the Judicial Conference Advisory Committee on Civil Rules,* (Federal Judicial Center), April 2008.

訴訟のために合理的に費やした総時間数に基づくものとする方向が取られた。

クラス・アクションに関しては、二〇〇〇年初めころから、産業界から、州裁判所の判決が原告の消費者側に有利に偏りがちであり、企業に不利になるケースが多いとの根強い不満があった。そのためクラス・アクション訴訟法の改正に向けた議会でのロビイングが積極的に展開されていた。クラス・アクション訴訟の抑制は米産業界の長年の懸案だったため、ブッシュJr.大統領は企業の訴訟リスクを減らすために新法を成立させたといわれている[45]。CAFAの明らかな効果としては、結果として集団代表訴訟を難しくしたとされる[46]。

40 *See* Howard M. Erichson, *Fairness to Whom? Perspectives on the Class Action Fairness Act of 2005*, 156 U. PA. L. REV. 1593 (2008) at 1612-14., and Nan S. Ellis, *The Class Action Fairness Act, of 2005: The Story Behind The Statute*, 35 J. LEGIS. 76 (2009). CAFA Defines a "mass action" as at "any civil action... in which monetary relief claims of 100 or more persons are proposed to be tried jointly on the ground that the plaintiffs' claims involve common questions of law or fact. 28 U.S.C. § 1332 (d)(11)(B)(i).
41 *See* Emery G. Lee III & Thomas E. Willging, *The Impact of the Class Action Fairness Act on the Federal Courts: An Empirical Analysis of Filing and Removals*, 156 U. PA. L. REV. 1723 (2008).
42 28 U. S.C. 1332 (d)(11)(B)(i).
43 Tanoh v. Dow Chem. Co., 561 F. 3d 945 (9th Cir. 2009).
44 クーポン和解と和解規定については、CAFA § 1712 (28 U.S.C. 1712)(coupon sefflements).
45 他方でCAFAは原告による裁判管轄漁り forum-shopping についてはそれを排除しなかった。
46 *See* N. Y. TIMES, Feb. 18, 2005 at 9.

第6章 懲罰的賠償制度（Punitive Damages）

1　損害賠償とは何か

何らかの不注意によって他人に損害を与えた場合、人はどういう行動をとるか。まず思いつくのは、被害者に対する謝罪であろう。この場合、謝罪の形態はいろいろあり、「ごめんなさい」の言葉をかける、土下座する、頭を丸刈りにするなど多様である。しかし法的レベルでは被害者に対する責任は、好むと好まざるとにかかわらず金銭の支払いでおこなわれる。もちろん名誉毀損による不法行為の場合などでは、まれに新聞紙上に謝罪広告を出すことが認められるが、これも多くの場合、金銭賠償に加えてのことである。ましてや裁判の判決で金銭の支払い以外に土下座や丸刈りが命じられることはない。つまり法的世界における被害者への償いは、損害に対する金銭的填補《てんぽ》という形をとらざるを得ない。これが法の世界の現実である。他者の不法行為による具体的な身体的、物的損害については金銭的な評価が可能である。しかしそれに伴う精神的苦痛の賠償の算定は、どのように考えるべきか。

(1)　懲罰的賠償制度の目的

アメリカでは、民事賠償制度として、実際に受けた損害の回復を目的とする填補的損害賠償（compensatory damages）に加えて、懲罰的賠償（punitive damages）が認められることがある。懲罰的賠償とは、原告の受けた損害が被告の故意、または重過失に基づくと認定された場合に、原告の求める填補的損害に加えて、懲罰的な賠償が認められることである。これは、一定の不法行為に対する制裁的意味合いだけでなく、行為の再発抑止を目的として賠償を課す制度である。懲罰的賠償制度の要件について、たとえば（これまでに各州で出された判例を集約し、条文化した）リステイトメント不法行為第二版九〇八条では以下のように定義されている。[1]

「(1) 懲罰的賠償は、填補的損害賠償あるいは名目的損害賠償以外に加害者の無謀な行為に対して加害者を罰し、また将来の同様の行為から加害者自身または他者を思いとどまらせるために裁定される賠償である。

(2) 懲罰的賠償は、被告の行為の邪悪な動機、あるいは彼の他人の権利に対する意図的な無配慮によって引き起こされた無謀な行為に対して裁定される。懲罰的賠償額の算定にあたって、事実認定者は、被告の行為の特徴、被告が起した、または起そうとした原告への危難の性質と程度、あるいは被告の資力を適正に考慮に入れることができる。」

(1) Punitive damages are damages, other than compensatory or nominal damages, awarded against a person to punish him for his outrageous conduct and to deter him and others like him from similar conduct in the future.

(2) Punitive damages may be awarded for conduct that is outrageous, because of the defendant's evil motive or his reckless indifference to the rights of others. In assessing punitive damages, the trier of fact can properly consider the character of the defendant's act, the nature

1 *See* RESTATEMENT（SECOND）OF TORTS § 908（1979）（Punitive Damages）.

and extent of the harm to the plaintiff that the defendant caused or intended to cause and the wealth of the defendant.[2]

　このリステイトメントで述べられている「無謀な行為」（outrageous conduct）や、「邪悪な動機」（evil motive）、あるいは「意図的な無配慮」（reckless indifference）とは何かについて、リステイトメントは、その注釈（comment）において、①「通常の犯罪で見いだされるものに類似したような違反要素を含む行為」、②「当該行為は常軌を逸したものでなければならず、被告の行為が悪意性ある動機でなされたか、あるいは他者の権利に対する見境のない無配慮によるものであること」、③「他者の権利に対する見境のない無配慮、およびそれらを意図的に無視するような意識的行為は、懲罰的賠償を正当化する」、しかし、「たんなる不注意、間違い、判断ミスのようなものは通常の過失となり、懲罰的賠償は与えられない。」と説明している。[3]

　判例では、「無謀な行為」の具体的な表現として、たとえば、malicious（悪意に満ちた）、intentional or willful（意図的な）、wanton（むちゃくちゃな）、flagrant（極悪な）、callous（無神経な）や、conscious or reckless disregard（意図的な無視）等の言葉が使われている。[4]

　懲罰的賠償額の算定の方法についても、リステイトメントでは、①被告の行為の特徴（character of the defendant's act）、②被告の原告に対する危難の性質と程度（nature and extent of the harm）、および、③被告の財産（wealth of the defendant）、被告の行為および被告自身の支払い能力を考慮することを求めている。すなわちリステイトメントでは、懲罰的損害賠償額の認定については、①「事実認定者は、被告の行為だけではなく、その動機を含むすべての状況、当事者の関係および憤激

2　*Id.*
3　悪意性や無謀行為についての説明は『リステイトメント不法行為第2版』では、注釈（comment）のb（RESTATEMENT（SECOND）OF TORTS§908. cmt. b（Character of defendant's conduct））において説明されている。
4　意図的ないし悪意ある行為（willful or wanton conduct）についての判決意見については、*see* Sebastian v. Wood, 246 Iowa 94, 66 N. W.2d 841（1954）および Allman v. Bird, 186 Kan. 802, 353 P. 2d 216（1960）。他に Harris Lumber Co. v. Morris, 80 Ark. 260, 96 S. W. 1067

(provocation)の有無を適正に考慮に入れなければならない」、②「損害の程度は、犯罪の深刻さが犯罪被害と同じように被害を受けた者の損害の程度を考慮することができる」、③「原告に対する損害に加えて、自分の利益を守るために要した手間や費用負担をしたという事実も、含まれる」。④「被告の財産も関連する」、「というのも見せしめ的損害賠償額(exemplary damages)の目的が過去の行為を罰するだけでなく、将来の不法行為を防ぐためであり、懲罰の程度とその抑制は悪意行為者のおこなった程度に比例するからである」、さらに、⑤「懲罰的賠償額に影響する別の要素は、悪意行為者の行為によって影響を受ける多数の人物による請求が存在するという点である」としている。[5]

このように懲罰的賠償制度が持つ機能としてあげられるのは、加害者の悪意的行為に対して何らかの制裁をおこなうという懲罰的な側面をもつ「制裁的機能」である。しかし、それだけではなく、加害者をも含めた同業および同種の者に対する将来の同種の不法行為を抑止するという警告的意味合いをもつ「抑止的(deterrence)機能」もある。これに加えて、同様な被害者のために法の実現を図った被害者や、その弁護士に報いるために十分な賠償を与えることが奨励されることによって、悪意性の高い不法行為に対する私人による提訴を促し、法の遵守や法の実現を図るというアメリカ法独特の制度的機能が認められる。[6]

(2) 懲罰的賠償適用の要件

懲罰的賠償が適用される事案では、過失または故意によって生じた損害が、重大な危険性をまったく無視した結果生じた場合のように、被告の行為に悪意性や害意が存在したことや、不法行為自体の非難可能性が高いことについての事実の証明が要件となる。

(1906); Sistrunk & Co. v. Meisenheimer, 205 Ky. 254, 265 S. W. 467 (1924); Buford v. Hopewell, 140 Ky. 666, 131 S. W. 502 (1912); Illinois Cent. R. Co. v. Owens, 95 So. 833 (Miss. 1923); Reel v. Consolidated Inv. Co., 236 S. W. 43 (Mo. 1921) 参照。

5 懲罰的賠償額の算定にあたって『リステイトメント不法行為第2版』では、注釈(comment)のe. Amount of damagesにおいて説明されている。*See* Mark A. Geistfeld, *Punitive Damages, Retribution, and Due Process*, 81 S. CAL. L. REV. 2631 (2008).

6 *See* Dan Markel, *How Should Punitive Damages Work?* 157 U. PA. L. REV. 1383 (2009);

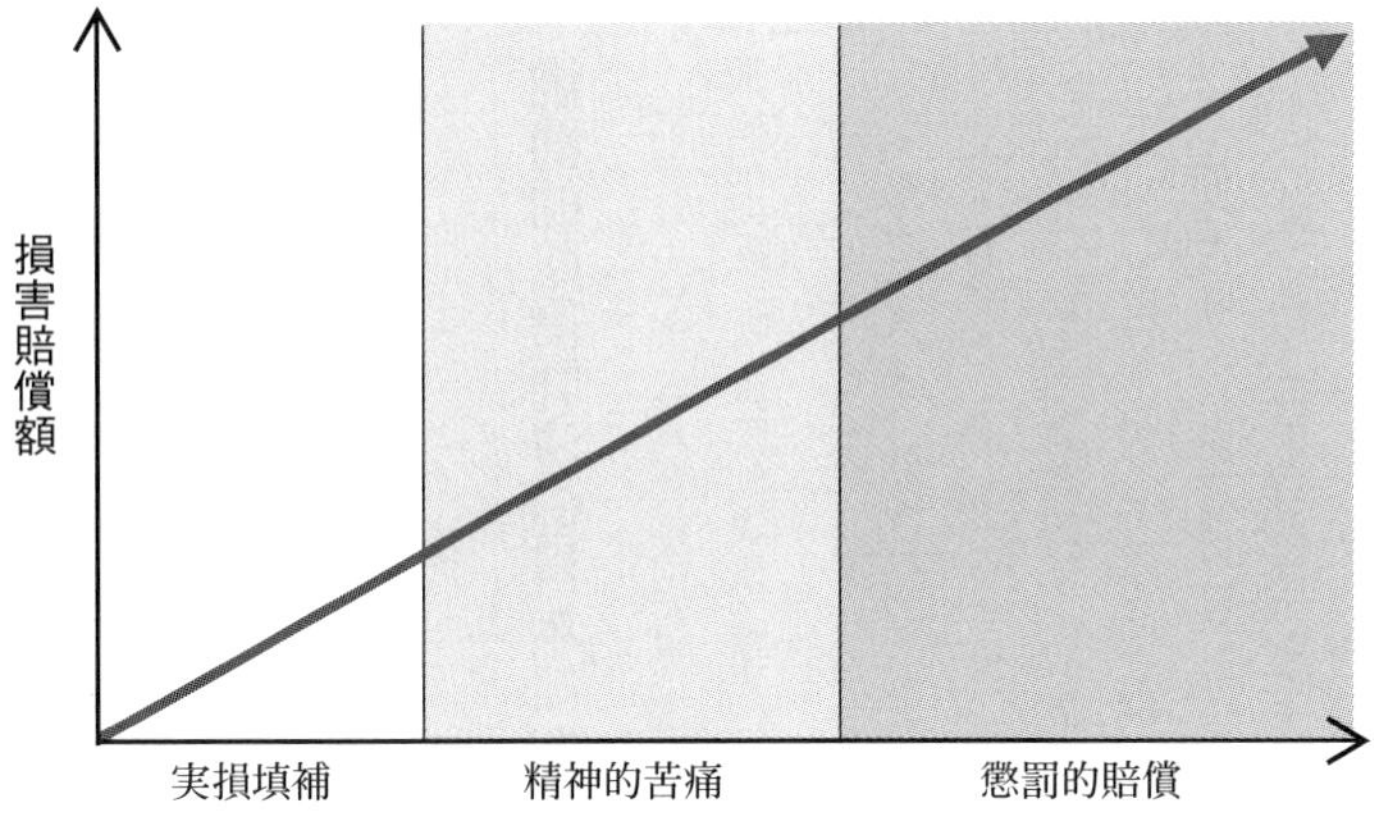

民事責任
（民事責任が大きいほど損害賠償額も上がる。）

懲罰的賠償が適用される非難可能性の高い不法行為としては、故意不法行為である assault and battery（不法な身体的接触）、libel and slander（文書または口頭による名誉毀損）、deceit（詐欺）、seduction（婦女誘惑）、alienation of affection（第三者による夫婦間の離婚）、malicious prosecution（悪意訴追）、intentional interference with property such as trespass、private nuisance and conversion（不法侵入、私的生活妨害、横領のような財産に対する意図的侵害）など、対象は広い。しかし、このような故意不法行為にとどまらず過失の程度の高い契約妨害、製造物責任、医療過誤、特許権侵害および独禁法違反などに対して適用されることも多い。

他方でいくつかの州（ルイジアナ、マサチューセッツ、ミシガン、ニューハンプシャー、ネブラスカ、ワシントンの各州）では、懲罰的賠償制度を原則として認めていない。また、州法によって懲罰的賠償額の上限額を制限する州もある。他方で、懲罰的賠償額に上限を定めていない州もある。したがって、

Richard Frankel, The Disappearing *Opt-Out Right in Punitive-Damages Class Actions*, 2011 Wis. L. Rev. 563（2011）and Benjamin C. Zipursky, *A Theory of Punitive Damages*, 84 Tex. L. Rev. 105（2005）. 日本語文献として、参照、籾岡宏成『アメリカ懲罰賠償法』（信山社、1992年）及び会沢恒「懲罰的賠償の終焉⁉——私人は法を実現できないのか？(1)-(3)」北大法学論集59巻1号522頁、3号1682頁、4号2108頁（2008年）。

合衆国では、懲罰的賠償額に制限のない州、制限のある州（多くの場合三倍まで、あるいは具体的な上限金額を決めている）、そして懲罰的賠償を認めない州があることになる。[7] そのため、不法行為訴訟を提起する場合、とくに裁判管轄が複数存在するときには、どの州が懲罰的賠償を認めているかどうか、どのような懲罰的賠償制度を有しているかを知っておくことが裁判管轄地の選択において重要となる。

■ Sidebar ■

懲罰的賠償判決の日本における執行(1)——日本における外国裁判所の確定判決の効力

アメリカで下された外国籍の企業に対する懲罰的賠償判決を外国の裁判所で如何に扱うかは、大陸法系諸国において外国判決承認執行制度上の問題となっている。日本における外国判決の効力については、一般的に民事訴訟法第一一八条（外国裁判所の確定判決の効力）が以下のように規定する。

「第一一八条　外国裁判所の確定判決は、次に掲げる要件のすべてを具備する場合に限り、その効力を有する。

1　法令又は条約により外国裁判所の裁判権が認められること。

2　敗訴の被告が訴訟の開始に必要な呼出し若しくは命令の送達（公示送達その他これに類する送達を除く。）を受けたこと又はこれを受けなかったが応訴したこと。

3　判決の内容及び訴訟手続が日本における公の秩序又は善良の風俗に反しないこと。

4　相互の保証があること。」

カリフォルニア州で出された日本企業に対する懲罰的賠償判決の日本での執行については、民訴法一

7　*See* in general, W. Hammesfahr and Lori S. Nugent, Punitive Damages: A State-by-State Guide to Law and Practice, 2012-2013 ed. (West); Richard L. Blatt, Punitive Damages: A State-by-State Guide to Law and Practice, (WEST 1991). 手軽には、Punitive Damages Review-Travelers Insurance, visit https://www. travelers. com/business-insurance/specialized-industries/excess-casualty/docs/punitivedamages. pdf.

一八条三号の「公の秩序又は善良の風俗」を根拠に拒否した事例として萬世工業事件最高裁判決（平成九年七月一一日第二小法廷判決）がある。この事件の判決で最高裁は、懲罰賠償の執行を拒否し、その理由として「我が国においては、加害者に対して制裁を科し、将来の同様の行為を抑止することは、刑事上又は行政上の制裁にゆだねられているのである。そうしてみると、不法行為の当事者間において、被害者が加害者から、実際に生じた損害の賠償に加えて、制裁及び一般予防を目的とする賠償金の支払を受け得るとすることは、右に見た我が国における不法行為に基づく損害賠償制度の基本原則ないし基本理念と相いれないものであると認められる。」と述べた。これには少数意見や補足意見がなかった。四人の裁判官（大西勝也、根岸重治、河合伸一、福田博）によるアメリカの懲罰的賠償の日本での執行を妨げる理由があるとしたこの判決が、懲罰的賠償制度を否定する日本の裁判所の公式見解となってしまった。それだけではなく、この判決は、のちの下級審において慰謝料における制裁的機能の性格までを否定する根拠としてしばしば引用され、適用されるようになった。

2　懲罰的賠償に関する合衆国最高裁判決

懲罰的賠償は、塡補的損害賠償に加えて下されるが、その金額がどのようなものであれば法が容認する「制裁的機能」や「抑止的機能」が十分に果たされる賠償額となるか、つまり何が適正な懲罰的賠償になるのかについては明確な基準があるわけではない。そのため、塡補的損害賠償額に比べて著しく高額な懲罰的賠償額の合法性が争われるようになった。憲法上の問題としては、懲罰的賠償制度そのものの合憲性についてではなく、むしろ下された懲罰的賠償の額が違憲といえるほど過度（高額）なものかどうかであった。懲罰的賠償額が過度のものかどうかについての審理では、憲法第八修正の「過重な罰金」条項（Excessive Fines Clause）[8]と憲法第五編および第一四修正の「法の適正手続き」（Due Process of Law）違反かどうかが問題となる。以下これらが争われた事件についてみてみよう。

(1) 懲罰的賠償制度と過重な罰金条項（憲法第八修正）との関係

最初に懲罰的賠償額が憲法の規定する第八修正の「過重な罰金」に該当するかどうかが争われた事件は、一九八九年の BFI, Inc. v. Kelco Disposal, Inc. 事件である。[9] この事件において、原告の Kelco Disposal は、ＢＦＩが Kelco Disposal のおこなった他社との契約に悪意で介入することによって、独禁法違反だけでなく、バーモント州の不法行為法違反があったとして損害賠償請求を連邦地裁に申し立てた。陪審はＢＦＩの不法性を認め、原告の Kelco Disposal に五万一一四六ドルの填補的賠償を認める一方で、不公正なビジネスのやり方に対して悪意性が認められるとして、填補的賠償の一二〇倍にあたる六〇〇万ドルの懲罰的賠償を認めた。第二巡回区合衆国控訴裁は、認められた懲罰的賠償額が、憲法第八修正の過重な罰金条項に抵触するかどうかにかかわらず過重なものとはいえないとして、地裁の判断を支持した。上告された合衆国最高裁は、合衆国が訴訟当事者でない民事訴訟においては憲法第八修正の過重な罰金条項の適用はないとした。その一方で、地裁で出された懲罰的賠償額が第一四修正に反するほど過重なものかどうかにつては、その点についての争点提起が原審においてな

8　合衆国憲法第８修正は、「過大な額の保釈金を要求し、または過重な罰金を科してはならない。また残虐で異常な刑罰を科してはならない。」と規定する。

9　BFI（Browning-Ferris Industries), Inc. v. Kelco Disposal, Inc., 492 U. S. 257（1989). *See* Lyndon F. Bittle, Comment: *Punitive Damages and the Eighth Amendment: An Analytical Framework for Determining Excessiveness*, 75 CALIF. L. REV. 1433（1987).

されなかったとして、判断をしなかった。

(2) 高額な懲罰的賠償額と法の適正手続き（憲法第一四修正）との関係

BFI, Inc. 事件の二年後の一九九一年に、最高裁は懲罰的賠償額と法の適正手続条項（Due Process Clause）（憲法第一四修正）との関係について判断した。この Pacific Mutual Life Insurance Co. v. Haslip 事件[10]では、被告の保険会社の代理業者の Ruffin および訴外の保険会社が、保険掛金を悪用したために、原告の健康保険が失効してしまったとして、詐欺および使用者責任論（respondeat superior theory）に基づいて州裁判所に損害賠償請求の訴えを提起した。州地裁の裁判官は、陪審に対して、「とりわけ詐欺で有責であると認定した場合は、懲罰的賠償を認めることができる」との説示をおこなった。陪審は、被告保険会社に悪意性があったことを認定し、被告に対して一〇〇万ドルの懲罰的賠償を評決した。これは、填補的賠償額の四倍にあたるものであった。この評決と懲罰的賠償額については、アラバマ州最高裁が支持したため、被告は填補的賠償額の四倍にあたる懲罰的賠償額は法の適正手続きに反したものであるとして合衆国最高裁に上告した。

合衆国最高裁は、同州のコモンローは懲罰的賠償制度を認めているのであり、それ自体憲法第一四修正の法の適正手続きを侵害するものではないとした[11]。

(3) 懲罰的賠償額の上限と法の適正手続き（憲法第一四修正）との関係

さらにその二年後の一九九三年に、合衆国最高裁は、TXO Production Corp. v. Alliance Resources Corp 事件[12]において、今度は懲罰的賠償額の上限と法の適正手続き（憲法第一四修正）との関係につ

10 Pacific Mutual Life Insurance Co. v. Haslip, 499 U. S. 1 (1991).
11 *Id.* at 499 U. S. 19.
12 TXO Production Corp. v. Alliance Resources Corp., 509 U. S. 443 (1993).

いて判断をおこなった。ウエストバージニア州におけるコモンロー上の権原毀損（slander of title）訴訟で、連邦地裁は、被告のＴＸＯに対して、一万九〇〇〇ドルの塡補的賠償に加えて、塡補的賠償の約五〇〇〇倍の一億ドルの懲罰的賠償を認めた。記録によれば、ＴＸＯは、懲罰的賠償に値する悪意性を示す以下のような事実を知っていたとされた。まず原告のAlliance Resources Corp自体が、問題となっている石油とガス開発についての有効な権原を有していたこと、ＴＸＯに対するガスの使用料について Alliance と再交渉をするにあたって、価値のない権利放棄証書（quitclaim deed）に基づいたうえで、悪意で（in bad faith）、それらの権利に対する主張を進めようとしたこと、ＴＸＯは巨大な事業体で利益を上げている会社であること、および、ＴＸＯが別のところで同じような非道な活動（nefarious activities）をしていたことである。控訴裁は、これらのＴＸＯの悪意性に基づき本件の懲罰的賠償額が、憲法第一四修正の法の適正手続きに反したものだというＴＸＯの主張を拒否した。

上告を受けた合衆国最高裁は、懲罰的賠償額については、その合理性（reasonableness）が重要な考慮要素となるとし、その一方で憲法上容認できる懲罰的賠償額と容認できない懲罰的賠償額との間に数字的な明白な線引きをおこなうことを回避した。しかし、この判決の多数意見は、塡補的賠償額と懲罰的賠償額との「途方もない不均衡」（dramatic disparity）自体は、有力な企業による悪意性があり、ペテン的で、詐欺的で、原告会社の石油とガスに対する権原に対する毀損を含むような本件のような事案においては、考慮されないとした。さらに、懲罰的賠償額を計算する際に、陪審は被害者に対する原告の行為の及ぼす「潜在的悪意性」（potential harm）だけでなく、被告の行為の悪意性のある計略がおこなわれた場合に生じる損害や、将来の類似した行為が抑止されない場合に生じる可能性のある他の被害者に対する予測可能な被害をも考慮に入れて良い、とした[13]。

(4) 損害賠償額に関する事後的司法審査制度を欠いた州法の違憲性（法の適正手続き）について

多くの州と連邦裁判所では、民事裁判においては陪審によって評決された損害賠償額の多寡について陪審審理担当裁判官に再検討することを認めている[14]。そこで、州法によってそのような懲罰的賠償額の多寡についての審査権を州裁判官に認めないことは、憲法第一四修正の法の適性手続き条項に違反するかどうかが争われたのが、Honda Motor Co., Ltd. v. Oberg 事件である[15]。

原告（Oberg）（被上告人）は、ホンダ（日本の自動車メーカー）（被告、上告人）が製造したオフ・ロードカーを運転していたところ、車両が横転し、全身に永続的な後遺症を負った。原告は、メーカーであるホンダが、この自動車が本質的かつ非合理的に危険な設計に基づいて製造されたことを知っていたか、あるいは知るべきであったと主張して、製造物責任訴訟を提起した。オレゴン州裁判所の陪審は、ホンダの責任を認め、塡補的損害賠償の九一万九三九〇ドルに加えて五〇〇万ドルの懲罰的賠償の支払いを評決した。

ホンダは、本件の懲罰的賠償額が塡補的損害賠償の約五倍にもあたり、過大（excessive）なものであるにもかかわらず、オレゴン州裁判所が過大な評決額について修正する権限を有していないことは、憲法第一四修正のデュー・プロセス条項に違反すると主張した。控訴裁は地裁の懲罰的賠償額について支持したので、ホンダが上告した。この事件の争点について、合衆国最高裁はホンダの主張を認めた。最高裁は、問題となっている州法が州地裁裁判官に陪審評決についての審査機能を付与して

13　*Id.* at 509 U. S. 462-463.
14　減額と増額（remittiter と addittitur）については第10章民事陪審制度の「7陪審評決に対する裁判所の介入」の項参照。
15　Honda Motor Co., Ltd. v. Oberg, 512 U. S. 415（1994）.

いないのは法の適正手続きに反するとし、破棄差戻した。

興味深いのは、最高裁が当該州法を無効としながら、実際にホンダに対して下された懲罰的賠償額そのものについて法の適正手続き違反といえるかどうかについては触れなかったことである。

(5) 高額な懲罰的賠償額と法の適正手続き（憲法第一四修正）との関係

懲罰的賠償額が高額すぎるため、評決額自体が法の適正手続きに反すると被告から提訴されたのが一九九六年のBMW of North America, Inc. v. Gore事件[16]である。原告のゴアは、アラバマ州の公認の被告販売店から新車のＢＭＷを購入したところ、新車の車体に再塗装が加えられたことを発見した。販売代理店が新車への再塗装を開示しなかったことがアラバマ州法上の民事詐欺を構成するとして、原告は損害賠償を求め、アラバマ州地裁に提訴した。正式事実審理で、被告のＢＭＷは、修理費用がメーカー希望販売価格の三％を超えない場合には、新車に輸送上の損傷があった場合でも、購入者に対して修理した事実を告げないという販売店のポリシーがあり、それに従ったことを認めた。陪審は原告ゴアの主張を認め、四〇〇〇ドルの填補的賠償と四〇〇万ドルの懲罰的賠償額を評決した。

地裁裁判官は、ＢＭＷの懲罰的賠償額に対する無効申立てを認めず、懲罰的賠償額は、「過渡に高額」（grossly excessive）とはいえず、憲法第一四条修正の法の適正手続き条項に違反するものではないとした。アラバマ州最高裁は原審に同意する一方で、陪審の判断にはゴアの填補的賠償額を不適切に計算した過ちがあるとして、懲罰的賠償額を二〇〇万ドルに減額した。

双方からの上告を受けた合衆国最高裁は、本件について、懲罰的賠償額が過剰に高額であるとし、そのような懲罰的賠償額は法の適正手続きに反し違憲であるとした。その判断をおこなう際に、最高

16 BMW of North America, Inc. v. Gore, 116 S Ct. 1589 (1996).

裁は、懲罰的賠償額が「過剰かどうか」の判断にあたって考慮すべき三つの指標（guideposts）を示した。それは、⑴被告の行為の非難可能性（reprehensibility）の程度、⑵填補的損害賠償額に対する懲罰的賠償額の割合の合理性（reasonableness）、および⑶同類の事件に課されたり認められたりする救済や民事罰や、認められた懲罰的賠償額と、同類の行為に対して科される民事上、刑事上の罰則との差異の比較可能性（comparability）である。

⑹　ＢＭＷ判決の三つの指標（guideposts）に基づき懲罰的賠償額が問題とされた事例

二〇〇一年のCooper Industries事件[17]は、原告のLeatherman Tool Group会社による登録商標権侵害事件である。原告は、古いタイプのスイス・アーミーナイフを改善した多機能ナイフの製造メーカーであり、被告のCooper Industries会社は、原告のこのナイフの修正版の写真をポスターや包装紙および広告に使用し始めた。原告は被告の行為は、一九四六年登録商標法（いわゆるLanham Act）[18]に違反するとして、損害賠償を求めた。地裁の陪審は、原告の主張を認め、五万ドルの填補的賠償に加えて四五〇〇万ドルの懲罰的賠償を評決した。これに対し、被告のCooperは最高裁によるＢＭＷ事件の三つの指標からすると、懲罰的賠償額が過剰であると主張したが、控訴裁はそれを認めなかった。

そこで合衆国最高裁は、懲罰的賠償額が過剰なものかどうかについてＢＭＷ事件の三つの指標をより明確にした。つまり、①被告の非難可能性または有責性（culpability）の程度、②被告の行為によって被った原告の損害と懲罰賠償額との関係、および③同種の違法行為に関して他の事件で課された制裁、である。そのうえで、最高裁は、地裁が決定した懲罰的賠償額が過剰なものかどうかの判断に関しては、事案を改めて検討できる「一からの状態での再審査」（de novo review）を連邦控訴裁が

17　Cooper Industries Inc. v. Leatherman Tool Group, Inc., 532 U. S. 424（2001）.

18　1946年Lanham法（Lanham Act of 1946, also known as Trademark Act（15 U. S. C. A. § 1051 et seq., ch. 540, 60 Stat. 427［1988 & Supp. v 1993］）, いわゆる連邦商標法）は、コモンロー上の原理を基礎として成立し、商標の連邦登録を認め、その登録に大きな効果を与えている。

用いるべきであったとした。しかし、同控訴裁は、通常の控訴審の審査でおこなわれる「裁量権の踰越審査基準」（abuse of discretion standard of review）に依拠したが、そのためには地裁判断が法の不適切な理解に基づいた判断であったかどうかの事由が必要であった。最高裁はこの点について、同様な状況におかれた者を均等に取り扱うために第九巡回区合衆国控訴裁が裁量権の踰越審査基準による審理をおこなった点に誤りがあるとした。その結果、本件では填補的賠償額に比べて懲罰的賠償額が過剰であったかどうかについては、判断されなかった[19]。

(7) 懲罰的賠償額が憲法第一四修正のデュー・プロセスに反するとの事例

二年後の二〇〇三年に、合衆国最高裁は、初めて懲罰的賠償額を制限し、賠償額が一定の限度を越えれば適正手続き条項に反し違憲となる、という決定を下した[20]。この事件では、被告保険会社のState Farm Mutural Automobile Insuranceが、交通事故による被保険者からの保険金の支払額を抑えるために事案をすべて法廷に持ち出し、和解を拒否したうえで、徹底した法廷闘争をおこなうという戦略を取った。原審原告のCampbellは、交通事故を起こしたため、被告保険会社に対して被害者に対する保険金の支払いを求めた。しかし、保険会社が加害者の支払い要求に応じなかったため、訴外の交通事故の被害者がCampbell個人に対して損害賠償請求訴訟を提訴し、被害者が勝訴した。Campbellは、このような結果が被告保険会社の詐欺（fraud）および故意不法行為によって生じたものであり、これによってCampbellに精神的苦痛（intentional infliction of emotional distress）を負わせたとして提訴した。地裁の陪審は、被告保険会社が被保険者のCampbellを保険で上限を定めた額よりも高額の賠償金を払わされるという危険な状態に置いたものであると判断し、填補的損害賠償

19　Cooper Industries Inc. supra note 17 at 532 U. S.432-443.
20　State Farm Mutural Automobile Insurance Co. v. Campbell, 538 U. S. 408 (2003). 参照、浅香吉幹「State Farm Automobile Insurance Co. v. Campbell, 538 U.S. 408, 123 S.Ct. 1513 (2003) ――懲罰的損害賠償が合衆国憲法上の実体的デュー・プロセス違反となる場合の基準を明確化する判例」［1995-1］アメリカ法132頁（1995年）。

として一〇〇万ドル、懲罰的賠償として一億四五〇〇万ドルの支払いを命じた。

ユタ州最高裁判所は、被告保険会社が保険契約者らを徒らに搾取し、不当な利益をあげるべく全米各地で保険金の支払いを不当に渋っていたこと（不当な不払い）、および本件では被告保険会社は訴訟となれば、加害者Campbellが敗訴し、相当な損害賠償を支払わされるというリスクを予測していたにもかかわらず、被害者との示談交渉過程で紛争を積極的に解決しようとせず、Campbellを無益な訴訟に巻き込んだのであって、その悪意性はきわめて高いとして、上記懲罰賠償金額を認定した。しかし被告保険会社は、一〇〇万ドルの填補的賠償に比較して、懲罰的賠償額が高額すぎるとして合衆国最高裁に上告した。

合衆国最高裁は、①被告の行為の非難可能性の程度（加害行為の悪性の程度）、②原告が受けた現実の、または潜在的な損害と懲罰的賠償額の比率、および、③類似事件における民事罰との格差比較をあげ、填補的賠償額の一四五倍の一億四五〇〇万ドルの懲罰的賠償は憲法第一四修正の法の適正手続きに反し違憲となると判断した。

その際に、最高裁は、懲罰的賠償額が違憲となりうる比率を明示することはできないとしながらも、填補的損害賠償額と懲罰的賠償額が一桁台の割合を一般的に超えるべきではない（本件の一四五対一というその比率は三桁になる）とした。また、最高裁は、填補的損害賠償の一〇倍を超える懲罰的賠償額は法の適正手続きに反する可能性が高いとも述べた。そのうえで、本件懲罰的賠償額は適正手続きに反するとの判決を下した。

この判例で着目すべき点は、懲罰的賠償と填補的損害賠償とのバランスについて、合衆国最高裁が、初めて一桁台という基準を明らかにしたことである。さらに最高裁は、被告の資力をもって「過剰な」懲罰的賠償額の算定の根拠とすることは正当化できないとした。

(8) 懲罰的賠償額が憲法第一四修正のデュー・プロセスに反するとの事例

陪審が懲罰的賠償額について適正な考慮をしなかったとして憲法第一四修正に反すると判断されたのが二〇〇七年のフィリップ・モリス事件である[21]。この事件では、原告の夫のJesse Williamsが四〇年以上フィリップ・モリスのタバコMarlboroを吸い続け、一九九七年に喫煙のせいで肺がんになり死亡したとして、その夫人がタバコ会社を提訴した。原告は、フィリップ・モリスが、宣伝や広告によってタバコを吸い続けても安全であるかのように意図的に原告の夫を欺いたと主張した。

オレゴン州の陪審は、フィリップ・モリスとウイリアムスの双方の過失を認めながら、とくにフィリップ・モリスは、タバコの害について欺罔したとして、原告に八二万一〇〇〇ドルの填補損害賠償額（二万一〇〇〇ドルの経済的損失と八〇万ドルの非経済的損失の合算）に加え、その約一〇〇倍の七億九五〇万ドルの懲罰的賠償を命じた。同州最高裁もこの判決を支持したのでフィリップ・モリス社は「不適正な判決」であるとして合衆国最高裁にサーシオレイライによる裁量上訴を申し立てた。

合衆国最高裁は、陪審が原告に含まれていない人物の被害も考慮に入れて懲罰的賠償を認めたのは被告の防御機会を奪うものであり、憲法で保障された法の適正手続き原則に反する、とし、陪審は懲罰的賠償額を考慮する際には、訴訟当事者の被害だけに基づいて賠償額を判断すべきであるとした。そのうえで、陪審に対する地裁裁判官の説示に法の適正手続き違反がなかったかどうかについて判断させるために、オレゴン州最高裁に本件を差し戻した。

オレゴン州最高裁は、陪審に対する地裁裁判官の説示には法の適正手続き違反はないとし、陪審の

21 Philip Morris USA v. Williams, 549 U. S. 346 (2007). *see* Thomas B. Colby, *Clearing the Smoke from Philip Morris v. Wikkiams: The Past, Present, and Future of Punitive Damages*, 118 Yale L. J. 392 (2008).

評決を支持したが、他方で、合衆国最高裁は、フィリップ・モリスからの移送令状（サーシオレイライ）の申し出を棄却した。そのため、下された懲罰的賠償額は手つかずのままとなった。

他方、地裁で認められた懲罰的賠償額が過度に高額すぎる（grossly excessive）かどうかの争点について、合衆国最高裁は、本件において、填補的賠償額と懲罰的賠償額の比率が一対九七の場合は合理性を超えるとした。最高裁は、State Farm 事件で使用した理由付けと類似した理由付けを用いて、一億四五〇〇万ドルの懲罰的賠償裁定を支持したユタ州最高裁判所の決定を覆し、「最も関連した民事制裁は、被害の詐欺的行為に対する一万ドルの罰金であるように思える」と述べた。[22]

3　懲罰的賠償に関する合衆国最高裁判決の動向

法の適正手続きに基づく最高裁判所による懲罰的賠償額についての判決の方向性は、懲罰的賠償額を填補的損害賠償額の数倍にとどめるべきとするものである。高額な懲罰的賠償額に対する規制は、このように、法の適正手続きに基づく最高裁判所の方向性と、各州レベルでの立法による規制とがある。とくにほとんどの州は制定法によって懲罰的賠償額に上限を設置している。また、固定的な懲罰的賠償額を具体的に定める方法もとられている。この場合には独占禁止法や特許権侵害訴訟で認められた懲罰的賠償額を填補的損害賠償額の三倍までとする立法上の基準が考えられる。

懲罰的損害賠償制度を通じてアメリカでは、悪意的行為者に対する処罰・抑止といった制裁的機能を、公法の領域に限定せず、私法の領域にも担わせている。その理由は、より厳格な手続き要件が要求される公法の領域では迅速な対応や悪行に対する応分の措置には相当な時間を要するからである。

22　*Id.* at 358.

そのため迅速で柔軟な運用が可能な私法の領域において加害者に対する制裁をおこない、被害防止と緊急な損害補償を図るべきだとする法的、社会的必要性がこの制度を支えている。これも、「私人による法の実現」のインセンティヴを奨励するものであるとされている。[23]

■Sidebar■

アメリカの懲罰的賠償事件として日本でもよく知られた事案に、ファーストフード店のコーヒーによるやけど事件がある。原告のステラさん（当時七九歳）が、ドライブスルーで購入したホットコーヒーを、駐車した車内で飲もうとした際にカップが倒れ、両太ももと臀部に重度のやけどを負った。やけどを負った皮膚は焼けただれ、体の別な部位から皮膚を切り取って皮膚移植手術を行った。ステラさんは二日間昏睡状態にあった。

この医療費の支払いを求めてステラさんはファーストフード店に掛け合ったが、店の責任ではないとして突っぱねられた。ステラさんは民事陪審による訴訟を提起した。裁判では、被告はたびたびコーヒーが原因のやけど事件を起こしているが一向にコーヒーの温度を下げなかったこと、このような事故は一日に売れるコーヒーの一、二杯に起こることだから、事故はほぼゼロだと証言した。他方、ステラさんは被告のコーヒーの温度が他のファーストフード店に比べ群を抜いて高温であったこと、ステラさんの受けたやけどはこの危険な高温によって生じたものであること等を証言した。

陪審は、医療費を含む填補賠償として一六〇〇万円（当時のドル円の為替レート）に加えて、ステラさんが昏睡状態にあった二日間に全米の同店で販売されたコーヒーの売り上げに相当する二億七〇〇〇万円（当時のレート）の懲罰的賠償を評決した。この評決後、同社は販売するコーヒーの温度を下げたし、同業他社もコーヒーカップにやけどに注意するようにという警告を印刷し、コーヒーが倒れないよ

23　このような点をすでに指摘するものとして、田中英夫・竹内昭夫『法の実現における私人の役割』（東京大学出版会、1987年）参照。

うにするための紙製のトレーを提供し始めた。これらはステラさんのおかげでもある。

Liebeck v. McDonald's Restaurants, P.T.S., Inc., No. D-202 CV-93-02419, 1995 WL 360309 (Bernalillo County, N.M. Dist. Ct. August 18, 1994)

■ Sidebar ■

懲罰的賠償判決の日本における執行⑵——いわゆる「制裁的慰謝料」について

萬世工業事件最高裁判決は、懲罰的賠償については、日本の法廷地で執行できないことに関する判断であった。それにもかかわらず、それ自体が懲罰的賠償の否定の根拠とされるだけでなく、「制裁的慰謝料」[1]についても否定する立場の根拠となっている。

たとえば、「三菱自動車大型トレーラータイヤ脱落事故損害賠償請求訴訟（横浜地裁判決平成一八年四月一八日）」では、被告会社は度重なる脱輪事故やリコール隠しや、データ改ざんなどの不正を繰り返していた。この被告会社に対して、原告は、脱輪事故が起こりうることはかなりの蓋然性で被告は認識していたにもかかわらず、それを放置し、結局死亡事故を招いてしまったのは被告会社の悪意性の強い不作為行為に他ならないとして、被告会社に対し制裁的慰謝料として一億円を請求した。

これに対し被告会社は、「原告は、いわゆる最高裁判所における『萬世工業事件判決』の射程距離はカリフォルニア州の懲罰的賠償に限られ、それ以外の場合には及ばないと主張するが、同判決が懲罰的賠償という考え方そのものを否定していることは明らかである。その他の下級審裁判例も懲罰的賠償を明確に否定しているのであって、原告の指摘する懲罰的賠償を認めた下級審判例は上記最高裁判例に反する唯一の例外にすぎない。制裁的慰謝料を解釈論として肯定する学説も、日本においては異端な少数説にすぎず、多くは立法論にとどまるか、損害賠償が一機能として制裁的要素を含むことを認めているに過ぎない。よって我が国においては制裁的慰謝料の請求は認められない。」と反論した。

原告は、「従来、制裁的慰謝料は我が国において容認されていないが、現在においては容認されるべきである。懲罰的賠償を否定した判例と位置付けられる最高裁判所第二小法廷平成九年七月一一日判決（いわゆる「萬世工業事件判決」）は、カリフォルニア州の懲罰的賠償についての外国判決の承認執行の要件としての判示にすぎず、同判決の射程距離は本件には及ばない。今日では、懲罰的賠償を認めた下級審裁判例が存在するなど、制裁的慰謝料論は十分な説得力をもつに至っており、金銭に評価できない損害の賠償は加害者に対する可罰にほかならないこと、慰謝料に制裁的機能及び抑制的機能が認められることからしても制裁的慰謝料の請求は認められるべきである。さらに、本件において、被告会社は、上記のとおり、本件事故の発生について未必の故意を有していたのであるから、本件は、従来的慰謝料のほかに、制裁的慰謝料の請求が認められるべき典型的な事案である。」と主張した。

この争点に対し横浜地裁は、「民事訴訟における損害賠償の目的は、発生した損害の填補であり、事実上慰謝料の効果として制裁的機能や抑制的機能が認められることが否定されるわけではないにしても、処罰を目的とする制裁的慰謝料を認めることはわが国のそもそもの法制と調和しないし、現在において制裁的慰謝料の概念が成熟した裁判規範として受容されているとも認めがたい。したがって、被告会社に制裁的慰謝料を課すことは認められない。」との判断を下している。この判決をどのように評価するべきであろうか。

1　花谷薫「慰謝料の制裁的機能に対する評価をめぐって」法と政治（関西学院大学）二四巻三号三九六頁（一九七三年）参照。この論文はこの分野の日本における先駆的論文である。なお樋口範雄「制裁的慰謝料論について——民刑峻別の理想と現実」ジュリスト九一一号一九頁（一九八八年）および、同「アメリカの懲罰賠償と日本法」落合誠一編『論文から見る現代社会と法』六九頁（有斐閣、一九九五年）参照。

第７章　ディスカバリー制度

裁判では、証拠が事実認定の基礎となる。証拠がなければ事実に関する主張も根拠を失う。したがって証拠が裁判の結果の鍵となる。証拠には、自己に有利な証拠もあれば不利な証拠もある。問題は、自己に不利な証拠がある時にそれを開示（提出）しなくて良いか、あるいは、相手に不利な証拠が相手側にある時にその開示（提出）を求めることができるかである。日本の民事裁判では、自己に不利な証拠をみずから出す必要はないし、逆に相手に不利な証拠の開示を強制することもできない。ところが、アメリカでは、証拠の全面開示が原則である。これは公正な裁判（fair trial）の前提となると考えられているからである。この証拠開示のことをディスカバリー（discovery）制度という[1]。

1　ディスカバリー（事前証拠開示制度）

アメリカの民事訴訟では、訴訟当事者による自主的なディスカバリー制度が重要である。これは当事者間で正式事実審理（トライアル、trial）に入る前に事件に関する情報や証拠を開示し合う制度のことである。ディスカバリーで開示が求められる情報は、事件に関係する書面や物証にとどまらず、正式事実審理において召喚する予定の当事者本人や関係者の供述書の作成も含む。その方法は、書証の開示や物証の提出（production）、関係者の宣誓供述書（deposition）の事前作成や当事者の身体および精神状態に関する検査請求（request for examination）など多様である。

1　ディスカバリーについての日本語論説は、竹部晴美「アメリカ民事訴訟におけるディスカバリー制度――保護命令（protective order）と正当事由（good cause）」法と政治59巻４号（2009年）119-214頁参照。

当事者間のこのような相互情報開示については、身体や精神の検査等を除き、原則として裁判所を介さないでおこなうことができる。ディスカバリー制度では、たとえば後述の弁護士・依頼人間秘匿特権など法や判例で認められた例外を除いて、当事者は、請求された書類や物品は原則としてすべて開示しなければならない。

(1) ディスカバリーの意義

ディスカバリーには以下のような意義がある。第一に、証拠の保全的機能である。訴訟を察知して重要な情報が隠ぺいされたり、破棄されたりする前にそれらの保全を図ることは公正な裁判を担保するためには重要である。第二に、正式事実審理（トライアル）での証言が得られない可能性ある者からの供述をあらかじめ入手することができる。第三に、訴訟当事者が正式事実審理前段階（pretrial stage）に事件に関する事実関係を把握することによって、陪審裁判を前提としたトライアルに向けた争点の絞り込みを促し、これに関連して訴訟中の「出し抜き行為」（surprise）を制約し、訴訟進行上の混乱を避けるとともに、スムーズな訴訟運営をおこなえるようにするという目的も併せ持つ。第四に、トライアルの争点を明確化し、立証や反証を具体的に支える実質的な準備の意味をもつ。さらに第五に、事前に事実関係の十分な情報収集をおこない、裁判関連情報の開示を相互に自主的におこなうことによって、トライアルの結果を予測させることになり、和解などの裁判外の紛争解決を促進する。これがディスカバリー制度の効果として重要である。

このように、ディスカバリーは、事実に関する訴訟当事者間の自主的で全面的な事実関連調査と証拠収集活動を目的とし、法廷での法や事実に基づく立証や反証を支える立証の準備活動という意味を持つ。当事者の主張が正確なデータや情報と証拠に裏付けされることによって法廷での立証をより効果的で適正なものにすることができるからである。[2]

(2)　ディスカバリーの範囲

ディスカバリーの範囲は広く、訴訟を提起しさえすれば、原告は事件に関する情報の収集を広範囲に実施することができる。被告企業の役員や従業員を事前に呼び出して質問することも認められる。ディスカバリーの対象は、企業の正式な文書ファイルだけに限定されず、従業員が保管しているファイルやコンピューターに記録されているＥメールや会議のメモなど、会社や個人が所有し、保管または管理しているすべての関連性のある文書のファイルにまで及ぶ。訴訟に関するあらゆる関係人、証言予定者、専門家からの直接の供述録取はもとより、法的事実に関連するあらゆるデータや情報の収集が当事者間でおこなわれる。

ディスカバリー制度は、一九三八年に合衆国の連邦民事訴訟規則（Federal Rules of Civil Procedure）において規定されてからは、おもに紙に書かれた文書ファイルの提出が中心であった。いわば、訴訟に関係する紙の文書を段ボール箱に入れて弁護士事務所に送り、そこで精査を受けたうえで、訴訟の相手に提出するという方法が取られていた。

しかし、インターネットの普及や会社のＩＴ化の拡大により、紙の文書による情報保存から電子情報によってそれらを保存し、管理するという方法に状況が大きく変わった。そのため、訴訟においてはディスカバリーの対象として電子情報を求めることが増大し、中心となってきた。それと同時に電子情報の開示に伴うさまざまな問題点が生じてきた。具体的には、電子情報の開示の方法について、

2　ディスカバリーの意義についての日本語文献については、竹部前掲注１参照。

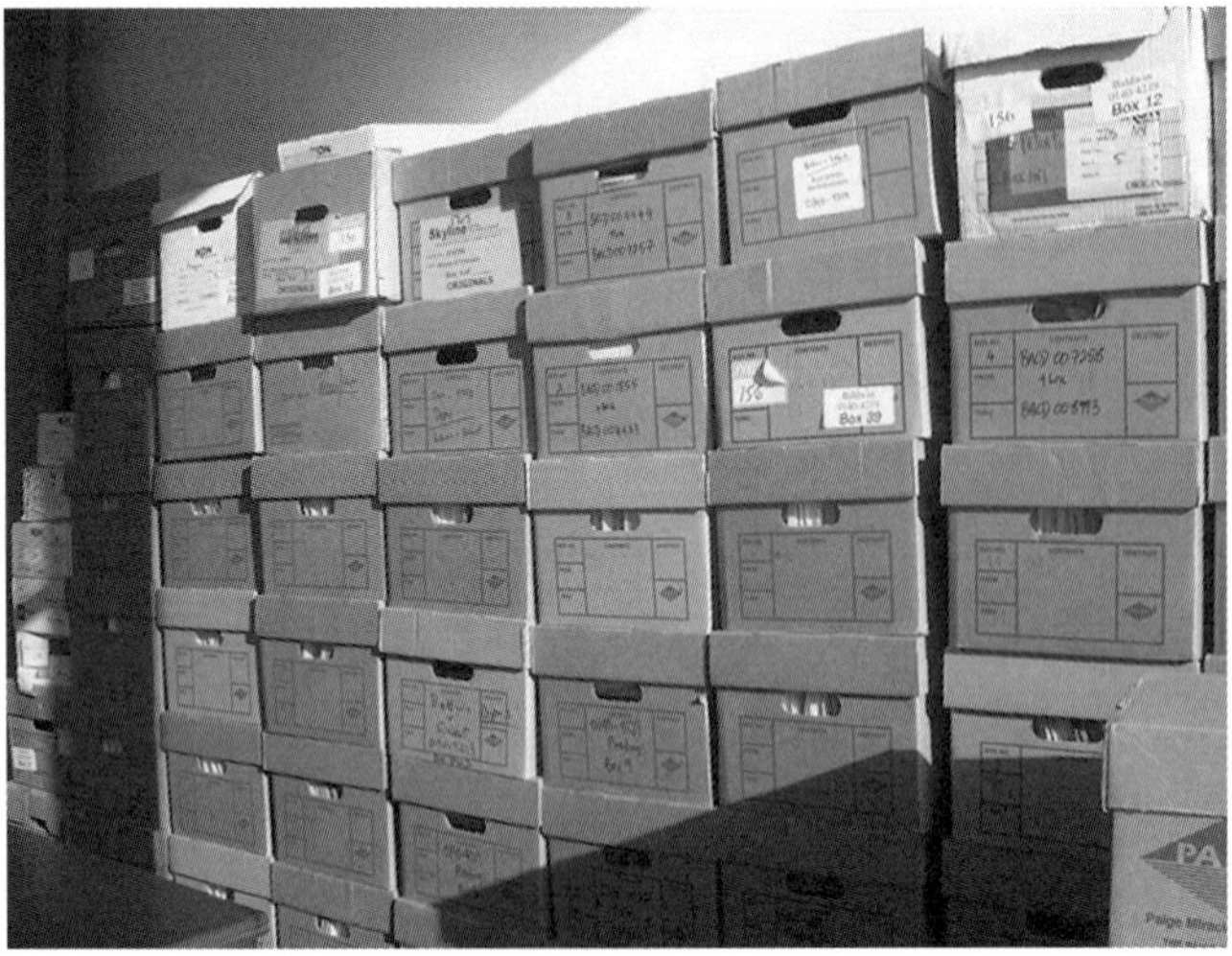

依頼人の会社から送付されてきたディスカバリーのための紙の文書。これらを分類してインデックスを付けて相手方に開示する。

開示のための費用負担、これまでの秘匿特権の取り扱い、さらには、情報の破棄などの問題である。

これらの電子情報ディスカバリーに付随する問題が先取りして提起され、判断されたのが、二〇〇三年から二〇〇五年にかけて示されたズブレイク判決[3]である。この事件を担当した、シーラ・シャイドリン（Shira Scheindlin）裁判官は、五件にわたる一連の判決の中でいわゆるEディスカバリー（Electronic Discovery, 略してE-Discovery, 電子的証拠開示という）の基礎を形作り、これが契機となって、連邦民事訴訟規則が二〇〇六年一二月に改正され、Eディスカバリーの基本的枠組みが整備された[4]。訴訟当事者の開示要求に応じて、相手方は、管理下にあるデータやバックアップの保管を委託管理会社等に委託している場合でもすべての関連データを期限内に提出することとなった。Eディスカバリーが要求されると、電子データ化された契約書、稟議書、社内会議議事録、設計図、サーバー履歴などの電子保管文書だけではなく、個人のEメールに至

3　ズブレイク判決とは、以下の一連の判決を指す。Zubulake v. UBS Warburg, 217 F. R. D. 309 (S. D.N. Y. 2003) (Zubulake I, MAY 13, 2003); Zubulake v. UBS Warburg, No. 02 Civ. 1243, 2003 WL 21087136 (S. D. N. Y. May 13, 2003) (Zubulake II. ただしこの判決は、電子的保存情報のディスカバリーには直接関係しない。); Zubulake v. UBS Warburg, 216 F. R. D. 280 (S. D. N. Y. 2003) (Zubulake III, JULY 24, 2003); Zubulake v. UBS Warburg, 220 F. R. D. 212 (S. D. N. Y. 2003) (Zubulake IV, OCTOBER 22, 2003); Zubulake v. UBS Warburg, 2004 WL 1620866 (S. D. N. Y. July 20, 2004) (Zubulake V). これらの解説については、竹部晴美「Eデ

るまでのパソコンやネットワークに保管されている膨大なデータから関連データを選び出し、証拠化することが必要となった。

2　ディスカバリーの種類

(1)　宣誓供述書（デポジション、Deposition）

宣誓供述書は、事件の事実に関する証人予定者や関係者に対して直接質問し、回答を得ることにより、その供述記録を書面、あるいは映像で残すという方法で得られる。これには、口頭による宣誓供述書（oral deposition）と、あらかじめ書面で送付しておいた質問事項に対して、公証人（notary public）を仲介することで文書によって証言を入手する書面宣誓供述書（written deposition）の二種類がある。

①　口頭による宣誓供述書

一般的におこなわれるのは口頭による宣誓供述書である（アメリカの弁護士がディポ（depo）と呼ぶのはこれを指す）。ディポの呼び出しは通常 subpoena（たんに召喚状、または罰則付召喚令状、以下「召喚状」とする）によっておこなわれるが、十分なディポ通知期間（reasonable notice）が与えられると召喚状なしで宣誓供述に応じるように求めることができる。当事者以外の関係人に対しては、裁判所の発行する召喚状に基づいてディポに応じるように求められる。この召喚状は、裁判所の書記官から簡易な手続きで得ることもできるし、いくつかの裁判地では弁護士みずから出すこともできる。[5]

ィスカバリー　Zubulake v. UBS Warburg LLC 217 F. R.D. 309（S. D.N. Y. 2003）」ジュリスト別冊『アメリカ法判例百選』（2012年）、140-141頁、同、「Eディスカバリーにおける費用分担の問題：Zubulake I、II、III 判決を中心に」法と政治64巻1号（2013年）53頁以下参照。

4　*See* William P. Barnette, *Ghost in the Machine: Zubulake Revisited and other Emerging E-discovery Issues under the Amended Federal Rules*, 18 Rich. J.L. & Tech. 11（2012）.

5　*See* Fed. R. Civ. Proc. §45(a)(3).

宣誓供述書は、法律事務所の会議室などにおいて対象者に「宣誓」をさせた上、トライアルでの証人尋問のように一方当事者からの口頭による質問と、それに対する回答を資格ある速記者が供述書として作成するという方法で進められる。この速記録は当事者からの注文に基づいて、レターサイズで一ページ何ドルという形で購入できる。しかし最近は、もっぱら宣誓供述をすべてカウンター入りのビデオ画像で録画する方法がおこなわれる。このビデオ画像については、裁判所の許可を得て、必要な個所を証拠として法廷で再現することが認められている。遠隔地でのデポジションの場合には、テレビ電話会議システムやその他の通信機器を利用した聴取も認められる。

アメリカにおいて、日本の企業や個人を相手取って訴訟が提起された場合、関係人のデポジションを求めて、日本に在住する対象者へのデポジションがおこなわれることがある。この場合、日本政府から特別にデポジション・ビザ（査証）を取った外国籍弁護士が来日するか、または在日中の外国法事務弁護士によって、アメリカの領事館（札幌、東京、大阪または福岡）において領事館員の立ち会いのもとでおこなわれる。英語でのやりとりに支障を生ずる場合には、弁護士は通訳を雇わねばならない。通訳人の費用、外国籍弁護士の渡航費（通常ビジネスクラスの航空運賃）、高級ホテル滞在費や日当などを含めこれらの費用は全部依頼人の負担となる。

対象者の弁護士が立ち会う場合、対象者への質問に対しては、弁護士は異議を申し立てることができる。しかし、異議があったことが供述書に記録されるにとどまり、異議の出た質問に対する供述の採用の可否についてはのちに裁判官の判断を仰ぐことになる。

デポジションで示された当事者の回答は、当事者の自白とみなされるので、どのような立証目的でも証拠申請することができる。当事者でない者の回答は、その者の法廷での証言と矛盾したり、不一致したりする場合に、導入することができる。もちろんこのようなデポジションは、その者が法廷に出て証言できない事情のあるとき（たとえば、入院、海外旅行、あるいは死亡の場合）は、法廷で証言の代わりとして示すことができる。[6]

デポジションは、正式事実審理前に当事者や関係者に質問をすることができるため、実施時期が早ければ早いほど、相手方弁護士から答え方についての十分な指導（coach）を受ける間がないため正直な回答を引き出すことができる。

② 書面による宣誓供述書

一方で、書面によるデポジションも認められており、この場合、公証人が対象者に対して書面に書かれた質問を読み上げ、その返答を記録する。口頭の宣誓供述書に比べてコストが低いという長所がある。他方、直接の録取が困難な事情のある場合を除いては、あまり利用されていないという実情がある。[7]

(2) 質問書（インテロガトリーズ、Interrogatories）

訴訟の当事者だけに対して書面で送られる質問書がインテロガトリーズである。これは訴訟の当事者に対する質問を書面の形で提出し、期限内（連邦法では三〇日以内）に、宣誓がなされた（宣誓の証明をつけた）書面でこれに対する回答を入手するという方法をとる。[8]

質問書は、デポジションでの不明確な点を補ったり、事件の争点に関係する事実や時間を明確にさせたり、ある事実や事情を確認するためには有効な方法である。しかし、あくまでもデポジションのための予備的な情報収集的機能や文書情報の補完的な機能を持つことが多い。インテロガトリーズは

6　*See* Fed. R. Evlo. §804(a)(1).
7　*See* Fed. R. Civ. P. 30（Depositions by Oral Examination).
8　*See* Fed. R. Civ. P. 33（Interrogatories to Parties).

安価で迅速な方法であるが、これに対する回答は、弁護士と相談の上回答されることが多いので、ポイントを外したはぐらかされた回答が戻ってくることもある。また、質問書は、項目が多すぎるとそれに真面目に応答するだけで訴訟当事者のエネルギーを消耗させてしまうことになる。そこで、これも濫用を防ぐため、許される質問項目数は二五件を超えてはいけないと定められている。[9]事案の性質上、限定数を越える質問が必要な場合は、裁判所の許可を得て例外的におこなうことになる。[10]

(3) 文書および物件提出要求（Request for Production of Documents and Things）

文書および物件提出要求は、事件事実に関連する文書やその他の物的資料を広範囲に入手する方法である。相手方に対してだけ認められる。[11]この請求は多くの場合、上記のインテロガトリーズと併せて、文書や物証の所在場所を尋ね、それとともに、それらのコピーを提出するように求める形でおこなわれる。たとえば会社の販売記録、図面、設計図、カルテなどの書面、ビデオテープ、試薬、マイクロフィルムなどの有体物まで広範囲に認められている。ただし、その請求には、入手する時間、場所、特定物を明記しなくてはならない。被要求者は理由のない限り三〇日内にこれに対応しなければならない。[12]この提出要求については対象数の上限は規制されていない。他方、訴外の第三者に対しては、裁判所の発行する召喚状に基づいておこなわれなければならない。この資料請求のための召喚状はとくに「文書提出命令」（subpoena duces lecum）と呼ばれる。[13]

(4) 身体上または精神上の検査（Physical and Mental Examination）

訴訟の重要な争点事実として当事者自身や当事者以外の関係者の身体的または精神的状態が問題と

9 *See* FED. R. CIV. P. 33(a)(1). 事案の性質上、限定数を越える質問が必要な場合は、Rule26(b)(2)に従い裁判所の許可を得て例外的におこなうことになる。*See* FED. R. CIV. P. 26(b)(2).
10 *See* FED. R. CIV. P. 33(a)(1).
11 *See* FED. R. CIV. P. 34.
12 *See* FED. R. CIV. P. 34(2)(A).
13 *See* FED. R. CIV. P. 45(a)(1).

なっているときは、その者の医学上の診断や検査を原告の指定する医師のもとで実施することを求めることができる。当然であるが、その者の健康状態や身体の具合が事件に関する重要な事実を構成するときでなくてはならない。このような要求は個人のプライバシー侵害の問題を含むことがあるので、取り扱いには配慮する必要がある。そのためこの要請については、対象者の氏名、場所、方法、条件、検査の範囲および検査者の名前を明らかにしたうえで、「正当理由のある申立て」（motion for good cause）に基づいて事前に裁判所の許可を得ることが必要である。当事者は、そのような検査レポートの交換についても厳しく規制される。[14]

(5)　自白（または承認）要求（Requests for Admission）

自白（または承認）要求は、ディスカバリー手続きの中で出された相手方の証言や、文書、その他の情報が真正（truth）であることを証明させる手続きである。これは要求のあった日から三〇日以内に文書で回答することが義務付けられている。[15] 自白または承認の回答は後に取消しを求めることができるが、この自白は、正式事実審理において証明の必要性を省くことができるものであり、当事者としては正式事実審理で争いのない事実として用いることが可能となる。なお、当事者は、自白要請に対して拒否することができるが、根拠のない拒否は、結果的に相手方がそれを正式事実審理で立証するために要した費用の負担を請求される根拠とされることがある。

14　*See* Fed. R. Civ. P. 35(a)(1), (2)(A)(B) (Physical and Mental Examinations).
15　*See* Fed. R. Civ. P. 36(a)(3) (Requests for Admission).

3　秘匿特権（privileges）とワーク・プロダクト（職務活動の所産）

ディスカバリーによる開示対象物は、見てきたように幅広く認められるが、けっして制約がないわけではない。ディスカバリーには、開示から保護されているものがある。その第一は、弁護士・依頼人間秘匿特権（attorney-client privilege）であり、第二は、ワーク・プロダクト（work product）、そして第三は、連邦民事訴訟規則上認められた「保護命令」（protective order）（Fed. R. Civ. Proc. §26(c)）である。

(1)　弁護士・依頼人間秘匿特権

弁護士・依頼人間の秘匿特権とは、法的アドバイスを求めるために依頼人と弁護士との間でなされたコミュニケーションの内容の秘密性を保持するためのものである。裁判所は、依頼人と弁護士間の率直で十分なコミュニケーションを促進し、それにより依頼人からの十分な情報提供に基づく弁護士の的確な法的判断を可能とし、またみずからの行動を適法なものへと導くために必要であるとして、この特権を認めている。

弁護士・依頼人間特権は、牧師と信者間や、医師と患者間の守秘義務のように、古くから観念され、維持されてきたいわゆる専門職の「特権」に属すものである。

他方で、この弁護士・依頼人間秘匿特権の主張とその行使については、弁護士ではなく依頼人の判断にゆだねられている。つまり依頼人は、たとえば、特許侵害嫌疑に対して弁護士の反論意見書を防御の根拠として提出するなど、訴えに対する抗弁を目的として弁護士から得たアドバイスを利用する場合には、その弁護士との弁護士・依頼人間秘匿特権をみずから放棄することとなる。というのも、一方でみずからに有利な弁護士からのアドバイスについては証拠として提出することで秘匿特権を放棄し、他方で自己に不利な同一弁護士からのアドバイスについては特権を主張するのは、「特権の濫用」と考えられるからである。したがって、当事者が弁護士の意見書を含む交信内容を開示することによって、みずからの防御をおこなうのであれば、当該交信内容だけでなく同一主題に関する弁護士・依頼人間のやり取りすべてについて秘匿特権が放棄されたものとされる[16]。

(2)　ワーク・プロダクトの法理

ワーク・プロダクトとは、特権対象外のものも含め、訴訟を予期して作成された弁護士自身の訴訟準備のための「文書や有形物」のことをいう。ワーク・プロダクトとして保護されるのは、覚書（メモランダム）、書簡、Ｅメールといった文書や有形物に限られる。この点、文書であれ、口頭会話であれ、弁護士と依頼人間のすべてのやりとりを保護対象とする弁護士・依頼人間秘匿特権とは異なる。ワーク・プロダクト法理は、「弁護士の思考プロセスと法律戦略」を相手方の詮索の目から保護することにより、公正かつ効率的なアドバーサリアル（対審構造的）システムによる活動を促進することを目的としている[17]。

初期の連邦民事訴訟規則におけるディスカバリーの規則と、それらを継受した各州法における民事訴訟規則では、訴訟を前提として集められた情報に対するディスカバリーを制限する規定は存在しなかった。訴訟代理人である弁護士は、相手方弁護士に対して事件に関連してどのような情報をこれま

16　*See* Fed. R. Civ. P. 503(a)(1), Rule 502. (Attorney-Client Privilege and Work Product ; Limitations on Waiver) 弁護士依頼人間のやり取りすべてについて秘匿特権が放棄されたものとされる。*See* Mark A. Kressel, Note: *Contractual Waiver of Corporate Attorney-Client Privilege*, 116 Yale L. J. 412 (2006); Anthony Francis Bruno, Note: *Preserving Attorney-Client Privilege in the Age of Electronic Discovery*, 54 N. Y. L. Sch. L. Rev. 541 (2009).
17　*See* Ryan D. Houck & Virginia Sorrell, Current Development 2009-2010 : *Textron and the Work Product Doctrine: Maintaining Attorney Independence for Non-Adversarial*

でに集めていたかを実際に自由に質問をすることができた。[18] しかし、一九四七年のヒックマン事件合衆国最高裁判決は、そのような実務に対する制約を確立した。[19]

ヒックマン事件の事実は以下のとおりである。一九四三年、デラウェア川でタグボートが原因不明の事故で沈没し、九名中五名の乗組員が死亡した。船の所有者であるテイラーは、将来に提起される可能性のある訴訟に備えて、事件の調査を弁護士に依頼した。この弁護士は、タグボートの生存乗組員や関係者に面接をし、メモを作成した。

原告ヒックマンはこのボートの乗組員だったが、この事故で死亡した。その遺族が船主のテイラーを被告として連邦地裁に損害賠償請求の訴えを提起した。その際に被告に対しインテロガトリーズ（interrogatories、質問書）によって生存者の事件前後の状況の陳述を要求し、さらに乗組員のインタービューのメモの詳細を尋ね、それらの提出を求めた。しかし、被告は、これらの情報は訴訟準備のために得られた秘匿事項に該当する弁護士自身の私的メモであると主張して、当該弁護士の作成した供述書、メモ、証人予定者による弁護士への口頭供述についてその提出を拒否した。

第一審のペンシルヴァニア東部地区合衆国地裁は、本件で開示を求められているものについては秘匿特権に含まれないとして、その提出を命じた。これに対して控訴審の第三巡回区合衆国控訴裁判所は、地裁決定を全員一致で破棄し、問題となっている情報が「弁護士のワーク・プロダクト」（work product of the lawyer）に該当し、これについては被告に秘匿特権があり、ディスカバリーから保護されると判示した。[20]

合衆国最高裁は、「歴史的に弁護士は法廷の構成員であり、自分の依頼人の正当な利益を誠実に守りながら、正義を追求するという仕事に忠実に仕える。しかし、さまざまな義務を果たしながら弁護

Advising, 23 Geo. J. Legal Ethics 649 (2010); Sean Grammel, Comment: *Protecting Search Terms as Opinion Work Product: Applying the Work Product Doctrine to Electronic Discovery*, 161 U. Pa. L. Rev. 2063 (2013).

18 *See* Jack H. Friedenthal, Mary Kay Kane & Arthur R. Miller, Civil Procedure, 394–95 (Hornbook Series) (West 2005).

19 Hickman v. Taylor, 329 US 495 (1947).

20 *Id. at* 498–456.

士がある種のプライバシーを保ちながら仕事し、対立する当事者やその代理人による不必要な侵害行為から自由であるということは重要なことである。[21]」、さらに、「（弁護士の集めた情報が）たんに相手方弁護士の要求だけで開示されるならば、現在おこなわれているような書面に書くようなことはされなくなるであろう。」とし、そうすると「依頼人の利益だけではなく、正義の実現もうまくいかないないだろう」と述べた。[22]

こうして、訴訟に備えておこなわれる弁護士の仕事内容に関する情報は、ワーク・プロダクトとして保護されるとされた。それは「弁護士・依頼人間秘匿特権よりも広範囲で、依頼人への開示の有無にかかわらず弁護士によって準備された情報を守り、弁護士の代理人によって準備される情報をも保護する」ものと理解された。[23]

ただし、このワーク・プロダクト法理も絶対的に非開示というわけではないという点では、弁護士・依頼人間特権と同じである。当事者がみずからの主張を準備するために実質的必要性が存在し、しかも他の手段では同等の情報を得るために相当な困難を伴うことが予期されるある種のワーク・プロダクトについては開示対象となることがある。[24]

もっとも、この場合の開示対象は、「事実関連」および「非見解書（または非意見書）」（non-opinion）のワーク・プロダクトに限定される。[25] ワーク・プロダクトが開示対象となるもうひとつのケースは、当事者がワーク・プロダクトを放棄した場合である。ただし、この放棄は、弁護士・依頼人間秘匿特権ほど広範なものではない。[26] したがって弁護士・依頼人間秘匿特権とワーク・プロダクト法理は、関連性はあるものの、あくまで二つの異なる概念であり、一方が放棄されたからといって、他方も必然的に放棄の対象になるというものではない。

21　*Id. at* 510.
22　*Id* at 511.
23　*Id* at 512.
24　*See* David R. Wolfe, Comment: *The Future of Selective Waiver of Attorney-Client Privilege and Work-Product Protection After Qwest* [*In re Qwest Commc'ns Int'l Inc. Sec. Litig., 450 F. 3d 1179* (*10th Cir. 2006*)], 46 Washburn L. J. 479 (2007); Melissa L. Nunez, Note: *The Attorney, Client and ... The Government?: A New Dimension to the Attorney-*

(3) 「保護命令」（Protective Order）

保護命令は、ディスカバリーの目的が、「訴訟当事者あるいは人物を困惑させ、当惑させ、圧迫または不当な負担を負わせたり、不当な出費から保護するため」（連邦民事訴訟規則の規則二六(c)）の要求（request）である場合には、相手方からの開示要求を阻止するための「保護命令」を裁判所に求め、そのような要求から依頼人を守る連邦民事訴訟法上の手続きである。[27] この場合、保護命令の申立人は、「もし保護命令が与えられなければ特定の偏見と危害が生ずる」という具体的事実が「存在する」という「正当理由」（good cause）を立証しなくてはならない[28]。

連邦民事訴訟規則二六(c)は、この「正当理由」について次のように定める。

「(c)保護命令

(1) 総論：ディスカバリーを求められた当事者、あるいは他の者は、訴訟が係属している裁判所か、あるいは代案としての証言録取に関連する事柄については証言録取が実施される予定の地区の裁判所において保護命令を求める申立てをすることができる。この申立ては、裁判所の介入なしに紛争を解決する努力をおこなうことについて他方の関係当事者と善意でその点について協議したか、しようとしたことについての証明を含むものでなければならない。裁判所は、正当事由（good cause）がある場合には、迷惑、困惑、圧迫あるいは不当な負担または出費から訴訟当事者または人物を保護するために、以下のひとつまたはそれ以上を含む保護命令をなすことができる。

(A) 開示またはディスカバリーを禁止すること、

Client Privilege and Work Product Protection in the Post-Enron Era, 2 NOTRE DAME L. REV. 1311 (2007); Fred C. Zacharias, *Who Owns Work Product?* [2006] U. ILL. L. REV. 127 (2006).

25 この場合の開示対象は、「事実関連」および「非見解書（または非意見書）」（non-opinion）のワーク・プロダクトに限定される。

26 竹部晴美「故意侵害訴訟に対して外部弁護士の意見書を抗弁とすることは企業内弁護士のワーク・プロダクトや弁護士－依頼人特権の放棄となるか：*In re* Seagate Technology, 497 F. 3d 1360, 2007 U. S.App. LEXIS 19768 (2007)」法と政治59巻２号（2008年）13頁参照。ワ

(B)　開示またはディスカバリーの時期または場所を含む条件の特定をすること、
(C)　ディスカバリーを求めている当事者によって選ばれた方法とは異なるディスカバリーの方法を指図すること、
(D)　ある特定の事項についての質問を禁止すること、もしくは開示またはディスカバリーの範囲を制限すること、
(E)　ディスカバリーの実施の間に裁判所が任命した人物の立会いをおこなわせること、
(F)　証言録取書を封印し、裁判所の命令によってのみ開示させること、
(G)　企業秘密、またはその他の機密性のある研究、開発もしくは商事情報は、開示されないか、特定された方法によってのみ開示することを命じること、そして、
(H)　当事者が、特定の文書または情報を封印した封筒に入れて提出し、裁判所の指示によって開封することを命じること。」

4　ディスカバリーの問題点とその克服

(1)　裁判官の関与

ディスカバリーが当事者間の自主的な開示に委ねられているといっても、すべてが裁判所の関与なしに当事者間でおこなわれるわけではない。ディスカバリーの手続きが濫用されたり、自主的開示が阻害されることのないように、裁判官を交えたデスカバリー・コンファレンスが裁判官室でおこなわれたり、当事者の間で電話会議方式で開かれる。裁判官の的確な監督と事件管理をはかり、当事者の

ーク・プロダクト特権の放棄について, *see In re* EchoStar Comm. Corp., 448 F. 3d 1294 (2006) (Fed. Cir. May 1, 2006).

27　詳しくは、竹部前掲注１、法と政治59巻４号（2009年）119-214頁参照。

28　ディスカバリー手続きにおける提出物の使用制限については、*see* Seattle Times Co. v. Rhinehart, 467 U. S.20 (1984).

自主的交渉に委ねられている現行のディスカバリー過程に、効率的で的確なディスカバリー手続きを進める方針がとられているからである。たとえば、訴訟事実に「関連」すれば何でもディスカバリーの対象となるが、それが連邦民事訴訟規則のいう「合理的な」ものかどうかについて裁判官が積極的に関与して決定することが必要になっている。また、訴訟準備における当事者間の公正さ（fairness）を保障するため、当事者やその代理人による悪意または重過失のディスカバリー妨害（故意の濫用や時間稼ぎ）に対しては、連邦民事訴訟規則上の制裁だけでなく、法廷侮辱罪（contempt of court）による罰金や拘留が科されることもある。[29]

(2) Eディスカバリー（電子的情報のディスカバリー）の問題

情報が書かれた文書を中心とした書面ではなく、電子情報として作成され、交信され、分類され、保管される現在のような高度技術社会におけるディスカバリーの問題は、その対象範囲、規模、費用、提出の方法などにおいて、新しくまた複雑な問題を提起している。これらの電子化されたデータは証拠がその対象となったことから、連邦民事訴訟規則は、Eディスカバリーに対応する改正を一九九六年に始め、その改正案が二〇〇六年一二月一日から施行された。[30] 改正されたのは、規則一六(b)、二六(a)、二六(b)(2)、二六(b)(5)、二六(f)、三三、三四(a)、三四(b)、三七(f)、および四五である。

まず、規則一六(b)と規則二六条(f)では、とくに電子的に保存された情報（電子保存情報、electrically stored information, 以下、ESI）に関して、できるだけ早期に当事者が協議（confer）すべきであるとしている。とくに二六条(f)は、当事者のディスカバリープランが「ESIが提出される形式を含むESIの開示またはディスカバリーに関する争点」に対処しなければならないと定めて

29 根拠規定と制裁につき, *see* Lawrence B. Solum and Stephen J. Marzen,, *Truth and Uncertainty: Legal Control of the Destruction of Evidence*, 36 Emory Law Journal 1086 (1987).
30 *See* Henry S. Noyes, *Good Cause is Bad Medicine for the New E-Discovery Rules*, 21 Harv. J. Law & Tec. 49 (2007) ; Scott Dodson, *New Pleading, New Discovery*, 109 Mich. L. Rev. 53 (2010).

いる。さらに規則一六(b)は、ＥＳＩディスカバリーの日程に関する裁判所の命令について述べ、ＥＳＩ開示後の弁護士・依頼人秘匿特権またはワーク・プロダクトの主張に関する細かい取り決めをしておくよう求めている。大変重要なのは、規則二六(a)(1)(A)(ii)であり、ＥＳＩを任意の開示要件に加えるために訂正されている。これによりディスカバリーの要請なしに当事者は「ＥＳＩがたんに弾劾目的で使用される場合を除き、請求または防御のために使用できるようにするため、保持するＥＳＩのカテゴリーおよび所在地の（インデックス）のコピーを与えなくてはならない」とした[31]。

規則二六条(b)(2)(B)では、「合理的なアクセス可能性」（reasonable accessibility）の原則が導入された。つまり、「当事者が過度の負担または費用のため合理的なアクセスが可能でないと確認した情報源からのＥＳＩについてディスカバリーをおこなう必要はない」というものである[32]。この場合、提出命令または保護命令どちらかの申立てに基づいて、ディスカバリーを拒否している当事者は、情報が合理的にアクセス可能でないことを示す立証責任がある。仮に合理的アクセスの不可能性が示された場合であっても、要求当事者は、「正当事由」を提示できる場合、裁判所はディスカバリーをなお命じることができる。この正当事由に関しては、以下の要因が関連するとしている。①ディスカバリー要請の特定性、②他から入手可能、ないしはより容易にソース（情報源）にアクセスして得られる情報のボリューム、③存在していたと思われるが、もはやより容易にアクセスされたソースからは利用できない関連情報、④他のより容易にアクセスされたソースから得られることができないもので、関連性を有し、対応できる情報を見つける可能性、⑤それ以上の情報の重要性および有用性に関する見通し、⑥訴訟で問題となっている争点の重要性、および⑦当事者の資力、である[33]。

ところで、改正された規則二六(b)(5)(B)は、いわゆる回収規定（取り戻し規定、Clawback

31　FED. R. CIV. P. 26(a)(1)(A)(ii). 最初の開示は、規則26(f)による当事者間の協議の後、14日以内になされねばならない。ただし、裁判所によって別な日程が設定されていた時はこの限りではない。*See also* FED. R. Civ. P. 26(a)(1)(C).

32　FED. R. CIV. P. 26(b)(2)(B). この規定によれば、実質的な負担と費用を伴った時だけはESIのソースにアクセスすることが可能であることを認めている。

33　FED. R. CIV. P.. 26 Committee's notes on Rules 2006 Amend.

Provision）を定める。つまり、秘匿特権のあるＥＳＩが裁判所による開示の命令に応答して不注意に開示されてしまった場合、この規則二六(b)(5)の回収規定を利用することができる。[34] これによりディスカバリーで相手側に与えられてしまった情報について秘匿特権またはワーク・プロダクト保護に基づく回収請求をする場合、この特権を主張している当事者は、情報を受け取った当事者に対してその請求と根拠を通知することができる。

　通知された相手方当事者は、当該通知の受領後「速やかに、指定された情報および有するすべてのコピーの返却、隔離あるいは破棄をしなければならない[35]」。さらに、情報を受けた当事者は、請求が解決されるまで当該情報を使用したり、または開示してはならない。当事者が秘匿特権等の通知を受け取る前にそれを開示してしまった場合、当該情報の取り戻しのために適正措置を採らなければならない。」。もっとも、当事者間で開示後の情報の取り扱いについて事前に合意のある場合は、規則二六(b)(5)とは異なる手続きでも当該合意が優先することになる。[36]

　改正された規則三三(d)は、インテロガトリーズ（質問事項）に答えてＥＳＩを含む業務記録を提出する選択権をはっきりさせている。実際には、応答する当事者が、「当該電子情報システムへの直接のアクセスを提供」しなければならないが、「それが要求当事者にインテロガトリーズ（質問事項）に対する答えを確認する十分な機会を与えるのに必要な場合だけ」（に限定され）るとの条件が付されている。[37]

　規則三四(a)は、ＥＳＩが開示の対象となることをとくに定める。しかしこの修正規則は、ＥＳＩについて正確な定義を与えるものではない。新しい規則三四(a)のもとでは、応答する当事者が「合理的な量の技術支援、アプリケーション・ソフトウェアに関する情報、または要求当事者が情報を使用す

34　*See*　Fed. R. Civ. P. 45(d)(2)(B)もし情報が召喚状に基づいて開示された場合でも秘匿特権の主張に応じなければならないのであって、そのような主張をする当事者は、入手した当事者に対して、主張に関する情報とその根拠を示す必要がある。そのような通知を受けた当事者は、速やかに、それらの情報を返却するか確保するか、あるいは破棄しなくてはならない。

35　Fed. R. Civ. P. 26(b)(5)(B).

36　Fed. R. Civ. P. 26 advisory committee's notes. そのような合意がなされていない場合に、裁判所はいかなる意味でも当事者にそのような合意書を作成することを求めるものではない。

ることが可能になる他の合理的な援助を提供する」ことが要求されている。[38] しかし、いずれの場合でも当事者は「複数の形で同じＥＳＩを開示することを必要としない。」とする。

民事訴訟規則は、かつては「『特別な例外事情がある場合を除いて』、裁判所は電子情報システムの誠実な活動における通常で（routine）善意の運用をおこなったにもかかわらず、結果として喪失したため、ＥＳＩを開示できなかったことに対しては制裁を課すことができない」としていた。しかし、規則三七(e)は、ＥＳＩが開示できなかった時に制裁を科すことができるように修正された。[39]

規則四五は、第三者に対するディスカバリーについて定める。要求する当事者が正当理由を示すことができない限り、合理的なアクセスが可能ではないＥＳＩについては開示される必要はない。第三者に対するＥＳＩの開示は、subpoena（罰則付召喚令状）に基づく開示請求に従うことになる。召喚状が開示の方法について特定しない場合、ＥＳＩが通常維持されるか、または合理的に使用可能であるように開示することが求められる。

(3)　訴訟ホールドと文書管理ポリシー

文書の保全義務が発生する場合（これを litigation hold、「訴訟ホールド」という）とは、訴訟が合理的に予測されるときである。何が「訴訟が合理的に予測される」ときかについては、たとえば、①相手方弁護士、もしくは政府機関から特定情報の保全要請の通知が来たとき、②訴状の送達を受けたとき、③同業種の会社が訴えられるか、訴訟を前提とした調査を受けた場合、あるいは、④訴訟になりかねないような問題が自己にあることを知った場合、があげられる。[40] 訴訟ホールドの状況のもとでは、積極的に手元の証拠を保全すべき義務が発生する。

37　Fed. R. Civ. P. 34 advisory committee's notes. とくにこの修正は、一方当事者の電子的情報システムに直接アクセスする権利のあることを意味しない。もっとも、そのようなアクセスが特定の状況下で正当化されることはある。
38　Fed. R. Civ. P. 34 advisory committee's notes.
39　Fed. R. Civ. P. 37(e).
40　訴訟ホールドについて Nathan M. Crystal, *Ethical Responsibility and Legal Liability of Lawyers for Failure to Institute or Monitor Litigation Holds*, 43 Akron L. Rev. 715(2010)参照。

したがって、いつ発生するかもわからない訴訟ホールドに備えて、日ごろから文書の保存・消去について一定の方針（文書保存規定、document management あるいは、record management）を定めて対応することが必要になる。しかし、この文書保存ポリシー（document retention policy、文書管理方針）に従って文書の消去がなされた後に、紛争が生じ、その紛争に関連する文書であったが存在しない、ということが許されるかという問題が生じる。この場合、通常の文書管理のポリシーにしたがって消去されたのであれば、そのデータが存在しないため提出できないとすることは法的に許容されるのが一般的なルールである。したがって、来るべき訴訟に備えて適正な文書破棄のルールを作成しておくことは、証拠隠滅とか証拠破棄という推定がなされないためにも必要なこととなる。[41]

この点について規則三七は、電子システムにおいては、「通常で（routine）善意で（good faith）なされた」業務運用の結果として消失した電子情報については、提出を免れるとしている。[42] これはいわゆる「セーフ・ハーバー」（safe harbor）と呼ばれ、あらかじめ定めておいた一定のルールの下で行動する限り違反にならないとするものである。そのためにあらかじめ定めておくのが文書保存に関するセーフ・ハーバー規定である。しかし、文書保存規定を有していたとしても、文書保存ポリシーに従っていなかったことが明らかになった場合、それを有していないのと同様であるとして、このセーフ・ハーバー規定の適用を否定した事案もある。[43]

(4) 文書隠滅（spoliation）と制裁

訴訟上不利益となる情報をディスカバリーによる開示から免れさせるために、文書の隠ぺいや破棄行為がおこなわれることがある。求められた電子文書が発見できずに提示できない場合、また、隠し

41 具体的文書の標準的な保存規定について下記の ABA のサンプル参照。http://apps.americanbar.org/lpm/lpt/articles/sampledocretentionpolicy.pdf

42 いわゆるセーフハーバー規定については、Scott Dodson, *New Pleading, New Discovery*, 109 MICH. L. REV. 53（2010）; Martin H. Redish and Colleen McNamara, *Back to the Future: Discovery Cost Allocation and Modern Procedural Theory*, 79 GEO. WASH. L. REV. 773（2011）参照。

43 Doe v. Norwalk Community College 2007 WL 2066497, D. Conn. July 16,（2007）では、「通

ている、あるいは破棄したとみなされた場合、裁判官による陪審への説示（不利益推定説示、adverse inference instruction）の他に、罰金や拘留などの厳しい制裁措置が課される。とくにこの制裁については、連邦民事訴訟規則によるものと、裁判所固有の権限（contempt of court, 法廷侮辱）に基づくものとがある。連邦民事訴訟規則に基づくものとしては、証拠開示関連費用の負担について、裁判所は証拠保全を怠った当事者に対する責任を認め、電子データ等の証拠再生や開示に必要となった費用の負担を命じることができる。[44] 不利益推定説示の場合、裁判所は、当事者にそのような「証拠隠し、または証拠の破棄」のあったこと、または「釈明しがたい行為」をおこなったことを陪審に対して説示することがある。この不利益推定説示によって本案事件の決定に不利益な（敗訴を導きかねない）影響が及ぼされる可能性が高くなる。[45]

他方、裁判所固有の権限に基づくものとしては、開示への対応の不適法について法廷侮辱として制裁を科すことができる。この場合、とくに、単純な過失か、意図的な行為、または害意ある行為であったかが考慮され、一定の制裁が科されることになる。裁判所は、制裁として訴訟当事者に対する罰金や拘留のほか、破棄や隠ぺいに手を貸したことが明らかになった場合には訴訟代理人の弁護士にまで制裁を加えることがある。この弁護士に対する制裁としては、拘留、罰金、最悪の場合は、disbar（弁護士資格停止）についての所属弁護士会への処分申し出がおこなわれることがある。[46]

(5)　ディスカバリー開示コスト負担の問題

訴訟当事者に関係書類の提出を可能とさせるディスカバリーは、アメリカの民事訴訟制度の最大の特徴である。しかし、ディスカバリーに関わる種々の費用（cost）は一般的にその提出する当事者が

常の」（routine）、「善意でなされた」（good faith）業務運用の結果であるとされた。Rule 37(f)（Safe Harbor Provision Requires a Routine System in Place and Some Affirmative Action by Party to Prevent System from Destroying or Altering Information）.

44　*See* FED. R. CIV. P. 26. 連邦民事訴訟規則の保護命令のところに費用に関する点が規定された。

45　たとえば前掲、Zubulake 事件参照。

46　文書破棄に対する裁判所の当事者に対する制裁について、参照、竹部晴美「Micron Tech., Inc. v. Rambus Inc., 645 F. 3d 1311 (Fed. Cir. 2011); Hynix Semiconductor Inc. v.

負担するのが規則であるため、訴訟当事者に膨大な時間と経費を負担させることもある。その結果、財源に恵まれない訴訟当事者は、ディスカバリーへの対応と、それに要する経費の重みに耐えかねて和解を受けざるを得ないような状況に追い込まれることもある。[47]

とくにEディスカバリー問題に関しては、その費用負担の問題が生じる。改正前の連邦民事訴訟規則二六では費用の比例ルールを定めていたため、これがEディスカバリーに関して「不適切な負担もしくは不当な費用」を回避するために利用されていた。

この問題に応えたのが、二〇〇三年のズブレイクI事件である。[48]この事件では、電子情報の開示における費用負担の問題について初めてその方向性を明らかにした。裁判所は、これまでのディスカバリー要求に応じる当事者がそのような要求に対応するために生じた費用を負担するものとする法的前提（いわゆるOppenheimer presumptionといわれる）を再検討した。そのうえで、そのような前提があるにもかかわらず、裁判所は、「不当な負担や費用」が生じるような場合には、規則二六の下で、ディスカバリーの費用を請求当事者に支払わせる裁量権を有するとした。この決定は「費用転嫁」（cost shifting）のルールとして知られている。[49]

ディスカバリー対応の費用負担の問題については、なお法改正が求められ、規則二六(b)(1)における均衡と範囲に関する考慮を強化するために規則二六(c)(1)(B)が加えられ、それにより、ディスカバリーから生じる費用の分配について「保護命令」の申立てを認めることができるようになった。この新しい規則は、ディスカバリーによって耐えられない限界まで訴訟費用を釣り上げるためのディスカバリーの濫用からの救済を求める当事者の根拠条文となるとされている。[50]

Rambus Inc., 645 F3d. 1336（Fed. Cir. 2011）「訴訟に関連する社内文書の破棄が特許権侵害訴訟提起前におこなわれた場合に証拠隠滅に該当するか」アメリカ法2012-1（2012年12月）186-191頁、および同「訴訟当事者による証拠破棄に関する裁判所の陪審への説示について」法と政治65巻4号（2015年）345－357頁参照。

47　これに対して、英国では、敗訴当事者が勝訴当事者の弁護士費用を含む訴訟費用を負担する。

48 Zubulake v. UBS Warburg, 217 F. R.D. 309（S. D.N. Y. 2003）.

49　竹部晴美「Eディスカバリーにおける費用分担の問題：Zubulake I、II、III 判決を中心

■ Sidebar ■

日本の民事訴訟における証拠開示制度

アメリカのディスカバリー制度と好対照を見せているのが、日本の民事訴訟における証拠開示制度である。たとえば、訴訟提起前の照会制度（民訴法一三二条の二）や当事者照会（民事訴訟法一六三条）は、アメリカのディスカバリーにおけるインテロガトリーズのような質問による情報収集の方法である。問題は、これに対して回答しなくとも、そのことによる不利益「制裁」は予定されていないことである。また、ディスカバリーにおける「文書および物件提出要求」のように相手方に対する証拠の開示については民事訴訟法上、「文書の特定のための手続」（同二二二条）や「文書提出命令」（同二二三条）と「それに従わない場合等の効果」（同二二四条）などの条文が存在しているが、実際に相手方の手元にある証拠へのアクセスが確保されているというものではない。

日本の民事訴訟法が用意している証拠開示関係の手段は以下のとおりである。

(1)　訴訟提起前の証拠開示手続（民訴法一三二条の二）

まず提訴予告通知は、「訴えを提起しようとする者が被告となるべき者に対し訴えの提起を予告する通知」である。この場合、提起しようとする訴えに係る請求の要旨および紛争の要点（法一三二条の二第三項）を具体的に記載しなければならない（規則五二条の二第二項）。また訴え提起の予定時期も可能なかぎり具体的に記載することが求められている（規則五二条の二第三項）。通知者は、予告通知をした日から四月以内に限り、被通知者に対して、「訴えを提起した場合の主張又は立証を準備するために必要であることが明らかな事項について、相当の期間を定めて、書面で回答するよう、書面で照会をする」ことができる。なお、これにより得られる資料が、当該予告通知に係る訴えが提起された場合の立証に必要であることが明らかな証拠となることや、申立人が自ら収集することが困難であることが本案の積極的要件（一三二条一項柱書き本文）として必要である。しかし、これだけの事前情報を提供し

に」法と政治64巻１号53頁以下（2013年）参照。

50　*See* Steven Baicker-Mckee, *The Award of E-Discovery Costs to The Prevailing Party: An Analog Solution in a Digital World*, 63 Clev. St. L. Rev. 397 (2015); Karel Mazanec, *Capping E-Discovery Costs: A Hybrid Solution to E-Discovery Abuse*, 56 Wm. & Mary L. Rev. 631 (2014); Martin H. Redish and Colleen McNamara, *Back to the Future: Discovery Cost Allocation and Modern Procedural Theory*, 79 Geo. Wash. L. Rev. 773 (2011).

ても、これらに対する回答責任については法的義務とはされていない。

なお、弁護士法二三条の二にもとづく、いわゆる「二三条照会」が訴訟提起前に利用される。しかし、照会の対象は「公務所または公私の団体」であって個人ではない。また拒否されることもある。

(2) 当事者照会制度（民訴法第一六三条）

当事者照会とは、訴訟の提起後に、訴訟の当事者は、訴訟の係属中はいつでも相手方に対し主張または立証を準備するために必要な事項について、裁判所を介さずに直接に書面で質問を発し、これに対し相当の期間を定めて、書面で回答するように照会をすることができるという制度である。この点につき民訴法第一六三条（当事者照会）は、次のように規定している。

「当事者は、訴訟の係属中、相手方に対し、主張または立証を準備するために必要な事項について、相当の期間を定めて、書面で回答するよう、書面で照会をすることができる。ただし、その照会が次の各号のいずれかに該当するときは、この限りでない。①具体的または個別的でない照会、②相手方を侮辱し、または困惑させる照会、③すでにした照会と重複する照会、④意見を求める照会、⑤相手方が回答するために不相当な費用または時間を要する照会、⑥第一九六条または第一九七条の規定により証言を拒絶することができる事項と同様の事項についての照会。」。

当事者照会は訴訟の相手方当事者に対してのみ行うことができ、第三者に対してはおこなうことができない。照会事項が上記民訴法第一六三条①から⑥に該当するときは、相手方は、その照会が上記の照会除外事由に該当することを主張して回答を拒絶することができる。当事者照会は、照会自体もそれに対する回答も、書面（照会書または回答書）を相手方（相手方に訴訟代理人弁護士がいるときは当該代理人）に送付することによって行う。相手方に照会する場合には、相手方の回答準備期間として相当の期間を定めなければならない。相手方に照会する事項は、主張または立証を準備するために必要な事項であれば足り、他の方法で情報を入手できる場合であっても、当事者照会をおこなうことができる。

他方、訴訟の係属中であれば、相手方当事者に対しては、民訴法一四九条一項の「釈明権」の行使を裁判所に促して（求釈明という）、任意に提出するよう求めることがおこなわれる。

(3) 文書提出命令（民訴法第一九九、二二〇、二二一条）

この文書提出命令の規定では、申立人は、文書提出命令を申し立てる際に「文書の表示」（文書のタイトル・作成者・日付等）および、「文書の趣旨」（文書の記載内容の概要）を明らかにすることを原則とする（民訴法第二二一条）。しかし、申立人において文書の表示または文書の趣旨を明らかにすることが著しく困難であるときは、これらの事項に代えて「文書の所持者がその申立てに係る文書を識別することができる事項」を明らかにすれば足りることとなった（同法二二二条一項前段）。

しかし、民訴法第二二〇条（文書提出義務）では、「次に掲げる場合には、文書の所持者は、その提出を拒むことができない。」としながら、その四号で、「前三号で掲げる文書が次に掲げるもののいずれにも該当しないとき。」として、文書提出に応じる必要のない場合が示された。

「イ　文書の所持者または文書の所持者と第一九六条各号に掲げる関係を有する者についての同条に規定する事項が記載されている文書

ロ　公務員の職務上の秘密に関する文書でその提出により公共の利益を害しまたは公務の遂行に著しい支障を生ずるおそれがあるもの

ハ　第一九七条第一項第二号に規定する事実または同項第三号に規定する事項で、黙秘の義務が免除されていないものが記載されている文書

ニ　専ら文書の所持者の利用に供するための文書（国または地方公共団体が所持する文書にあっては公務員が組織的に用いるものを除く。）

ホ　刑事事件に係る訴訟に関する書類若しくは少年の保護事件の記録またはこれらの事件において押収されている文書」

とくに、同条四号ロの「公務員の職務上の秘密に関する文書」と、ニの「専ら文書の所持者の利用に供するための文書」は裁判に関係する情報や証拠の十分な開示を制限する大きな壁となっている。ロやニの範囲に関する判断は、裁判所にゆだねられているが、裁判所の文書提出命令に反する不提出に対して提出拒否者に民訴法二二四条の「真実擬制」以外の実質的な制裁が伴わず、裁判所による積極的な開示指揮を後押しする規定とはなっていない。これらは法律上の制約でもある。[1] さらに加えて近時の特別秘密保護法の制定により、上記ロの「公務員の職務上の秘密に関する文書」の民事裁判における開示はなお一層困難になっている。[2]

一方で、日本の裁判官が訴訟に関連した情報なら何でも知りたがる、という固有の性向があるかないかは別にしても、実務上は、日本の裁判官はまず文書提出命令自体にかなり慎重である。[3] また、当事者が文書提出命令に従わない場合でも事件全体の心証形成に大きなウエイトを持たせていないのではないかという疑問が残る。そのような証拠開示制度に対する司法的自己抑制や限界が、訴訟だけでなく日本の企業や公務所の証拠隠しやデータ破棄を是とする「文化」の一因にもなり、日本におけるそういう情報隠しの風潮を支えていると考えることもできる。[4]

1　もちろん民訴法二二四条四号ロやニの範囲に関しては上級審で争うことは可能である。

2　日本の文書提出あるいは当事者照会において意図的な隠匿に対する効果的な制裁はない。但し、真実擬制があると言われるが、これが制裁になるのかについては疑問である。竹部晴美「当事者が文書提出命令に従わない場合等の効果民事訴訟法二二四条の『真実擬制』について」法と政治六六巻二号二五三頁以下（二〇一五年）参照。

3　実務上では、文書提出命令申立てをした場合、裁判所のほうから嘱託調査でできないかとの打診が来る。対象者が裁判外の第三者であると、その者の意向を聞く「審尋」を本案手続きとは別個に実施しなくてはならず、それが訴訟の遅延の一因にもなるということや、地裁裁判官が多くの事件を抱えているという事情もあるのかもしれない。

4　参照、竹部上掲注22、二七五—二八〇頁。

第8章 刑事裁判手続き――逮捕から公訴の提起まで

1 刑事手続きの流れ

犯罪が発生し、被疑者（suspect）が逮捕され、取調べのあと、起訴手続きを経て、公判がおこなわれ、有罪の場合、量刑がおこなわれる、という刑事手続きの基本的な流れはアメリカも日本も同じである。アメリカも日本も、刑事被疑者や被告人と刑事裁判に関する似たような憲法規定を持ち、刑事手続きも同一のように見える。しかし、アメリカと日本の刑事手続きの実務と運用は驚くほど異なる。むしろアメリカ人は日本の刑事手続きと裁判の実態を知ると驚愕する。[1] なぜそうなるのか、実際にアメリカの刑事手続きの流れを見てみよう。

アメリカの刑事陪審裁判を前提とした裁判手続きは以下のようになる（次頁参照）。

逮捕（arrest）とは、罪を犯したという嫌疑を根拠として、捜査のために被疑者の身柄を強制的に拘束することである。アメリカの刑事手続きでは、令状逮捕（arrest with warrant）と無令状逮捕（arrest without warrant）という区別で議論されるのが一般的である。[2]

逮捕状によらずして逮捕する無令状逮捕の要件は、①逮捕しようとする警察官が、犯罪がおこなわれたことと併せて、その被疑者がその犯罪をおこなった者であることについての「相当理由」

1　*See* Matthew J. Wilson, Japan's *New Criminal Jury Trial System: In Need of More Transparency, More Access, and More Time*, 33 FORDHAM INT'L L. J. 487（2010）。

2　日本では、憲法第33条が「何人も、現行犯として逮捕される場合を除いては、権限を有する司法官憲が発し、且つ理由となっている犯罪を明示する令状によらなければ、逮捕されない。」と定めるが、刑事訴訟法（210条、211条）では、現行犯逮捕（212条以下）

アメリカの刑事陪審裁判を前提とした裁判手続き

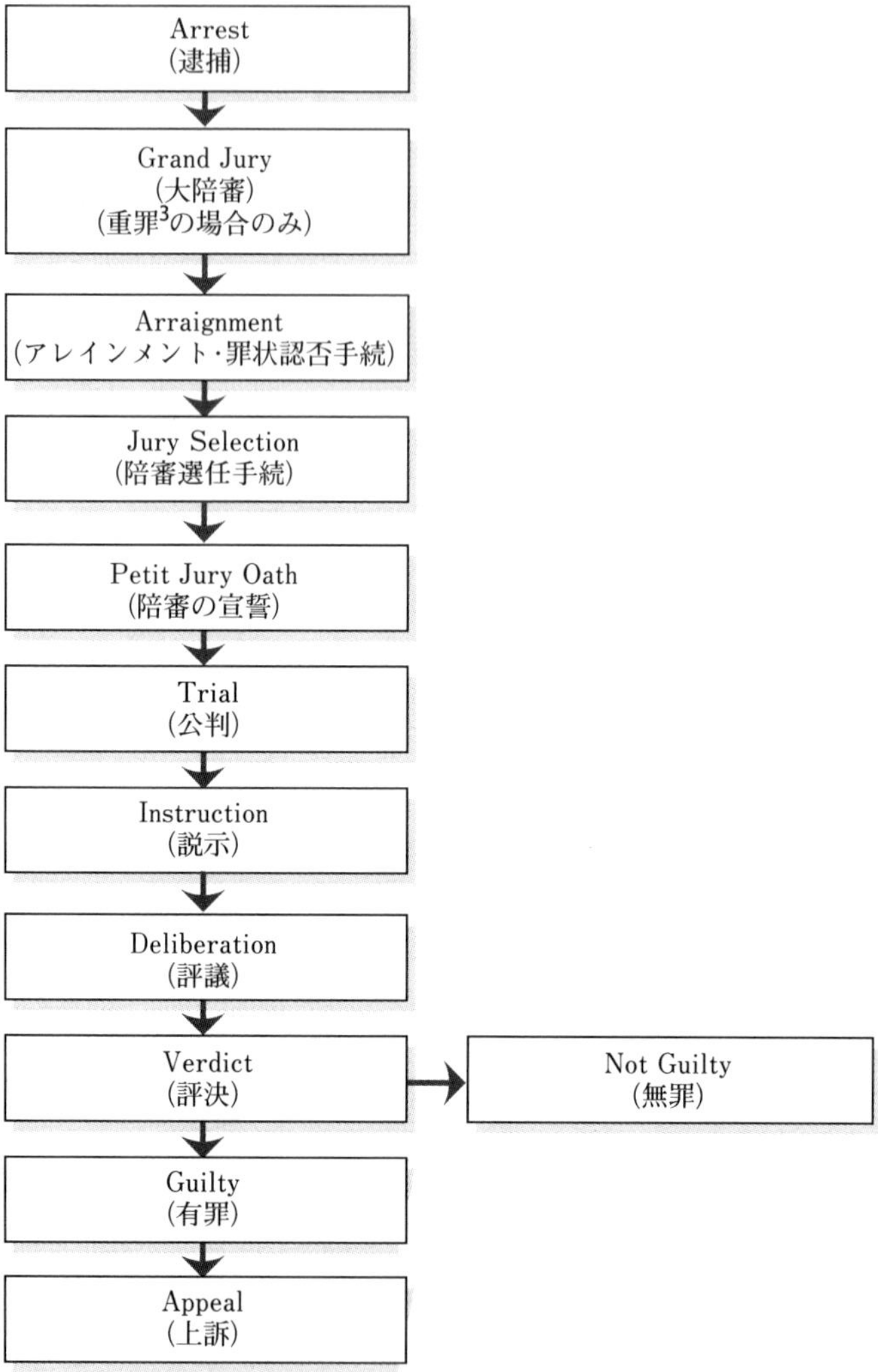

と捜査機関の請求により裁判官が発した逮捕状によって被疑者を逮捕する通常逮捕（刑事訴訟法199条以下、「令状による逮捕」ともいう）の間に位置する「緊急逮捕」を規定している。
3　重罪（felony）とは、死刑または無期、または1年を超える刑期が定められている犯罪のこと。これに対し軽罪（misdemeanor）は、重罪より軽い刑が定められた犯罪。

（probable cause）のあることが疎明できること、②軽罪の場合は、警察官の面前で（これを in-presence-requirement という）犯罪がおこなわれたことである。

他方で、何らかの犯罪に関する告訴・告発がなされた場合は、告訴者や告発者が裁判官にコンプレイント（complaint、告発状）を提出して、令状（warrant of arrest）の発付を受け、これに基づいて被疑者を逮捕することができる。連邦や多くの州では、殺人や強盗事件のような重罪を犯したと信じるに足る「相当理由」がある場合には、事件後一週間が経過していても無令状で逮捕することが法律上認められる。

逮捕された被疑者は、まず警察署へ連行され、住所・氏名の確認（人定手続き）、顔写真の撮影、指紋採取、身体検査などのいわゆるブッキング（booking, 被疑者の逮捕を記録する身柄登録の手続き）をおこなう。この手続きは、被疑者の逮捕を記録に残す、いわば被疑者の身柄の登録の手続きである。ブッキングの後、被疑者は警察署の房（留置所）に一旦留置された後、通常は裁判所内に設置された拘置所に移される。

逮捕後の諸手続きが終了すると、検察は当該事件に関して被疑者を裁判所へ告発・起訴（charge）すべきかどうかの決定をおこなう。警察官が被疑者を起訴（charge）できるとする規定を有する州もあり、この場合には検察官の意見や承認を受けるようになっていることが多い。

2　ミランダ警告（Miranda Warning）

被疑者および被告人の権利保障については、逮捕や取調べの各段階でその都度確認がおこなわれなければならない。これは、一九六六年のミランダ対アリゾナ事件[4]において合衆国最高裁が確立した準則によって義務付けられた告知であり、ミランダ警告と呼ばれる。

ミランダ警告の始まりは、一九六三年三月二日に一八歳のフェニックス市の女性が車で誘拐され、砂漠に連れてゆかれ、強姦されたと警察に届け出た時から始まる。刑事は彼女にポリグラフ（嘘発見機）のテストをしたものの、その検査結果は断定的なものではなかった。ところが警察は彼女を連れ去ったという乗用車のナンバープレートの数字が似ていた乗用車の所有者であるアーネスト・ミランダを見つけ出し、警察署に同行させた。ミランダは以前に「覗き」（peeping tom）の容疑で逮捕されたことがあった。

被害者の女性は面通し（ラインアップ）でミランダを特定できなかったにもかかわらず、ミランダは勾留され、連日取調べを受けた。刑事はミランダから犯罪事実についての自白を得たとし、起訴手続きに入った。他方、ミランダは後に自白を撤回し、また彼は、取調べ中、何も言う必要のなかったこと（黙秘権）については全く知らされていなかったと述べた。ミランダの自白は、弁護人を同席させる権利があることを知らされないまま二時間にわたる取調べによって得られたものであった。またミランダの自白内容は極めて簡単なものであり、しかも被害者が述べた犯罪の内容とは、いくつかの点において異なっていた。しかし、ミランダの公選弁護人は、公判において一人の証人の召喚もしないまま公判を終え、結局、ミランダは有罪判決を下され、長期三〇年の禁固刑が宣告された。[5]

ミランダがアリゾナ州刑務所に収監されている間に、米国自由人権協会（American Civil Liberties Union, ACLU）が、彼の自白は虚偽であり、強要されたものであるとして上訴した。アリゾナ州最高裁は原審の判決を支持したため、ミランダは合衆国最高裁に裁量上訴（certiorari）の申立てをした。

4　Miranda v. Arizona, 384 U. S.436（1966）。
5　*Id.* at 442.

最高裁は判決の中で、被疑者には黙秘権のあること、すべての自白が不利な証拠として用いられる可能性があること、取調べにあたっては弁護人の同席ができること、そして金銭的余裕がない場合でも、弁護人が付与されること、つまり後の「ミランダ警告」として知られる告知を被疑者におこなうことを警察に対し義務付けた。[6]

こうして、このミランダ判決に基づいて、警察は逮捕された被疑者に対して逮捕や尋問の前に以下の点に関する権利告知をおこなわなくてはならず、この告知を欠いた逮捕や取調べは一切違法なものとなることとされた。すなわち、被疑者には、

・黙秘する権利があること。
・供述すれば不利益な証拠となりうること。
・取調べに弁護人の立会いを求める権利があること。
・弁護人を依頼する資力がなければ、公費で弁護人の指名を請求する権利があることが、告げられる。

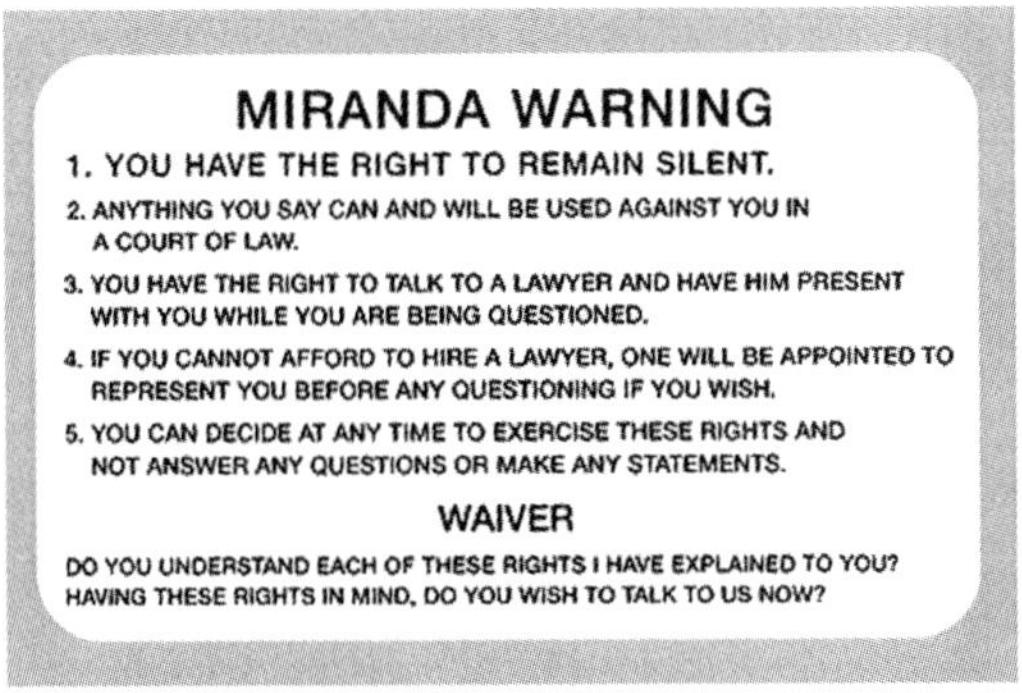
MIRANDA WARNING
1. YOU HAVE THE RIGHT TO REMAIN SILENT.
2. ANYTHING YOU SAY CAN AND WILL BE USED AGAINST YOU IN A COURT OF LAW.
3. YOU HAVE THE RIGHT TO TALK TO A LAWYER AND HAVE HIM PRESENT WITH YOU WHILE YOU ARE BEING QUESTIONED.
4. IF YOU CANNOT AFFORD TO HIRE A LAWYER, ONE WILL BE APPOINTED TO REPRESENT YOU BEFORE ANY QUESTIONING IF YOU WISH.
5. YOU CAN DECIDE AT ANY TIME TO EXERCISE THESE RIGHTS AND NOT ANSWER ANY QUESTIONS OR MAKE ANY STATEMENTS.
WAIVER
DO YOU UNDERSTAND EACH OF THESE RIGHTS I HAVE EXPLAINED TO YOU?
HAVING THESE RIGHTS IN MIND, DO YOU WISH TO TALK TO US NOW?

ミランダカード

ミランダカード（実例）

ミランダ警告は、憲法第六修正の趣旨に基づいて構成されたものである。同条項は、

「すべての刑事上の訴追において、被告人は犯罪のおこなわれた州および地区の公平な陪審によっておこなわれる迅速で公開の裁

6　ミランダ警告について以下参照。George C. Thomas III, *The End of the Road for Miranda v. Arizona: On the History and Future of Rules for Police Interrogation,* 37 AM. CRIM. L. REV. 1（2000）; George C. Thomas III and Richard A. Leo, *The Effects of Miranda v. Arizona: "Embedded" in Our National Culture?* 29 CRIME & JUST. 203（2002）.

判を受け、この地区はあらかじめ法律で定められている、また、事件の性質と原因とについて告知を受ける権利、自己に不利な証人との対質を求める権利、強制的手続きにより自己に有利な証人を得る権利、ならびに自己の防衛のために弁護人の援助を受ける権利を有する。」と定める。

AMENDMENT VI

"In all criminal prosecutions, the accused shall enjoy the right to a speedy and public trial, by an impartial jury of the State and district wherein the crime shall have been committed, which district shall have been previously ascertained by law, and to be informed of the nature and cause of the accusation; to be confronted with the witnesses against him; to have compulsory process for obtaining witnesses in his favor, and to have the Assistance of Counsel for his defense."

ミランダ警告については、その告知方法とその例外則、および放棄の可否が問題となる。ミランダ警告によって、逮捕後に被疑者が弁護人と話したいと申し出た時には、取調べはその段階で中止しなくてはならない。被疑者が弁護人と打ち合わせをした後は、弁護人の立会いなしには被疑者の取調べをおこなうことができない。[7]

ミランダ警告について問題となるのは、警察がこのようなミランダ警告義務を免れる取調べ方法についてである。よく使われる方法は、「二段階取調べ」（two steps interrogation）といわれる手法である。逮捕前に、まず警察官によるミランダ警告なしの質問がおこなわれ、被疑者から犯罪容疑事実についての供述を誘導した段階で、今度はミランダ警告をおこない、再度同じことを聞き出すという

7 Minnick v. Mississippi, 498 U. S. 146 (1990).

方法である。また、被疑者がミランダ警告を受けてもその権利を放棄して自供し始める場合があるため（そのため自白の任意性を立証できるように取調官はその様子を終始ビデオで録画する）、この二段階取調べ方法には問題があり、合衆国最高裁も違法収集証拠であるとしている。[8] 他方で、このような捜査手法は実際に警察学校で教えられており、取調べの現場では相当広がっている、という指摘もある。[9]

任意に供述すれば不利益な証拠となりうるとするミランダ警告上の要件に関して、合衆国最高裁がその要件を除外する判決を出している。この除外例は、「公衆安全除外例」(public safety exception) といわれるもので、最高裁が、一九八四年の New York v. Quarles 事件[10]において、公衆の安全の法益のほうが被疑者のミランダ警告を受ける権利よりも重視される、とした。この事件では、武器を持ったレイプ事件の被疑者がオールナイト営業の食料品店に逃げ込んだという市民からの通報を受けて、警察が被疑者を同所で逮捕した。ところが被疑者の所持品検査をしたところ、問題の武器である銃が見つからなかったため、ミランダ警告をしないまま、銃のありかについて被疑者に質問し、そのうえで銃を発見したというものである。この銃のありかに関する警察官への供述が違法収集証拠ではないかが問題となった。州地裁はその証拠を違法収集証拠であるとして排斥した。しかし、合衆国最高裁は、この身体拘束下での取調べについては、公衆の安全が問題となる状況下で起ったものであるとしてその供述の有効性を認めた。[11]

第二の例外は、「内密の身体拘束取調べ」(covert custodial interrogation) による除外例である。これは、被疑者自身が、自分が喋っていることが捜査官に対する供述であるとは認識しておらず、しかもそれを任意で述べた時には、ミランダ警告の告知の必要性はないとするものである。この除外例

8　Missouri v. Seibert, 542 U. S. 600 (2004).
9　Wiilium Burnham, Introduction to the Law and Legal System of the United States, 5th ed. (West, 2011) 292–93.
10　New York v. Quarles, 467 U. S. 649 (1984).
11　*Id.* at 653.

は、覆面捜査官が拘置所に潜入し、被告人に接近して捜査している犯罪に関する供述を引き出す場合に使われる。最高裁は、この場合にはミランダ警告は不要であるとした。[12] 最高裁は、ミランダ警告の目的は、警察での留置とその下での取調官との相互作用（interplay between police custody and police interrogation）に必然的に存在する強制（coercion）から被疑者を守るためであり、警察官と会話していると被疑者が認知していない場合は、そのような強制の状況下にないのであるから、ミランダ警告を告げる必要はないとした。[13]

3　冒頭出頭（イニシャル・アピアランス、Initial Appearance）

逮捕された被疑者が最初に裁判所に出頭する手続きをイニシャル・アピアランス（冒頭出頭）という。治安判事（magistrate judge）が被疑者に対する逮捕に関して「相当理由」（probable cause）があったかどうかを容疑事実に関して審理し、検討する。

イニシャル・アピアランスの手続きは、連邦においては被疑者の「逮捕後に不必要な遅延なしに」（without unnecessary delay）、聴聞のために裁判所に出頭させることになっている。[14] この「逮捕後遅滞なしに」というのは、実際には逮捕日と同じ日であることが多い。また多くの州では逮捕後二四時間から四八時間以内におこなわれなければならないとされている。この点、合衆国最高裁は「被疑者の逮捕のあと聴聞が四八時間経過後に開かれた場合、被疑者の逮捕が推定上不合理なものであったとみなす。」とまでしている。[15]

イニシャル・アピアランスの手続きでは、被疑者に対して治安判事から以下の点が告知される。

12　Illinois v. Perkins, 496 U. S. 292（1990）.
13　*Id.* at 300.
14　Fed. R. Crim. P. 5(a)(1)(A)(B)。
15　*See* Riverside County v. McLaughlin, 500 U.S. 44（1991）。州によっては、この聴聞手続きは、「最初のアレインメント」、「逮捕状についてのアレインメント」、あるいは「complaint に関するアレインメント」などとさまざまに呼ばれている。

・被疑者に対する被疑事実の内容の通知。
・黙秘権や取調べに弁護人の立会いを求める権利などの被疑者に関連した憲法上保障された権利の説明。
・予備審問手続き（preliminary hearing）のスケジュールの設定。
・被疑者が困窮している場合の公選弁護人の選任。
・被疑者が逮捕令状なしで逮捕された場合には「相当理由」に関する聴聞。
・被疑者の自己誓約（own recognizance）による勾留からの解放決定あるいは保釈決定、または勾留の決定、である。

ガーシュタイン・ヒアリング（Gerstein hearing）

このイニシャル・アピアランスにおける逮捕等の「相当理由に関する聴聞」手続きは、この手続きの実施を命じた合衆国最高裁の Gerstein v. Pugh 事件の判決[16]からガーシュタイン・ヒアリングともいわれ、逮捕の適法性について審理を受ける権利を保障するものである。

この事件の Gerstein はフロリダ州の検察官であり、Pugh は被告人である。フロリダ州ディド郡の検察官が、Pugh らを複数の法違反行為について逮捕した。フロリダ州では検察官の決定のみに基づいて被疑者にイニシャル・アピアランス聴聞の機会を与えることなく長期間拘束することができた。Pugh はそのため身体解放の機会が与えられなかった。フロリダ州ではほとんどの犯罪について検察官の information（検察官告訴）によって逮捕や勾留が認められ、裁判所の関与する正式起訴状（indictment）は、犯罪が死刑に該当する罪だけに必要とされていた。しかも同州ではこの

16　Gerstein v. Pugh, 420 U. S. 103 (1975).

informationによって訴追された者に対するイニシャル・アピアランスは禁止されていた。逮捕および勾留の「相当理由」の有無についての審査を裁判所に求める唯一の方法は、逮捕三〇日後におこなわれる予備審問（プレリミナリー・ヒアリング、preliminary hearing）の時、あるいは、逮捕後の約一カ月後におこなわれるアレインメント手続きの後だけであった。これらの手続きを根拠として、検察官は、informationに基づいて身体拘束を受けた者に対して希望するだけ長期間、彼らを身体拘束することができた。

本件訴訟は、被疑者らがフロリダ州法によって彼らの合衆国憲法上の相当理由に関する聴聞を受ける権利、および宣言的判決と差止め的救済を求める権利を侵害されたとして、連邦地裁に同州ディド郡の検察当局を相手取ってフロリダ州法によって逮捕された被疑者らによるクラス・アクションとして提起されたものである。連邦地裁は、「合衆国憲法第四修正および同第一四修正によってinformationに基づく被逮捕者全員には、相当な理由に関する裁判所による聴問機会が与えられるべきだ」とし、州当局に対しては、被疑者の身体拘束が必要かどうかについての相当理由に関する聴問機会がすぐにおこなわれるべきだとした。[17]

同時に連邦地裁はこの点に関する新しい規則の制定をフロリダ州に求めた。それを受けて州当局によって提案された新しい規則は、「あらゆる被逮捕者を二四時間以内に裁判所の前に出廷させなければならない」としていた。しかしイニシャル・アピアランス要請は、またもや重罪事件に限定され、informationによって身体拘束を受けた被疑者は、依然として逮捕の相当な理由についての裁判所の決定のないまま正式事実審理まで勾留することができた。連邦地裁はこのような手続きの継続はなお憲法に反すると宣言した。[18]

17　*Id.* at 108　*See* Pugh v. Rainwater, 332 F. Supp. 1107, 1115-16 (S.D. Fla. (971).
18　*Id.* at 110.

この点に関しディド郡の検察責任者の Gerstein は、「検察官の information の手続きをとるという決定は、検察みずからが正式事実審理まで被疑者を勾留するのに十分な根拠を有するという相当理由に基づく決定である」と反論した。つまり、被疑者を勾留すべきかどうかの決定権は、裁判所にではなく最終的に検察にあるというのである。しかし、これに対して上告を受けた合衆国最高裁は、「検察官自らの相当理由の評価が正式事実審理まで被疑者の自由制限を正当化するのには十分ではなく、被疑者は、起訴決定に関する裁判所の監視や検討を受ける権利がある。」と述べた[19]。

このようにして、本判決では、「適時の相当理由についての裁判所の決定は、身体勾留の必要条件である」との原則を打ち立てた[20]。

このイニシャル・アピアランスでは公選弁護人（court appointed lawyer）の選任もおこなわれる。またこの冒頭手続きの段階において身体拘束からの解放申請がなされ、多くの被疑者は保釈される。

■ Sidebar ■

人質司法（Hostage Justice）(1)

日本の場合、被疑者が逮捕されると、警察署の施設である警察署の「留置場」（通称「ブタ箱」）に入れられる。警察は逮捕から四八時間以内に被疑者を検察官へ送致（身柄とともにあるいは身柄なしに送致）しなければならない。それを受けた検察官は、被疑者の逮捕日の翌日、または翌々日に被疑者の取調べをおこない、裁判所に勾留令状の請求をするのが通例である。勾留請求は、検察が被疑者を受け取った時から二四時間以内で、かつ最初に被疑者が身体を拘束された時から七二時間以内に簡易裁判所に

19　*Id.* at 118-119.
20　*Id.* at 126.

請求する。この勾留請求は、日本の実務では、通常、ほとんど認められる。勾留八、九日目になると、さらに十日間の勾留延長が請求され、認められる。その間、警察は、長時間にわたって被疑者の取調べを行う。取調べでは犯行事実に対する被疑者の「自白」の獲得に主眼が置かれ、捜査当局は手を尽くして被疑者の自白の獲得に躍起となる。

弁護人に関しては、私選の場合も、国選の場合も、被疑者の逮捕の通知を受けてから警察署に出向いて被疑者と初回の接見をおこなう。初回接見までに時間が経過したり、遅れたりすると、弁護士が被疑者の権利等についてアドバイスする前に、もうすでに自白調書が何通か取られていたり、検察官の取調べに連れて行かれ、勾留請求と勾留決定がなされていることもある。そもそもアメリカと違って日本では、逮捕そのものの適法性を争う手続き自体を制度上欠いており、また事前に検察の犯罪立証予定証拠の相当性を争う予審的手続きも日本には制度上ない。

4　予備審問（プレリミナリー・ヒアリング、Preliminary Hearing）

大部分の裁判管轄地ではイニシャル・アピアランスのあとに予備審問（プレリミナリー・ヒアリング）が治安判事のもとでおこなわれる。[21]

プレリミナリー・ヒアリングの目的は、被疑者の身体拘束（勾留）の継続の可否に関する審問と、訴追側に事件を立件できる相当な証拠があるかどうかについて決定することにある。予備審問の内容

21　Fed. R. Crim. P. 5(c).

は、連邦および各州の裁判所において同一ではないが、手続きとしてはもっぱら身体拘束の正当性について確認する場合と、被疑者に対する起訴手続きを含め刑事裁判手続きを続行することの正当性を確認する場合とがある。

この予備審問によって、公訴棄却、公訴取下、より軽罪な事件への訴因変更などの手続きがおこなわれる。とくに立件のための根拠が弱い事件については早期に事案としての除去を確保することができる。そうすることによって不必要な取調べや嫌疑なき訴追から被疑者を守ることが期待されるからである。ただし、大陪審があらかじめ起訴を決定していた場合は、「予備審問」は必要とされない。「予備審問」ではプレリミナリー・ヒアリングとは異なり、その性質上、当事者が出廷した対審的構造において実施されることが重要である。つまり弁護人と被疑者が出廷し、検察官が召喚した証人に対して反対尋問することができる。またサピーナ（subpoena, 召喚令状）によって被疑者みずからが必要とする証人の召喚申請をすることができる。多くの裁判管轄地では、「予備審問」手続きにおける検察の証明責任の程度は低く、たとえば伝聞証拠で得られた証拠であってもその提示は予備審問では一応許可されている[22]。

このようにアメリカでは、起訴の前段階の多くの場面で裁判所が関与し、被疑者の逮捕と公判請求の根拠についてチェックをおこなう。

22　FED. R. CRIM. P. 5. 1(a).

■ Sidebar ■

人質司法（Hostage Justice）(2)

日本の刑事手続きでは、逮捕後の二、三日後に検察官が勾留令状の交付を裁判所に求める。裁判所はこの請求をほとんどを認めるので、日本の被疑者の勾留率は大変高い（九〇％以上）。その結果、大部分の被疑者は、逮捕後、最大二三日間は警察の留置場に留置され、自宅への帰宅が許されない。逮捕後には家族等との接見禁止が比較的簡単に認められる。このような被疑者の身体拘束があって取調べが行われ、日本では起訴された事件の九九・九％が有罪とされる。同じような憲法規定を持ちながら日本では、アメリカでは存在しないこのような実務がなぜまかり通るのか。日本では憲法の条文には規定していない例外規定や除外則が、刑事訴訟法で定められ、それが刑事実務の現実となり、さらにそのような実務が最高裁の判例によって追認されていくことによって、憲法理念よりも捜査や刑事裁判の実情に配慮した「実務的」運用がなされているからであると考えられる。これとは反対に、憲法に定める刑事手続き規定の理念を実務に実質的に反映される意義を問い続けるのがアメリカである。

5　被疑者の取調べ（Interrogation）

アメリカの刑事手続きでは被疑者の取調べ（interrogation）を直接おこなうのは、通常、刑事などの捜査官であり、検察官ではない。検察官は、被疑者の直接的な取調べを原則としておこなわず、法律問題等に関して捜査官に対する補充捜査の指揮やアドバイス、後述する司法取引に向けた弁護人との交渉、大陪審における起訴のための立証活動や略式起訴状の提出による起訴手続きなどをおこなう。

捜査官は、被疑者を身体拘束したままで取調べをおこなう場合、被疑者に対してミランダ警告による被疑者の諸権利を告知し、被疑者がその権利を放棄しない限りは、弁護人の立会いなしに取調べをおこなうことはできない。被疑者が権利を放棄して取調べに応じても、基本的にイニシャル・アピアランスまでには被疑者に（公選）弁護人が選任され、黙秘権行使等についてのアドバイスがおこなわれる。したがって警察が弁護人抜きで被疑者の取調べができるのは、通常、逮捕してからイニシャル・アピアランスまでの間に限られる。つまり、警察による被疑者の取調べは、たとえば逮捕後の二四時間以内（州によっては最長七二時間以内）という短い時間でおこなわれる[23]。

さらに、被疑者にはミランダの権利が保障されているため、被疑者がこの権利に従って黙秘権を行使したり、弁護人の立会いを要求したりすれば、被疑者に対する取調べはただちに中止しなくてはならない。そのような状況下で得られた証拠は違法収集証拠となるからである。

アメリカの刑事手続きでは、捜査官が被疑者の供述概要を記載した報告書の作成、あるいは、大陪審での尋問調書のような捜査官による尋問（question）と被疑者の返答（answer）を順次記録したQ&Aという取調べ調書が作られるのであって、日本のように、物語風の自白調書が作成されるわけではない。そのため、正式事実審理（trial）（以下、「公判」とする）では、取調官の作成した取調べ調書を単独の証拠として提出するのではなく、当該捜査官が証人として出廷し、被告人の供述内容について証言する。というのも、証言であれば反駁可能（反対尋問が可能）であり、伝聞証拠として扱われず、証言には証拠能力が認められるからである。したがって、公判において、捜査段階における供述内容の立証が必要となった場合、検察官は捜査官の証言によって被告人の取調べ段階の供述内容を

23　FED. R. CRIM. P. 5(c).

立証するのが一般的となる。

取調べ時間が限定されていることもあって、取調べの主眼は、捜査当局が有している有罪証拠の強さを示すことなどにより、被疑者に対し捜査や公判に協力させることに力点が置かれる。そのため、自白調書を中心とした供述調書を証拠資料として作成することは第一義的ではない。この点は日本の取調べ実務とはずいぶん異なる。

アメリカの刑事裁判では、事件の有罪か無罪かを争う事実認定手続きと、有罪評決または有罪判決の場合の量刑手続き、の二段階手続きに構造的に分離している。公判手続きでは、もっぱら有罪立証のための犯罪行為の立証に主眼がおかれる。したがって捜査段階では、被疑者の生育歴、家族状況、生活環境などの情状に関する証拠の収集は、基本的には取調べの目的とはならない。情状証拠については、たとえば連邦裁判所では、量刑聴聞手続き（sentencing hearing）の際に、保護観察官の判決前調査報告書に記載された事実や証言に基づき裁判官によって判断される。

取調べで重要な役割を果たすのは、目撃証人による犯行者の特定である。この手続きは、「ラインナップ」（line up）（日本の「面通し」）と呼ばれ、被疑者の体格や風貌に類似した者四、五人と被疑者を混ぜて整列させて目撃者にマジックミラー（one way mirror）越しに目撃した犯行者の特定と確認をさせることがおこなわれる。より簡易には、被疑者と類似した複数の顔写真を机の上にトランプ札のように並べてそこから容疑者を選択させるという方法もある。この目撃者のラインナップの手続きには弁護人も参加することができる[24]。これは有罪の決め手として伝統的に捜査当局によりかなり重視されている捜査段階の手続きである。しかしこのラインナップによる目撃証人による誤認や、人違いが、結果的に重大な誤判や冤罪の重大な原因ともなっていることにも注意したい[25]。

24　ラインナップ（line up）について *see* Richard A. Wise, Kirsten A. Dauphinais & Martin A. Safer, Criminal Law: *A Tripartite Solution to Eyewitness Error*, 97 J. Crim. L. & Criminology 807 (2007), and D. Michael Risinger and Lesley C. Risinger, *Exonerating the Innocent: Pretrial Innocence Procedures: Innocence is Different: Taking Innocence into Account in Reforming Criminal Procedure*, 56 N. Y.L. Sch. L. Rev. 869 (2011).

6　大陪審（Grand Jury）と起訴手続き

大陪審（grand jury）とは、重罪事件に関して起訴を相当とするに足るだけの証拠があるかどうかを審査する、市民から構成された陪審のことである。陪審には大陪審と小陪審があるが、大陪審は、起訴決定機関としての役割をもつため、「起訴陪審」ともいわれる。合衆国憲法第五修正は、「何人も、大陪審による告発または正式起訴によるのでなければ、死刑を科しうる罪その他破廉恥罪につき公訴を提起されることはない」（"No person shall be held to answer for a capital, or otherwise infamous crime, unless on a presentment or indictment of a Grand Jury."）と大陪審による起訴を保障している。

公訴提起に当たり、連邦および多くの州では、重罪事件について大陪審の正式起訴が必要とされている。なお、憲法第五修正にいう「その他破廉恥罪」とは一年以上の有期刑に該当する犯罪とされており、大陪審による起訴の対象となる。起訴陪審は、一六名から二三名の市民で構成されている。多くの州が用いている二三名の大陪審では、そのうち過半数（たとえば一二人）以上の投票（挙手）で同意すれば起訴決定することができるとされている[26]。

大陪審の任期は、連邦裁判所では六カ月間で、毎週特定の曜日に呼び出される。州裁判所では、この負担は比較的軽くなっており、たとえばマサチューセッツ州では三カ月間であり、その間、毎週特定曜日の一日任務に就く。

大陪審では、裁判所の発行する召喚令状により、被召喚者に対し、出頭、証言、または書類その他の証拠物の提出を求めることができる。被召喚者は、召喚令状に従う義務があり、正当な理由なく出

25　ラインナップによる目撃証人による誤認が誤判の１つの原因となっていることについて、*see* Armen H. Merjian, *Anatomy of a Wrongful Conviction: State v. Dedge and What it Tells US about Our Flawed Criminal Justice System*, 13 U. PA. J. L. & SOC. CHANGE 137 (2009); Sandra Guerra Thompson, *Beyond a Reasonable Doubt? Reconsidering Uncorroborated Eyewitness Identification Testimony*, 41 U. C. DAVIS L. REV. 1487 (2008) and also *see* Gary L. Wells, *Eyewitness Identification: Systemic Reforms*, [2006] WIS. L. REV. 615 (2006).

26　この定数等は州によって異なる。たとえば、インディアナ州においては、大陪審の構成を

頭や証言等を拒んだ場合、法廷侮辱罪（contempt of court）による拘留または科料、あるいは両方による処罰等の制裁を受けることがある。[27]

大陪審の審理においては検察官が検察側証人、つまり被害者、目撃証人、警察官等に質問するだけで、被告側に有利な証言や証人などは示されない。大陪審による審理は非公開であり、被疑者およびその弁護人はこの手続きに立ち会うことができず、被疑者による反証機会もない。検察官は、召喚令状を利用するなどしてさまざまな関係者を召喚し、証拠を大陪審に提出することができる。

大陪審における審理の結果、「事件が被疑者によって起こされたと信じるに足る相当な理由があるときは」（there is probable cause to believe that a crime has been commited by a criminal suspect）「起訴」を決定する。これは、検察による起訴手続きであり、裁判官は審理を主宰しない。起訴と判断された場合には、検察官があらかじめ作成した正式起訴状（indictment、インダイトメントという）に大陪審員長が署名し、これが裁判官に提出される（これが「正式起訴」状となる）。

政治家や検察官、さらには身内の警察官の犯罪容疑のように検察官が捜査には消極的であるような事件については、大陪審に独自に捜査を開始する権限が与えられている。この場合は正式起訴状（bill of indictment）の提出を経ずに告発がおこなわれ、大陪審告発（presentment）という告発の書面が裁判所に提出されることになる。

したがって、公訴の提起には、①検察官・大陪審による正式起訴（indictment）と、②検察官が直接起訴する「検察官告訴・検察官起訴」（information）、さらに③大陪審の職権でおこなう告発（presentment）の三種類があることになる。

大陪審による起訴率は高い。平均八〇―九〇％が起訴率である（したがって検察のゴム印、rubber

６名とし、そのうち５名が同意すれば起訴することができる。*see* IND CODE ANN. V INDIANA CODE ANN. § 35-34-2-2(a).

27 FED. R. CRIM. P. 6(e)(7).

stampともいわれる)。

7　被疑者の保釈（Bailment）手続き

勾留中の被疑者の身体釈放申請については、公判の前のイニシャル・アピアランス段階、および予備審問の段階においてもおこなわれ、また州によっては逮捕後に警察官の裁量でおこなっているところもある。[28] この点は、もっぱら起訴決定後におこなわれる日本の保釈手続きとはずいぶん異なる。英語の"bail"ないし"bailment"は、通常、「保釈」と訳されるが、bailは、もともと「救出する、助け出す」という意味であるから、むしろ日本の保釈と区別する意味で被疑者の「勾留からの身体釈放」といった訳の方が適切である。[29]

一般的には、被疑者の保釈には一定の保釈金を裁判所に納める必要がある。この保釈金による保釈は、裁判所が裁定した現金を収める方法でおこなわれる。最近では、各州裁判所に犯罪類型に応じた保釈金一覧表が用意されており、あらかじめ収める保釈金が明示されている。たいていの被疑者はそれだけの経済力がないので、ボンズマン（bondsman）と呼ばれる民間の保証業者（bond agents）に保釈金の何%かに相当する手数料を支払い、代わって保釈金を納めてもらう。保釈保証書は、被疑者が裁判所に出頭しない場合、裁判所に保証額を支払うという保釈保証会社による約束証書である。保釈保証書は、裁判所から求められた金額の一〇%の支払いで発行される。この保釈金の借金を踏み倒して逃げた被疑者を追いかけて捕まえるのが、バウンティ・ハンター（bounty hunter, 犯人狩り）である。保釈が認められなかった被疑者はそのまま裁判所内の拘置所あるいは州や郡のジェイル（jail）

28　窃盗や交通事故などの軽罪（misdemeanor）の場合に、逮捕した警察官の判断で被疑者の身柄解放（release）をおこなうことをいう。この場合"citation release"（略して"cite out"という。）英国や豪州では通常だがアメリカでもニュー・ジャージー州などで認められている。

29　丹治初彦編『保釈：理論と実務』（2013年、法律文化社）24-26頁参照。

に収容される。

この保釈手続きには、一定の保釈金を裁判所に納める方法以外に、「誓約による身体の解放」(released on recognizance, ROR) に基づく釈放がある。誓約による身体の解放は、軽罪などの場合、裁判所に将来の裁判手続きに出廷し、それまでは違法な活動に従事しないこと等を口頭または書面によっておこなう約束である。[30]その者がしかるべき裁判手続き期日に必ず現れるという約束に基いて勾留からの身体解放が認められる。この約束のことを「個人誓約保証」、「自己誓約のためのOR」または「PR (personal recognizance) 保証」という。この「誓約の上での釈放」は、弁護士や検察官から「ORed」(オー・アード) と呼ばれている。個人誓約保証が認められる条件は、軽微な犯罪によって嫌疑を受けている者、非暴力的な事件の被疑者であること、である。さらに加えて以下のような条件が存在することが必要となる。①被疑者が困窮しているか保釈金の支払い能力のないこと、②定期的な治療が必要であること、③被疑者に前科前歴がないことや、その人物が信用に足ること、④以前に法廷侮辱に問われていないとか、公判期日に出頭していたこと、⑤被疑者に家族がいて、また定職のあること、⑥身体解放がおこなわれても地域社会の平和と安全を損なわない者であること、または、⑦被疑者が長期間拘束されたまま起訴手続きが取られていないこと、である。[31]

したがってこれらの条件のいくつかが被疑者に備わっていれば「誓約の上の釈放」が申請され、認められることが多い。いくつかの裁判管轄区では、軽罪であり、しかも困窮している被疑者であれば個人誓約保証が自動的に与えられることもあるが、一般的には「誓約の上の釈放」の申立ての提出が求められる。この申立ては、自己誓約のうえで釈放の要請する一ページ程度の文書を治安判事に提出しておこなわれる。この文書にに基づいて身体解放に関する聴聞がおこなわれる。たいていの「誓約

30 上掲書、25頁、30-36頁参照。

31 たとえばテキサス州では、被疑者が重罪の薬物使用罪で逮捕されている場合で、検察官が起訴をすることができず、逮捕後90日以上経過した場合について、テキサス法は遅延を理由とする被疑者の自己誓約による保釈を認めている。TEX CODE. CRIM. PROC. 17.151 sec.1(1)(Release because of delay) (1972)

の上の釈放」は、刑事裁判におけるアレイメントの前までに申請され、認められる[32]。

■ Sidebar ■

日本の保釈の高いハードル

日本の保釈の場合はどうか。日本では、起訴決定後であってもなかなか「保釈」が認められない。それは刑事訴訟法八九条が必要的保釈として保釈できない場合を定めているからである。なかでも同条四項の「罪証を隠滅すると疑うに足りる相当理由」や、五項の（事件関係者に）「害を加え」又は「これらの者を畏怖させる行為をすると疑うに足りる相当理由」は、かなり幅広く適用されている（というのもこのような「疑い」は被疑者の誰にも当てはまるからである）。しかも保釈請求書類を提出しても、裁判所はすぐに判断せず、検察官に保釈請求書類を回し、求意見という検察官の言い分を直接聞く手続きが採られる（刑訴法九二条一項）。弁護人の保釈請求に対し検察官の意見が保釈「不相当」ということであれば、裁判所はそれに逆らってまで保釈することはあまりない。そのため起訴事実を否認している者や、黙秘権を行使している者に対する保釈請求の却下率はかなり高い。ここでも保釈を決めるのは裁判所であって検察ではないという原則が逆転してしまっている。また、その結果、容疑を否認している者や黙秘権を行使している者に対して、保釈を取引材料として「自白」が迫られる懸念がないわけではない。

32 *See* Claire Hill and Richard Painter, Symposium: *Government Ethics and Bailouts: The Past, Present, and Future: Compromised Fiduciaries: Conflicts of Interest in Government and Business*, 95 MINN. L. REV. 1637 (2011).

8　アレインメント（Arraignment，罪状認否）

起訴がなされると、被告人はアレインメント手続きに付される。アレインメント手続きは、公開の法廷において、裁判官が被告人に対し、正式起訴状または略式起訴状記載の公訴事実を告げたうえで、これに対する被告人の答弁（plea）を求める手続きであり、通常、起訴から数週間以内におこなわれる。この手続きでは、被告人が起訴状の内容に対して"not guilty"（無罪）、"guilty"（有罪）、あるいは基本的に有罪の答弁であるが、刑事手続きにおいて有罪とされたことを後の同一事件の民事手続きにおいて証拠として採用されることを排除する効果をもつ答弁である不抗争答弁（事件事実についての不抗争の答弁、nolo contendere）のいずれかの答弁をする。

日本の罪状認否手続きは、第一回公判期日でおこなわれるが、アメリカのアレインメントは公判開始前の手続き（プリトライアル手続き）であり、答弁のいかんによって公判が開始されるかどうかが決まる。つまり、被告人が有罪答弁または不抗争答弁をした場合、正式事実審理をおこなうことなく、量刑聴聞手続きに移行することになる。他方、被告人が無罪答弁（plea of not guilty）をした場合には、証拠開示等の手続きを経て、陪審または裁判官による正式事実審理がおこなわれ、その後、有罪の場合には量刑聴聞がおこなわれる。

アレインメントの手続きを経た被告人のうち約九〇％が有罪の答弁をおこない、わずか七―八％が裁判手続きに進むにすぎない（そのうち二―三％は、何らかの方法によって裁判が回避される）。裁判手続きに進む七―八％のうちの一〇％の被告人は、陪審なしの職業裁判官による裁判（ベンチ・トライアル、bench trial）を選ぶ。被告人がベンチ・トライアルを選ぶ理由は、被告人に凶悪な前歴があったり、公判前に偏見に満ちた報道があったり、幼児虐待のような犯罪による起訴の場合が多い。

　有罪答弁をおこなった被告人の場合は、後に量刑聴聞手続きのための審理に出廷することになる。量刑の内容は、有罪答弁を交渉材料として、検察側と被告人・弁護人があらかじめ合意していることが多い。これを司法取引（bargain justice）という。

9　司法取引（Bargain Justice）

　司法取引は、答弁取引（plea bargaining）ともいう。答弁取引は、具体的には、被告人がアレインメントで有罪の答弁（plea of guilty または guilty plea）をすることと引き換えに、①重い犯罪を軽い犯罪に変更する、②数件起訴されているケースで起訴件数を減少させる（刑事免責を含む）、③求刑の段階でより軽い刑（たとえば保護観察）を求刑させる等、の方法でおこなわれる。
　答弁取引により被告人が有罪の答弁をおこなう場合、被告人は公訴事実を認めたことになるため正式事実審理は開始せず、そこから量刑聴聞手続きに入る。答弁取引では、量刑を引き下げるだけでなく、容疑（訴因）そのものを引き下げることがある。たとえば、有罪答弁をすることで、死刑や終身刑を含む第一級謀殺（first degree murder）を、有期刑である第二級謀殺（second degree murder）に引き下げることがある。同じように、殺人については、第二級謀殺を下限刑が非拘禁刑である故殺（manslaughter）の容疑に切り替えて起訴することもある。[33]
　軽罪包括犯罪（lesser included offense）とは、より大きな刑事犯の（重罪）がそれより軽い犯罪

33　謀殺（murder）とは、予謀（malice aforethought）をもっておこなわれた不法な殺人をいう。アメリカの多くの州では、謀殺を2つの等級に分け、予謀（premeditation）等がある場合や、放火（arson）、強姦（rape）、不法目的侵入（burglary）、強盗（robbery）等の一定の重罪を犯す過程でおこなわれた故意の殺人を第一級謀殺とし、その他の謀殺（第二級謀殺）よりも重く処罰している。

も包括していることをいう。つまり、重罪は、それ自体より小さい犯罪を遂行することなしではなしえないことが多い。たとえば、故殺（manslaughter）は謀殺（murder）の軽罪包括犯罪である。傷害（assault）は、強姦（rape）罪の軽罪包括犯罪である、そして、不法侵入（unlawful entry）は、強盗（burglary）の軽罪包括犯罪である。これにより、検察官は、重罪一罪で起訴しても、重罪犯罪と軽罪包括犯罪の双方の訴因で訴追することが可能である。したがって、それぞれの訴因について判決が出されることになる。そのため陪審裁判では、裁判官は、通常、重大犯罪と同様に軽罪包括犯罪に関しても陪審に説示することが求められる。さらに重要なのは、裁判官は、陪審が重罪ではなく、より軽い軽罪包括犯罪について有罪判決を下すことができることを陪審に説示しなくてはならないことである。

正式事実審理が開始される前、あるいは陪審が評決を出す前に、検察官と被告人との間で軽罪包括犯罪だけの有罪答弁を認める合意について協議することはまれではない。軽罪包括犯罪の立証のための証拠は通常は強いため、軽罪包括犯罪での有罪答弁は検察官に受け入れられやすい。一方、被告人のほうも、軽罪包括犯罪で有罪とされるほうがより緩やかな量刑となるので、司法取引の提案に乗りやすいという事情がある。

この軽罪包括犯罪の概念は、コモンローの伝統に基づく。というのも、かつては重罪と軽罪の正式事実審理は異なる裁判手続きによっておこなわれていた。そのため被告人が重罪および軽罪包括犯罪での訴追をうける場合、それぞれ個別の手続きによる審理をした。のちにこれらの手続きは併合され、重罪事件に関する手続きが軽罪包括犯罪の手続きに先行した[34]。

被告人は答弁取引に入れば、正式事実審裁判を受けて有罪となった場合に課せられる（一般的には

34　しかし、現在の合衆国では、重罪事件と軽罪包括犯罪の併合に関する手続きは受け入れられなかった。というのも、被告人が軽罪であれ重罪であれ訴追をうける場合であっても被告人の手続き上の憲法上の権利は基本的に同一である、という理由に基づく。*See* Michael H. Hoffheimer, *The Future of Constitutionally Required Lesser Included Offenses*, 67 U. PITT. L. REV. 585（2006）; John R. Longley III, Arizona Case Note: *State v. Wall: A Defendant's Right To A Lesser-Included-Offense Instruction When Using an All-or-Nothing Defense*, 48 ARIZ. L. REV. 1169（2006）.

重い）量刑よりも軽減された刑ですますか、あるいは刑の免責を受ける機会が与えられるというメリットがある。他方で、訴追側からすれば、公判での有罪立証の手間が省くことができ、直ちに量刑に入ることができるので、迅速な事件処理が可能となる、という相互のメリットがあるといわれる。しかし、問題点がないわけではない[35]。

答弁取引の問題点としては二つのことが指摘されている。一つは、実際は無実であるにもかかわらず、自己に不利益な証拠が圧倒的にあるため、無罪を無理に主張して公判を選択し、結果として有罪で重い量刑を受けるよりは、有罪答弁をして、より軽い量刑で有罪を受けることに妥協することである。第二は、検察官と早々に取引して実行犯であることを自白した者が、軽罪で事件処理されてしまう結果、犯罪の被害者には事件事実が見えてこず、量刑に対する被害者の要望が反映されないことである[36]。

そのような事案としてビンセント・チンのケース（デトロイト反日本車殺人事件[37]、一九八二年）がある。この事件では、日本車の輸入増加に伴いアメリカ自動車産業が衰退するという背景の中で、日本人に間違われた中国系アメリカ人が、デトロイトで二人の白人により野球のバットで強打され、撲殺された。しかし、ミシガン州地方裁判所は、被告人たちの有罪答弁を認め、訴因を第二級故殺に引き下げたうえで、被告人たち（クライスラーをレイ・オフされたばかりの元工員の白人の父とその息子）を保護観察処分、ならびに罰金三〇〇〇ドルとする答弁取引を認めた。

これらの手続きは、被告人、弁護士、検事、裁判官の全員が白人で構成された法廷で進められたため、被害者の中国系アメリカ人を支援する団体が、人種差別事件であると猛烈な抗議運動をおこなった。そこで、連邦司法当局が公民権法の人種憎悪を理由とする暴力行為の容疑で被告人らを連邦地裁

35　*See* Ken Strutin, *Truth, Justice, and the American Style Plea Bargain*, 77 ALB. L. REV. 825 (2013).

36　答弁取引は量刑に対する被害者の要望が反映されないと批判されることがある。*See* Sarah N. Welling, *Victim Participation in Plea Bargains*, 65 WASH. UNIV. L. REV. 301 (1987); Michael M. O'Hear, *Plea Bargaining and Victims: From Consultation to Guidelines*, 91 MARQUETTE L. REV. 323 (2007); Bruce A. Green, *Plea Bargaining After Lafler and Frye: The Right to Plea Bargain With Competent Counsel After Cooper and Frye: Is the Supreme Court

に起訴した。第一審のミシガン連邦地裁では、陪審の有罪評決に基づき、父親に懲役二五年の刑が下された。なお息子は無罪とされた[38]。しかし第二審の控訴裁では、原審の陪審に偏見があったとされ、公正な陪審でなかったという理由により、再審理（new trial）が命令された[39]。被告人から、裁判地の変更（change venue）の申立てが出され、これが受理されて、事件はオハイオ州シンシナティ市の連邦地裁へ移送され、そこで改めて陪審裁判がおこなわれた。この場所はかつて鉄鋼の町として隆盛を極めたが、アジア諸国の鉄鋼業の躍進で、いまはその面影がない町であり、またそのこともあって東洋系アメリカ人へのへの風当たりが強い。そのことも有利に働いたのか、結局、父親は、「無罪」"Not Guilty"となった。

Making the Ordinary Criminal Process "Too Long, Too Expensive, and Unpredictable…in Pursuit of Perfect Justice"?, 51 DUQ. L. REV. 735（2013）.

37　映画『誰がビンセント・チンを殺したか？』（'89米、クリスティン・チョイ監督）は、デトロイトで起こった中国系アメリカ人に対する撲殺事件から、アメリカでのアジア系人種に対する差別を暴いていくドキュメンタリー映画である。関係者へのインタビューで構成されている。*See* Paula C. Johnson, *The Social Construction of Identity in Criminal Cases: Cinema Verite and the Pedagogy of Vincent Chin*, 1 MICH. J. RACE & L. 347（1996）。

38　U. S. v. Ebens, 800 F. 2d 1422（E. D. Mich. 1986）.

39　U. S. v. Ebens, 654 F. Supp. 144（E. D. Mich. 1987）.

第9章　刑事陪審制度

1　なぜ刑事裁判が陪審によっておこなわれるのか

(1)　ピーター・ゼンガー(John Peter Zenger)の刑事陪審裁判

植民地期のアメリカには、英国国王が行政を総括する総督（governor）を派遣した。総督は、植民地における裁判官を任命し、また検察官に刑事訴追を担当させた。つまり、植民地における裁判官（Royal judge）と検察官（Royal prosecutor）は、英国国王の臣下であり、弁護人と被告人は、植民地人であった。

植民地では植民地総督の統治に批判的な者に対しては、容赦のない弾圧が加えられた。一七三四年のピーター・ゼンガー事件は、このような英国国王の支配下という植民地の政治情況下で植民地の出版の自由が弾圧されるという象徴的な出来事であった[1]。

新聞編集発行人のピーター・ゼンガーは、ニューヨーク植民地において週刊新聞の New York Weekly Journal を発刊していたが、本国政府（英国）の統治の在り方に不満を抱く植民地人に後押しされて、ニューヨークのコスビー（William Cosby）総督を批判する記事を同新聞紙上に掲載した。そのため、ゼンガーは、国王の名誉を毀損することを重罪とした文書誹謗罪（Fox Libel Law）の扇動的名誉毀損（seditious libels）に該当するとして逮捕され、投獄された。

1　ピーター・ゼンガーの裁判については、Paul Finkelman, A Brief Narrative of the Case and Tryal of John Peter Zenger: With Related Documents（Bedford/St. Martin's edition, 2010）and Michael E. Tigar, *The Trial of John Peter Zenger, A Play in Five Scenes*, 66 Tex. L. Rev. 715（1988）参照。

ゼンガーに対する刑事陪審の選任手続きでは、陪審候補者リストに、あらかじめコスビー総督の使用人や共鳴者を意図的に紛れ込ませるという姑息なやり方がおこなわれたにもかかわらず、中立的な一二人が選ばれた。この刑事裁判では、当時植民地において名を馳せていたフィラデルフィアの弁護士アンドリュー・ハミルトン（Andrew Hamilton）が法廷で名乗りを上げて、ゼンガーの弁護人として公判を担当した。コスビーが任命した主宰裁判官は、陪審員に対して陪審が判断を求められているのは、ゼンガーが当該記事を執筆し、それを記事にして発行したかどうかの事実認定であって、それが文書誹謗罪の扇動的名誉毀損に該当するかどうかは法の問題であり、陪審の関心事ではない、と何度も説示した。しかし、陪審は、ハミルトン弁護人の説得力ある弁論に影響されて、裁判官による投獄の脅しにもかかわらず、新聞の記述内容の真偽についても判断し、無罪評決を出した。[2]

この無罪評決は、「陪審による法の無視」（jury nullification）[3]の先駆けとなるものであった。しかもゼンガーの陪審裁判により、裁判の事実認定を担い、評決を決める陪審制度の重要性が各植民地に伝えられた。[4]

(2) タウン・ミーティングと陪審制度

タウン・ミーティングは、清教徒が信教の自由を求めて新大陸にやってきたときに、彼らが居住したコミュニティに関する特定の課題、たとえば、子供たちの教育制度、下水道工事や公園（公園のことを「みんなの共通の場所」、commonsという）の改良などについて、住民が直接方策を検討し、決定するために開かれた。タウン・ミーティングは、一般に公開され、参加者の直接投票によって懸案事項が議決された。つまり参加者と公的決定の間には何の仲介者も置かれないため、すべての政策決

2　ピーター・ゼンガーの刑事陪審裁判については、丸田隆『アメリカ陪審制度研究――jury nullificationを中心に』（法律文化社、1988年）42-51頁参照。
3　ジュリー・ナリフィケーション（jury nullification）「陪審による法の無視」について、詳しくは、丸田隆上掲書15頁以下を参照されたい。
4　上掲51頁。

定が住民の総意で直接決められた。ニューイングランド植民地における最初のタウン・ミーティングは、一六二〇年に開始されたといわれている。これは、新大陸アメリカへと向かうメイフラワー号の船上で一六二〇年一一月一一日に調印されたいわゆる「メイフラワー協定」（The Mayflower Compact）が象徴的に示すように、移民者相互間の強い自治と自律の精神に基づくものであった。[5] このタウン・ミーティングは、コネチカット、メイン、バーモント、マサチューセッツ、ロードアイランドなどほとんどの植民地期のニューイングランドでおこなわれ、また当時とは形態は異なるものの、今日でもおこなわれている。[6]

タウン・ミーティングが、アメリカの民主主義にとってどれだけ歴史的な重要性を有したかについては、アメリカの民主主義の特徴を陪審制度に見出したフランスの政治思想家、トクヴィルが次のように特筆していることからもうかがえる。[7]

「タウン・ミーティングは小学校が学問に対峙するように自由に対峙する。そして、タウン・ミーティングは自由を人々の手の届く範囲内に持ってくるのであり、また自由の利用と享受について教える。国は自由な政府を確立できるが、人々は地域自治の制度なしには自由の精神を持つことができない。」（著者訳）

被統治者自身による集団的決定の重要さについての認識は、タウン・ミーティングを中心とする統治制度への自覚的な関心や、個人的参加を基礎とする植民地人の政治思想に支えられていた。この自立的思想は民主主義体制形成への胎動となった。そのため、このような直接的参加制度の重要性につ

5　「メイフラワー協定」（The Mayflower Compact）が住民の自律的当地の思想と関連を持ったことについては、Donald S. Lutz, Symposium: *Religious Dimensions of American Constitutionalism: Religious Dimensions in The Development of American Constitutionalism*, 39 EMORY L. J. 21（1990）; George Anastaplo, *Constitutionalism, The Rule of Rules: Explorations*, 39 BRANDEIS L. J. 17（2000）参照。

6　タウンミーティングについては、以下のものが大変参考になる。FRANK M. BRYAN, REAL DEMOCRACY: THE NEW ENGLAND TOWN MEETING AND HOW IT WORKS（University of Chicago

いて、ある者は裁判や行政への直接参加に価値を見出したであろうし、ある者は、それが、統治者（英国）の「圧制」から自分たち自身を護る防護壁であると考えた。[7]

そのため、英国との独立戦争に勝利し、新しいアメリカ合衆国の憲法を制定するときに、「陪審裁判を受ける権利」が明文規定で書き込まれた。具体的には憲法第三編二項一節で「すべての犯罪の公判は、陪審によってなされねばならない」とし、権利章典においても憲法第六修正で「刑事陪審」の保障が再び書かれ、憲法第七修正には「民事陪審」の保障が規定された。

2 陪審選任手続き（Jury Selection）

(1) 陪審員資格

陪審員となる資格は、各州によって、また連邦法においても異なる。たとえば、①合衆国市民であること、②一八歳以上の者、③一年以上の居住歴、④英語力のあること、⑥現に刑事被告人でないか、過去に有罪判決を受けていないこと、などが各州および連邦で共通する資格である。[8]

他方、州の場合、陪審員資格はかなり多様である。マサチューセッツ州の場合、州内に一年以上居住すれば誰でも候補者名簿に掲載されるため、候補者の範囲は広く、グリーンカード（居住権）で滞在する日本人でも召喚されることもある。

また、州の場合は、多様な免除事由を定めていることが多い。そのような免除職としては、医師、看護師、弁護士、牧師、警察官、議員、公務員、行政官、教師などがある。

このように多職種にわたって免除職を認めるのは、広範な対象者から市民を陪審員として参加させ

Press, 2004)。

7　アレクシ・ド・トクヴィルの『アメリカの民主政治』(De la Démocratie en Amérique)(1835年) 第1部第5章参照。

8　合衆国の場合は、陪審員資格を連邦法のJury Selection & Service Act of 1968, 28 U. S. C. § 1865(6)(2)-(3) (2006) (Qualifications for jury service) に定めている。

るという憲法上の「公正な陪審」の要請からはどのように評価されるべきだろうか。ある特定の職業に就く者の免除は公正な陪審の保障の観点から正当化されるのだろうか。[9] この点について一定方向を与えたのは、あとで詳しく分析する一九七五年の Taylor v. Louisiana 事件である。[10] この事件は、制度的に女性を陪審任務から排除することを違憲としたものであって、陪審任務から一部の職業に属する者を免除していることの違憲性について直接的に述べたものではない。しかし、この判決を契機に、陪審任務に免除職を設けることが抑制され始めた。現在、ワシントン・D.C. と二五州が免除職を廃止し、七州は、首長など、選挙で選ばれた公務員、裁判所職員および軍人に免除職を限定するなどその対象を縮小し、わずか一二州が民間の特定職種に就く者の陪審任務を免除しているに過ぎない。[11] 他方、免除職を一切認めない州もある。[12] たとえばマサチューセッツ州では、知事や弁護士や裁判官が陪審員になることもある。

■ Sidebar ■

日本の裁判員における裁判員選任方法

毎年、前年の秋ころに管内の市町村の選挙管理委員会が、衆議院議員選挙人名簿から裁判員候補対象者を「くじ」でランダムに選び、それに基づき、次年度の地方裁判所ごとの裁判員候補者名簿が作成される。前年の一一月ころに裁判員候補者名簿登録者に登録されていることの通知が発送される。同通知には、就職禁止事由や辞退事由に該当していないかどうか等を尋ねる調査票が同封される。この調査票により、裁判員候補者名簿登録者が裁判員不適格者や除外者に該当するか、あるいは辞退事由が認めら

9　特定の市民の免除は公正な陪審の保障の観点から正当化されるのだろうか。この点に関する大変優れた論考として、Brian C. Kalt, *The Exclusion of Felons From Jury Service*, 53 AM. U.L. REV. 65 (2003) 参照。
10　Taylor v. Louisiana, 419 U. S. 522 (1975).
11　この点につき、*see* Michael B. Mushlin, *Bound and Gagged: The Peculiar Predicament of Professional Jurors*, 25 YALE L. & POLICY REV. 239 (2007).
12　州裁判所でも職業による陪審任務の免除を定めていることについての根拠とその検討がお

れるかどうか当局が知ることになる。

裁判員制度対象事件が裁判所に係属すると、事件ごとに裁判員候補者名簿からくじで候補者が選ばれる。具体的には、裁判の六週間前までに、また長期の事件の場合、通常八週間程度前までに質問票とともに選任手続期日の呼出状（お知らせ）が送られる。公判予定日が三日以内の見込みの事件では、一事件あたり六〇人程度の裁判員候補者に呼出状が送られる。これに同封の質問票を返送してもらうことによって辞退理由が確認され、認められると、呼出し自体が取り消される。

質問票に辞退希望を記載しなかったり、辞退理由が認められなかった裁判員候補者は、選任手続期日の当日に裁判所に出頭することになる。裁判所に出頭した裁判員候補者は、事件の裁判長が候補者に対し、辞退希望の有無・理由等についてや、不公平な裁判をするおそれの有無について質問をする。この手続きには、弁護人と検察官（立会検察官）が参与することができるが、被告人は参加できない。なお、この手続きは、公開ではなく、候補者のプライバシーを保護するためという理由で非公開である。

この手続きを経て、裁判員候補者の中から抽選で、裁判員六人（および、たいていの場合、補充裁判員二人）を選任する。

以上からわかるように、日本の裁判員の選任手続きは非公開の密室で行われ、そこには被告人は参加できない。

こなわれている。*see* Paul W. Rebein, *Victor E. Schwartz and Cary Silverman, Jury (Dis) Service: Why People Avoid Jury Duty and What Florida Can Do About It*, 28 Nova L. Rev. 143 (2003) and Thomas L. Fowler, *Filling the Box: Responding to Jury Duty Avoidance*, 23 N. C. Cent. L.J. 1 (1997).

(2) 陪審員候補者名簿

陪審員の選任は二段階に分けておこなわれる。最初に陪審員候補者台帳からの召喚のための任意抽出をおこなう第一段階と、召喚された候補者に対して裁判所で実施される選任手続き（voire dire）の第二の段階である。

第一段階の選任手続きは、陪審員候補者台帳に基づいておこなわれる。この台帳のデータは、納税者名簿、選挙投票者登録名簿（自主的登録—全住民の約八〇％が捕捉できる）、運転免許者リスト、電話帳などを基にして作成される。この名簿台帳を基本台帳（master reel）として、裁判所は、候補者の氏名や住所を無作為に抽出する。最近は候補者漏れを最小限にするために上記の各種名簿に加えて毎年実施される「人口調査」（census）による住民データが利用される。たとえばマサチューセッツ州では、毎年六月末に実施される州民センサスを召喚候補者リスト作りに利用している。これにより年次ごとに新しい州民を九五％以上確保できるとされている。

コンピューターで無作為選出された候補者に対して、集合する裁判所と日時が指定された召喚状が送られる。これに返信があった者に陪審ガイドブックが送られる。候補者たちは指定日時に指定された裁判所の集会室に集合して、第二段階の選任手続きに臨む。たとえば、マサチューセッツ州の場合、一つの裁判所に、一日あたり約一五〇—一八〇人が召喚され、平日の午前八時三〇分に集合する。

朝の集合時間が過ぎると、一カ所に集められた陪審候補者に対してオリエンテーションがおこなわれる。これは、どの州も、まず最初に一五—二〇分間の陪審の任務と役割を説明するＤＶＤが上映される。マサチューセッツ州では、その後、当直の裁判官による説明が約一五分間おこなわれる。ここで、陪審任務に就けないか辞退できる法定理由のある者の申し出を受けて処理され、そのあと、陪審番号が各自に与えられ、全体を三―四つの四、五〇人からなるグループに分けた上、午前九時三〇分ころに、それぞれの法廷に送られる。

第二段階の選任手続きは法廷でおこなわれる。この法廷での選任手続きのことをvoir dire という（ボアディール、voir = 見る、知る、dire = 言う）という。ボアディールでは、二種類の選任が実施される。

①理由付き免除（excuse for cause）

事件についてすでに情報を持っているか、事件当事者を知っているか、何らかのかたちで事件に関係しているか、そのほか何らかの偏見があると思われる（あるいは当該審理で公正な陪審員とはなれそうもないと自分自身が思うような）場合には、裁判官の問いかけに応えた陪審候補者の自発的な申立てによって裁判官の判断で免除を決定する。他方、理由付き免除については、当事者（弁護人と検察官）が、陪審候補者に直接質問したうえでおこなう場合（連邦および多くの州）と、裁判官が当事者双方を代表して質問を発し、自発的な申し出を促す場合（たとえばマサチューセッツ州）とがある。[13]

裁判官の陪審候補者に直接おこなう質問リストでは以下のようなことが聞かれる。[14]

「事件の当事者、証人（名前と住所を述べる）、弁護人を知っているか？」

「事件についてラジオ・TV等ですでに知識を得ていたか？」

「事件についてすでに意見を発表したり、まとめたりした事があるか？」

「家族ないし親しい友人に本件と同種事件に巻き込まれた者がいるか？」

「当事者のどちらかに何らかの感情あるいは著しい偏見を持っているか？」

13　裁判官が当事者双方を代表して質問を発し、自発的な申し出を促す場合（たとえばマサチューセッツ州）とがある。
14　*See* Mass. R. Crim. Proc. 20(b)(2)(Trial Jurors).

②理由なしの免除（peremptory challenge）

理由付き免除が済めば、一人ずつ抽選で番号が呼ばれ、呼ばれた陪審候補者が陪審席（jury box）に順次着席する（これを empanelment という）。当事者は、その中から、理由の如何を問うことなく、一定数の陪審員候補者を免除することができる。

理由なしで免除できる人数は、各州の制定法で決められているが（五人とか六人とか[15]）、当日召喚された陪審候補者集団の人数、選定される陪審員数等に応じて裁判官の裁量で増加されることもある。なお、一般的には、当事者双方とも免除できる人数は同数としていることが多い。具体的には、手元に配布されている陪審候補者の背景（バックグラウンド、background と呼ぶ）が記載された陪審候補者の個人プロフィール質問票（これには、陪審候補者の性、年齢、職業、学歴、家族構成等が書かれている。次頁の見本参照）を考慮し、陪審選任手続きに同席している被告人の意見も聞きながら、望ましくない人を排除することになる。

理由なし免除の意義は、自己の依頼人にとって不公平、不利益と思われる陪審候補者を免除することにある。どのような候補者が当事者にとって不公平、不利益な候補者と思われるかについては事件の内容に応じて多様である。一般的には次のようなことが指摘されている。

まず第一に、検察からすれば、検察の立場や訴えの内容についてよく理解でき、同時に被告人の立場に批判的である陪審候補者は好ましい陪審候補者である。第二に、被告人からすれば、被告人の立場に理解が深く、刑事被告人として置かれた立場に同情心を有する一方で、当該起訴自体に批判的な陪審候補者は好ましい候補者である。たとえば、有名企業の会社員である被害者（四〇代男性の白人と仮定する）が、被告人（二〇代男性のアジア系アメリカ人とする）の運転する乗用車に信号も横断

15　連邦裁判所における死刑事件で、理由なしで免除できる人数は検察が死刑を求刑するときは20人、その他の重罪事件では、弁護側が10人、検察側が６人、そして、軽罪では双方３人ずつの理由なしの免除を認めている。FED. R. CRIM. P.24(b)。なお州については、*see* Phyllis Novick Silverman, *Survey of The Law of Peremptory Challenges: Uncertainty in The Criminal Law*, 44 U. PITT. L. REV. 673 (1983).

陪審員候補者の個人プロフィール質問票（見本）

CONFIDENTIAL JUROR QUESTIONNAIRE

YOU ARE REQUIRED BY LAW TO COMPLETE AND SIGN THIS QUESTIONNAIRE. THE INFORMATION WHICH YOU PROVIDE WILL BE USED BY THE JUDGE AND LAWYERS DURING THE IMPANELLING OF A JURY. EXCEPT FOR DISCLOSURES MADE DURING THE IMPANELLING OF A JURY OR UNLESS THE JUDGE ORDERS OTHERWISE, THIS INFORMATION WILL BE HELD CONFIDENTIAL. IN ORDER THAT THE COMPLETED QUESTIONNAIRE MAY BE PHOTOCOPIED, **TYPE OR PRINT CLEARLY IN BLACK INK.** YOU MUST ANSWER EACH QUESTION EVEN IF THE APPROPRIATE ANSWER IS "NONE".

JUROR'S NAME: ______________________ SPOUSE'S NAME: ______________________

ADDRESS: ______________________ SPOUSE'S ADDRESS (IF DIFFERENT): ______________________

______________________ ______________________

AGE: ________ SEX: ☐ M ☐ F MARITAL STATUS: ________ AGES OF CHILDREN: ______________________

HIGHEST EDUCATIONAL LEVEL: ____________ SPOUSE: ________ DATES OF YOUR PREVIOUS SERVICE AS A JUROR: ______________________

OCCUPATION (INDICATE IF RETIRED): ______________________ SPOUSE: ______________________

EMPLOYER (OR FORMER EMPLOYER): ______________________ SPOUSE: ______________________

EMPLOYMENT ADDRESS: ______________________ SPOUSE: ______________________

______________________ ______________________

DESCRIBE BRIEFLY ANY INVOLVEMENT (PAST OR PRESENT) AS A PARTY OR VICTIM IN A CIVIL OR CRIMINAL CASE: YOU OR ANY MEMBER OF YOUR FAMILY:

☐ None

ARE YOU OR ANY MEMBER OF YOUR FAMILY, NOW OR FORMERLY, EMPLOYED BY OR ASSOCIATED WITH A POLICE DEPARTMENT OR ANY LAW ENFORCEMENT AGENCY? IF "YES," DESCRIBE BRIEFLY.

☐ No

INDICATE ANY OTHER INFORMATION WHICH MAY BE RELEVANT TO YOUR ABILITY TO BE AN IMPARTIAL JUROR: YOU OR YOUR SPOUSE:

☐ None

JUROR'S HOME TELEPHONE NO.: ______________________ OFFICE TELEPHONE NO.: ______________________

JUROR'S DECLARATION: THE INFORMATION I HAVE SUPPLIED IN THE ABOVE QUESTIONNAIRE IS TRUE AND COMPLETE TO THE BEST OF MY KNOWLEDGE. I UNDERSTAND THAT A WILLFUL MISREPRESENTATION OR OMISSION OF A MATERIAL FACT IN THIS QUESTIONNAIRE IS A CRIME, WHICH, UPON CONVICTION THEREOF, MAY BE PUNISHED BY A FINE OF NOT MORE THAN TWO THOUSAND DOLLARS.

DATE: ______________________ SIGNATURE OF JUROR: ______________________

DO NOT PRINT

CONFIDENTIAL

歩道もない道路上を横切っている時に衝突されて重体となったという事案を考えよう。検察は本件事故が被告人のスピード運転だけでなく、運転中の携帯電話使用による危険運転によっても引き起こされたと主張し、重罪にあたるとしている。この事件の場合、被告人の弁護人であればどのような陪審員候補者を積極的に免除し、どのような陪審員候補者を残そうとするだろうか。またその理由は何か。

被告人の弁護人であれば、まず、被告人がアジア系アメリカ人であることから人種的偏見を持たない候補者を残したい。さらに被告人は若い男性であるから、何かにつけ最近の若い男性に厳しい見方をしている候補者はできるだけ避けたい。他方、検察官であれば、被害者に同情的な陪審候補者、たとえば会社員の属する有名企業に好感を持つ人を残したいし、警察や検察に反感を持つ人は避けたい。さらに被害者と同じようなバックグラウンドを持つ白人の四〇代男性を残すであろう。しかし双方にとって公正かつ冷静に判断をすることができると思われる陪審候補者は、原告にも被告にも支持され、免除されることは少ない。

このように、理由なしの免除においては、弁護人や検察官の経験と「勘」（hunch あるいは instinct）によって臨機応変に対応する場合もあれば、陪審裁判がおこなわれる裁判地の政治的風土、所得水準、最近の社会意識調査データ等々の社会学的、経験的データを駆使して分析に分析を重ね陪審候補者を選ぶこともおこなわれる。これを専門的に業務としておこなっているのが、後述のいわゆる陪審コンサルタントである。

3　理由なしの免除をめぐる憲法問題

ある少数人種に属する者が被告人であるときに、その少数人種を一人も含まない陪審が、陪審候補者集団から最終的に選任された場合、憲法が求める「公正な陪審」という要件に抵触するだろうか。とくに理由なしの免除において「明白な人種差別」(prima facie discrimination) があった場合が問題となる。一九八六年の Batson v. Kentucky (1986) 事件[16]において、被告人のバトソン (アフリカ系アメリカ人) は、ケンタッキー州で強盗と盗品売買で起訴された。検察は、陪審選任手続きでアフリカ系アメリカ人陪審候補者を全員排除し、結局、陪審は白人だけで構成された。合衆国最高裁判所は、検察官による陪審候補者に対する「理由なしの免除」(peremptory challenge) の実行においては、候補者の人種だけを理由として「理由なしの免除」をすることはできないと判断した。最高裁は、このような検察による陪審候補者の排除は、憲法第一四修正の平等な保護条項に違反するとした。この事件での最高裁判決によって陪審員候補者の「理由なしの免除」に対する異議の申立ては、「バトソン判決に基づく異議」(Batson challenge) といわれるようになった。

それまでは、一九六五年の Swain v. Alabama 事件[17]において、最高裁は、陪審候補者の母集団に多人種が含まれていれば最終的に選ばれた陪審は全員白人であっても差別ではないとしていた。スウェインはアフリカ系アメリカ人であり、アラバマ州において強姦罪で起訴されていた。彼は、死刑を宣告されたが、死刑を宣言した陪審にはアフリカ系アメリカ人が一人も含まれていないことを理由として、最高裁に法の適正手続き違反で上告した。というのも、当該州地裁の地域では、住民の二六%が

16　Batson v Kentucky, 476 US 79 (1986).
17　Swain v. Alabama, 380 U. S. 202 (1965)(９人全員一致の判決であった。)。

アフリカ系アメリカ人であるのに、同州地裁では一九五三年から陪審には平均一〇％から一五％のアフリカ系アメリカ人が含まれているに過ぎなかったからである。しかし、合衆国最高裁は、スウェインの上告を棄却した。本件では、一〇〇人の陪審候補者の中に八人のアフリカ系アメリカ人が含まれていたところ、この八人が州検察官の「理由なしの免除」によって排除されていた。この点をとらえて、最高裁は、「全体的な割合不均衡は小さいものということができ、また特定数のアフリカ系アメリカ人を含めるとか、または排斥したという根拠が示されていない」とし、アフリカ系アメリカ人を陪審任務から排除するために「理由なしの免除」が意図的に使われたというものでない限り、検察官のおこなった免除は合憲である、としていた。[18] バトソン事件に関する最高裁判決はこのスウェイン判決を覆した。

このバトソン判決は、他の民事事件における陪審選任手続きにも影響を与えた。たとえば、一九九一年の Edmonson v. Leesville Concrete Company 事件[19]において、最高裁は、バトソン基準を適用し、民事陪審においても人種を理由とする理由なしの免除は、第五修正の法の適正手続きに反するとして違憲とした。また、一九九四年には、J. E. B. v. Alabama ex rel. T. B. 事件[20]において性別を理由とする民事陪審からの排除を違憲とした。

刑事陪審における性別による陪審候補者の排除については、一九七五年の Taylor v. Louisiana 事件[21]で問題となった。被告人のテイラーは、ルイジアナ州において、死刑が適用される「加重的誘拐罪」で起訴され、有罪とされた。同州は、陪審任務について制度的に女性を陪審候補者から排除できる手続きを有していた。つまり女性があらかじめ地域の裁判所に陪審任務に就く用意がある旨の届け出をしない限り陪審候補者とはならない、とする陪審選任方法を採っていた。その結果、女性陪審候

18　*Id.* at 245-246.
19　Edmonson v. Leesville Concrete Company, 500 U. S. 614（1991）。
20　J. E.B. v. Alabama ex rel. T.B., 511 U. S. 127（1994）。この判例の紹介として、丸田隆評釈、ジュリスト別冊増刊『英米判例百選（第３版）』130頁第66事件（1996年）がある。
21　Taylor v. Louisiana, 419 U.S. 522（1975）.

補者が排除され、全員男性だけで陪審が構成された（これを male only jury という）。そのため被告人は、違法な手続きによって公正な陪審による裁判を受けることができなかったと主張した。合衆国最高裁は、陪審候補者集団への女性の包含を欠いた同州法を無効とした。

Taylor 判決では、憲法第六修正の規定により、陪審の選任は、「社会の横断面からの代表制」（representative cross section of the community）が要件であるとした。この要件のもとで違憲な陪審選任があったと主張するためには、①陪審候補者集団の中の特定グループが、地域社会において「特徴的な」グループであること、②地域社会における当該グループの占める人口割合に関連したグループの陪審選定候補者の代表制の程度、そして③その代表制の少なさが陪審選任過程における特定グループの制度的排除に起因すること、を明らかにしなければならない、とした。[22] 続いて、Duren v. Missouri 事件[23]でも、合衆国最高裁は、女性が申し出た場合には自動的に陪審任務を免除するというミズリー州の陪審選任制度を違憲、無効とした。

さらに、検察官が、陪審候補者の中から積極的に死刑制度に反対する候補者を排除した場合（これを death qualified jury という）が問題となった。一九六八年の Witherspoon v. Illinois 事件[24]において、最高裁判所は、死刑事件の陪審選任手続きにおいて、陪審候補者に対して、事件が適切な場合、死刑を科すことがあるかどうかについて質問することなく、理由なしの免除（peremptory challenge）で、死刑について良心的に呵責を覚えると述べた陪審候補者を排除したのは、公平な陪審に対する被告人の憲法上の権利を侵害すると判決した。最高裁は、陪審が死刑を選択するかどうかの幅広い裁量を与えられている限りは、陪審員はこの問題に関して「コミュニティの良心」を反映させたものでなくてはならないのであって、死刑に対し良心的呵責があると訴えたすべての陪審候補者を自動的に免除し

22 *Id.* at 537-538.
23 Duren v. Missouri, 439 U. S. 357（1979）.
24 Witherspoon v. Illinois, 391 U.S. 510（1968）.

たことは、「不正な工作であり」(stacked the deck)、陪審を「死刑の評決を出すために組織化された裁判体に作り上げるものだ」、とまで述べた[25]。

死刑陪審に関する判例は、一九八五年のWainwright vs. Witt事件[26]においても示された。被告人のウィットは、フロリダ州裁判所において第一級謀殺罪で死刑を宣告した手続きが憲法第五修正および第一四修正の法の適正手続きに違反した違憲なものである、として上告した。ウィットは、陪審選任手続きにおいて、個人的あるいは宗教的信条に基づいて死刑に戸惑いが出るかもしれない、と述べた特定の陪審候補者を検察官が理由なしの免除で意図的に排除した結果、そのような思考を持たない者だけから形成された陪審は公正な陪審とはいえないと主張した。しかし、合衆国最高裁は、州検察官が、死刑に反対の信条によって有罪か無罪かの判断に影響するかもしれない、と答えた陪審候補者を免除することは違憲ではないとした[27]。

4　陪審コンサルタント

陪審コンサルタントの仕事は、陪審選任に対するアドバイスと、陪審裁判が始まってからの効果的なプレゼンテーション(弁論、尋問、反対尋問)等について、専門的知見からアドバイスをおこなうことにある。陪審コンサルタントは、心理学、社会学その他の人間行動科学の分野において一定の専門的知識を有する。その目的は、依頼人にとって望ましい結果を導く陪審の選任と訴訟対応である。そのために、ときには陪審にわかりやすい図面を用意したり、精巧な模型を用意したりすることもある。したがってその費用は事件の複雑さや内容にもよるが、約二万ドルから一〇万ドル等であり、高

25　*Id.* at 523.
26　Wainwright vs. Witt, 470 U. S. 1039 (1985).
27　これに対しては、マーシャル判事とブレナン判事による強力な反対意見がある。*See Id.* at 1039 *infra.*

額である。またどの依頼人も簡単に利用できるわけではない。つまり、世間の注目を集めている事件や、いちかばちか（high-stakes）の事件において、陪審コンサルタントは、裕福な依頼人の委託を受けて訴訟代理人の助けとなる調査をおこない、陪審選任手続きや陪審員の法廷内における反応や挙動に対する洞察に基づくアドバイスを提供する。[28]審理前の陪審選任では、陪審員候補者の居住する地域の政治的、経済的、教育的特徴と背景を調べ上げ、どのような思考を持った人物が多いかといった社会構成的特徴を示す。それに従って、陪審候補者に対する質問項目を提案し、質問に対する反応（答えだけでなく答え方を見る）を観察して、陪審の選任を援助する。いったん、事実審理が始まると、事件について有利で効果的な陪審の認識を形成させるために公判戦略を開発する。そのためにたとえば影の陪審（shadow jury）を組織し、法廷の傍聴席に座らせて審理を観察させたり（審理後に報告を受ける）、実際に裁判所とは離れた場所を借りて実際の審理の様子をそのまま再現して、陪審の反応を聞くなどの模擬陪審裁判をおこなう。陪審コンサルタントは、審理のあいだは、法廷に通い、傍聴席から陪審員の動きや表情を観察し、訴訟代理人だけでなく証人のコーチまでおこなう。このような費用は高額となるので、最近では一部の大きな法律事務所は、事務所内の陪審コンサルタントを使用している。

O・J・シンプソン裁判や、主婦から実業家になったマーサ・スチュアートの裁判では、高額の陪審コンサルタントが使われたことが知られている。司法妨害罪で起訴されたマーサ・スチュアートの事件では、検察も陪審コンサルタントを利用した。検察のコンサルタントが、陪審選任において「知性があり、独立心の高い女性陪審員」を選択するようにアドヴァイスしたことが知られている。[29]

しかし、コンサルタントのアドヴァイスのどれかが決定的基準になるわけでもないし、陪審コンサ

28 Maya Manian, *Developments in the Law? The Civil Jury: Jury Selection and Composition*, 110 HARV. L. REV. 1443 (1997) at 1463-65; Maureen E. Lane, Note, *Twelve Carefully Selected Not so Angry Men: Are Jury Consultants Destroying the American Legal System?*, 32 SUFFOLK U. L. REV. 463 (1999).

29 *See* Mushlin supra note 11 at 266-70. *see* also "*Jury-selection expert has helped on other high-profile cases*" BLOOMBERG NEWS, 10 : 40 PM CST on Tuesday, January 27, 2004.

ルタントを利用したからといって常に勝訴するわけでもない。陪審コンサルタントは使わないより、使う方がましだという程度のものだという人もいるし、気休めだという人もいる[30]。

5　小陪審・事実認定陪審（Petit Jury）

小陪審は、起訴事実の有無の認定をおこない、被告人の有罪または無罪を決定する。合衆国憲法は、憲法第三編の司法権において刑事陪審制度を定め、加えて憲法第六修正で「陪審裁判を受ける権利」があると定めている。したがって、刑事被告人が求めれば、陪審裁判が保障される。

陪審裁判を受ける権利は、被告人の憲法上の権利である。権利であるため陪審裁判を受ける権利を放棄することは可能である。刑事被告人の陪審裁判放棄については、合衆国刑事訴訟規則二三条(a)[31]では必ずしも被告人の陪審裁判放棄について書面提出を求めていないが、要件としては、被告人が「知りながら」（knowingly）、「理解力をもって」（intelligently）、および「自由意思で」（voluntarily）放棄することが求められている[32]。しかし、この手続きに関してもっと丁寧な州（たとえばテキサス州）では、公開の法廷において、陪審裁判を受ける権利の放棄に関する裁判官の一連の質問に被告人が答えた後、その同意について弁護人の助言を得て、法廷で書面を提出させている[33]。

したがって、刑事陪審裁判を受ける権利の放棄については、丁寧な手続きによる対応が求められている。これは、陪審裁判の放棄が安易に認められることが憲法の保障する法の適正手続きに反することになるからである。

陪審の定数（number of jury）については、基本的には一二名であるというのが伝統的である。そ

30　*See* John W. Clark III, T*he Utility of Jury Consultants in the Twenty-First Century*, 42 Crim. L. Bull. 3（2006）.
31　Fed. R. Crim. Proc. 23(a).
32　*See* Patton v. United States, 281 U. S. 276, 312（1930）. この点について、参照、Richard L. Peterson、*Unintelligent Jury Waivers: A Call to Amend Federal Rule of Criminal Procedure 23*（*A*）, 21 Geo. Mason U. Civ. Rts. L.J. 441（2011）.
33　テキサス州の陪審裁判放棄手続きに関して、*see* Tex. Code Crim. Proc. 1.13（Waiver of

れよりも少ない定員を定めた州もあるが、一二名以上の定員はない。陪審裁判の歴史的な淵源はヨーロッパ大陸でおこなわれていた「神判」(ordeal)や古代英国の「宣誓による裁判」(trial by compurgation)などに求められる。しかし、とくにノーマン・コンクエスト以降の英国においては、それぞれの地域の慣習や慣行を規範として重視したという当時の政治事情と、地域社会では、訴訟当事者の無罪、あるいは正当性を証言してくれる友人や隣人をできるだけ多数集めてくる必要があった。そのため、最初は証人として地域住民を当事者が召喚することから始まった。しかし諸般の理由で(いろいろな歴史的、制度的理由があったと法史学の研究者たちは言う)それが、三六人、二四人(いまでもスコットランドの陪審定員は一八人)となり、一四世紀になって一二人陪審が定着したとされる。[34]

合衆国憲法には陪審の定数に関する規定が存在しない。そのため一部の州は、州利益(state interest)(憲法第一〇修正)の実現のためという理由で、陪審定数の削減がおこなわれた。この陪審定員を州の制定法で削減することは憲法上可能か、という問題は、「陪審裁判を受ける権利」という場合の「陪審」の実質的意味を争点とする憲法問題になった。この点に関する合衆国最高裁の判例を見ておこう。

フロリダ州では、刑事陪審の定員を六人とした。一九七〇年の Williams v. Florida 事件[35]では、強盗罪で起訴されていた被告人が、六人陪審を定めるフロリダ州法のもとで有罪判決を受けたことについて、一二人による陪審裁判を受ける憲法上の権利が侵害されたと主張した。この裁判の争点は、一二人による刑事陪審は、憲法第六修正の要件であるかどうかであった。合衆国最高裁は、被告人らの主張を拒否し、州の六人の定員制による刑事陪審裁判は合憲だと判断した。その理由について、最高裁

Trial by Jury)(陪審放棄の手続きは、「公開法廷において書面によって提出されねばならず、裁判官同意され承認される。その書面は裁判所の公式記録に記録される。またそれを受け入れたことが州検事によって書面で提出される。」としている。

34　陪審制度の歴史については、丸田隆前掲注2参照。英語で書かれた陪審の歴史に関する代表的書籍として以下の著書を挙げておこう。FORSYTH, WILLIAM, HISTORY OF TRIAL BY JURY [Second edition]. [Originally published in 1875] (Reprinted 1996, 2015 by Lawbook Exchange, Ltd.); JEFFREY ABRAMSON, WE, THE JURY: THE JURY SYSTEM AND THE IDEAL OF

は、①一二名の陪審はコモンロー上確立されたもので、その数は歴史的偶然である。②合衆国憲法に陪審の定員についての規定はない。③六人陪審であっても偏見を持った検事や裁判官から被告人を守ることができる。④一二人の陪審がそれより少数の陪審に比べて常に被告人に有利であるとは限らない。ただし、⑤死刑を含む犯罪については一二人の陪審が求められる、とした[36]。

陪審定数の削減については、民事陪審裁判についてもおこなわれた。たとえば、モンタナ州は、民事裁判の定員を六人とした。これに対して、最高裁は、一九七三年のColgrove v. Battin事件[37]において、同州の六人民事陪審を合憲とした。この結果、六人制民事陪審が全州に拡大し、連邦裁判所においても六人制民事陪審が実施されるようになった。コルグローヴ事件では、民事陪審を六人とする理由について、訴訟時間の節約、コスト（人件費など）の削減、および不一致陪審（hung jury）の減少、が主張され、支持された。しかしこの理由付けには手厳しい批判があった[38]。もちろん州によっては事件の軽重に応じて一二人制の民事陪審も併存している。

ところが合衆国最高裁は、五年後の一九七八年のBallew v. Georgia事件[39]で、五人制の刑事陪審を定めたジョージア州法を違憲だと判断した。原告は、わいせつな映画を上映したとして起訴され、五人陪審によって有罪判決を受けた。原告は、五人制刑事陪審を定めたジョージア州法が憲法第六修正の「陪審裁判を受ける権利」を奪い、憲法第一四修正の法の適正手続きに反すると主張した。この点について、最高裁は、①憲法は一二人陪審を明文で定めていないが、コミュニティの意見を反映するに十分な規模の陪審定員を命じている。②陪審が五人制であれば評決が不正確となり偏向する恐れがある。③陪審が五人制であれば陪審相互の意見の相違性が失われ不一致陪審が少なくなる。④訴訟時間と裁判経費の節減という州の利益も五人制陪審の前では正当性を持たない、との理由をあげて同州

Democracy（Basic Books, 1994）; Godfrey D. Lehman, We, The Jury: the Impact of Jurors on Our Basic Freedoms: Great Jury Trials Of History（Prometheus Books, 1997）; Thomas A. Green, Verdict According To Conscience: Perspectives on the English Criminal Trial Jury, 1200-1800（U. Chicago Press, 1985）; Leonard W. Levy, The Palladium of Justice: Origins of Trial by Jury（IvanR. Dee 2000）.

35　Williams v. Florida, 399 U. S. 78（1970）.

36　*Id.* at 102-103.

法は違憲であるとした[40]。

6　陪審による正式事実審理（Trial by Jury）の流れ

陪審による裁判は、民事においても刑事においても、公開法廷で陪審が「証拠に基づき事実の判断をおこなう」旨を誓う陪審による宣誓（Oath by jury）によって開始される。典型的な陪審による宣誓（連邦裁判所の場合）では、法廷の書記官が以下のような文章を読み上げる。

「皆さんの各々が、現在公判中の事件について十分にかつ誠実に審理し、適正に評議をおこない、そして法および証拠に従って適正な評決を下すことを厳粛に神に誓いますか？」（"Do each of you solemnly swear that you will well and truly try, and true deliverance make, in the case now on trial and render a true verdict according to the law and the evidence, so help you God?"）

これに対して陪審員たちは右手を挙げて「誓います」（"I do."）と答える。たいていの法廷では陪審による宣誓の後、いったん休廷が宣言され、陪審員たちは陪審控室に案内される。

(1)　冒頭説示（Preliminary Instructions）

書記官が事件番号を読み上げ、裁判長が着席すると、当事者の出廷を確認した後、陪審の入廷前に

37　Colgrove v. Battin, 413 U. S. 149 (1973).

38　*See* Valerie P. Hans, *The Power of Twelve: The Impact of Jury Size and Unanimity on Civil Jury Decision Making*, 4 Del. L. Rev. 1 (2001); Robert H. Miller, *Six of One Is Not a Dozen of the Other: A Reexamination of Williams v. Florida and the Size of State Criminal Juries*, 146 U. Pa. L. Rev. 621 (1998); Edith Greene, Jane Goodman and Elizabeth F. Loftus, *Jurors' Attitudes about Civil Litigation and the Size of Damage Awards*, 40 Am. U. L. Rev. 805 (1991).

検察官と弁護人とで審理の進行について必要な最終の打ち合わせをおこなう（ここで、証拠開示の方法や審理の進め方について申立てが出され、処理することもある）。打ち合わせが済むと法廷の全員が起立している中を陪審員が入廷し、着席する。陪審員が全員着席したのを確認すると、法廷で起立していた全員が座り、裁判長が、陪審に冒頭の説示をおこなう。

陪審への冒頭説示では、通常、①陪審任務（duty of jury）について、②無罪推定（presumption of innocence）、③証拠とは何か（what is evidence）、④何が証拠ではないか（what is not evidence）、⑤直接証拠と状況証拠（direct and Circumstantial evidence）、⑥異議申立てについて（ruling on objections）、⑦証人の信用性（credibility of witnesses）、⑧陪審の品行（conduct of the jury）、⑨書証はないこと（no transcript available to jury）、⑩ノート取りについて（note-taking）、⑪正式事実審理の流れ（outline of trial）等である（第九巡回区合衆国控訴裁判所作成のManual of Model Criminal Jury Instructionsより）。

たとえば次のような冒頭説示が陪審に与えられる。

「陪審員のみなさん。

みなさんがいま宣誓されましたので、私は裁判官として刑事裁判の流れと、みなさんの義務について若干の基本理念を説明いたします。これらは、最初の説示です。公判が終結いたしましたら、私はみなさんにより詳細な説示をおこなうことになっています。

まず、陪審の義務についてですが、起訴状で嫌疑を受けている犯罪について、被告人が有罪であるか、無罪か、を決定できるように何が起こったかについて決定することがみなさんの義務で

39　Ballew v. Georgia, 435 U. S. 223（1978）.
40　*Id*. at 243-244.

す。公判終了後、私は、みなさんがみなさんの評決に達するために従わなければならない法について説明いたします。みなさんは、私の説明する法に同意しない場合であっても、みなさんは私が説明する法に従わなければなりません。

次に証拠についてです。みなさんはこの法廷で提示される証拠だけに基づいて事件を決定しなければなりません。証拠は、いろいろな形で示されます。誰かが目撃したこと、聞いたこと、などについて証人として証言します。また、物品が物証として、あるいは誰かの意見が証拠として法廷に示されます。いくつかの証拠は間接的な事実を示すことがあります。間接証拠は、ある事実を証明する状況のつながりであり、しばしば情況証拠と呼ばれています。証拠が直接的または間接的かどうかについては法に関する限り差異がありません。

みなさんはそれが重要だと思うのであればどの証拠のどの部分を信じるか、または信じないのかを選択することができます。

（証拠でないもの）

さて、法廷では証拠でないものがあり、それらについては考慮してはいけません。それらは、検察官および弁護人の主張や議論です。冒頭陳述および最終弁論において、検察官および弁護人は事件について論じますが、彼らの意見は証拠ではありません。検察官および弁護人による質問や異議の申立ては証拠ではありません。証人の証言だけが証拠となります。みなさんは、検察官および弁護人の質問が真実らしいことを示唆するという理由で真実であると捉えてはいけません。たとえば、弁護士が証人に対して『あなたは被告が、その姉を殴打するのを見ましたね？』と言うのは、証人がそれに合意して証言しない限り、いかなる証拠でもありません。何が証拠として受け取られるかについて規定する証拠法というものがあります。それにより、検察官および弁護人が質問するか、または書類を示したときでも、相手側がそれらは証拠法によって許可されない証拠であると思うときには、その証拠について異議を申し立てることができます。私がその異議を却下するときには、証人はその質問には答えなければいけませんし、証拠は認められます。しかし、私が異議を支持する場合には、証人は質問に答える必要はありませんし、答えてしまった証言は考慮に入れてはなりません。……[41]」

(2) 冒頭陳述（Opening Statement）

冒頭陳述では、最初に検察官が、事件事実の概要、争点、証明すべき事実についてのアウトラインを明らかにする。引き続き弁護人はこれに対する意見や弁護人自身が考える事件の見たてや陪審が考慮すべき点を述べることができる。この弁護人の冒頭陳述をあえておこなわないことも可能である。ただし、検察官の立証が終わってからおこなうことも可能である。

冒頭陳述では以下のようなことが重要である。まず弁論の最初と最後に最も言いたいポイントを述べる（心理学でいうところの初頭効果、psychological principles of "primacy" and "recency" である）。しかし、弁論の内容は論争的でないこと（not argumentative）が大事である。たとえば、「その夜、彼は車を飛ばしていた。」（"At that night he was speeding."）との言明は、「車をとばしていた」というのは主観的主張なので論争的となる。より望ましいのは、「彼は、時速三〇マイルの制限道路を時速五〇マイルで走行していた。」（"He was going 50mph in a 30mph restricted lane."）というような説明の仕方である。

41 *See* "Preliminary Instruction" from the Pattern Jury Instructions, Criminal Cases, Eleventh Circuit (2010 revision), update and extend the 2003 edition. Visit http://www.ca11.uscourts.gov/sites/default/files/courtdocs/clk/FormCriminalPatternJuryInstruction.pdf

また、とくに弁護人の弁論では、被告人の呼称にも注意を払う必要がある。自分の依頼人を「被告人」と呼ぶのではなく、被告人の氏名を使う。たとえば、"Mr. John Smith…"とか"Mr. Smith…"とかであり、裁判の終わりころには"John"などと呼称される。これは、依頼人に一人の人間として接することで、被告人に人格を与え、陪審員の間に被告人が自分たちの隣人であるという親近感を作り出す工夫(personalize your client)である。他方、相手側である検察側に対しては、「検察は」(prosecutor)とか、「州は」(State, Commonwealth)とか、「政府は」(government)と称して無機質化し、距離感を置く。

冒頭陳述で忘れてならないのは、陪審員とのeye contactである。冒頭陳述は、訴訟代理人が陪審員の目を見て陪審員との意思疎通(interaction)を形成する重要な段階と位置付けられている。それを効果的におこなうために身振りやしぐさを交えて説明することは、効果的なコミュニケーションの手段となる("use gesture, use your move and hands.")。また、冒頭陳述では陪審席からの距離を保つことも重要である("do not invade their personal zone.")。

冒頭陳述の例を見てみよう。

三〇代の女性検察官シーグラー(Kelly Siegler)による、殺人事件における冒頭陳述(Goldberg v. State, 95 S. W. 3d 345(Tex. App. Goldberg v. Texas, 540 U. S. 1190(2004))の例。

「一九九八年一一月二七日、感謝祭の翌日の買い物で忙しい日にもかかわらず、ウエズリアン・ショッピングセンターのアンドレかつら店と呼ばれている店は比較的すいていました。みなさんは被告人がその日の午後四時一分にかつら店に入ったという証言を聞くでしょう。その店では、二人が働いていました。犠牲者であるマニーと呼ばれていたマヌエラ・シルヴェリオと、命は助かったロバータ・イングランドです。イングランドは、その日に起こったことについてみなさんに証言する予定です。彼女は、その日の四時にマニーと店に居て、その日は早めに閉店することについて話していました。

ちょうどその時にタバコを吸いながらこの被告人の男性（被告人のほうを示す）が歩いて店内に入ってきました。被告人は、マニーが急いでかつら店の奥の部屋の方へ行った後を追いかけました。ロバータは、その時にマニーが「冗談でしょ」という言葉を発したのを聞きました。その時、彼女が目撃したのは、被告人がマニーの腹部と咽喉を刺したことでした。マニーはそのまま店の床に倒れ、死亡しました。これが起ったあと、ロバータが『九一一』に電話をするために奥の部屋の電話に駆け寄りました。彼女が電話機を手にしているときにその場にまだ居た被告人は彼女に近づき、電話をしようとしている彼女の手首に切り付けました。その後、被告人は、ほぼ差し向かいに彼女に接近し、彼女が自分の顔に被告人の息を感じるくらい近づくと、次のような言葉を言ったと皆さんに証言するでしょう。『どうだい？　いまからお前の鼻を切るつもりだ。そのあとは、お前の耳を切るつもりだ。どんな風に感じるかな？　気に入ったか？』被告人は親しい間柄の女性に言うようにそれらを彼女につぶやいたのです。彼女は皆さんにそのことを思い出し、鮮明に証言するでしょう。……[42]」。

(3)　主尋問（Direct Examination）

最初は検察側の立証が続けられるので（これをprosecutor's caseという）、検察側の証人が続々と

42　Opening Statement in Criminal Cases-Center for Criminal Justice, visited on January 1, 2016: http://criminaldefense. homestead.com/Dror. html#anchor_16

出てくる。それは、最初に現場に急行した警察官や救急隊員、さらに目撃証人、検視医、専門家証人、事件関係者、被害者などである。ここで検察は、図表を使ったり、証拠物（これをexhibitという）を示しながら質問をしてゆくことになる。

アメリカの法廷では、証人の証言内容が直接証拠となる。そのため見たり聞いたりしたことを証人自身の言葉で直接語らせることが必要である。そのためには順序立てた答えやすい質問をしていくことが求められる。したがって、証人に証言させる内容については、何時、どこで、誰が、何を、どのように、なぜ、といった点を明確にし、一つの「物語り」（story）として構成し、準備し、それを順次法廷で語らせることになる。

この場合、証人に対する質問事項の順序を良く考える必要がある。というのも心理学の教えに従えば、対人認知の場合、人は第一印象で対象者を判断し（印象形成）、その印象をのちのちまで維持し、全体像を作るからである。この第一印象で形作られる対人認知や考えのことを心理学で「初頭効果」（primacy effect）と呼ぶ[43]。つまり、陪審員は、証人の一番最初の印象に強く影響されることが指摘されている。

したがって第一印象の維持は、初頭効果として強く影響するので、証言の早い段階で証人の信用性を獲得するための質問の順序（order of presentation）に配慮しなくてはならない。つまり、証人の人物や経歴などの輝かしい面を最初に証言して好印象を与えておくことが有効となる。しかし、これも程度によりけりで、余りに学歴や経歴をひけらかす質問をすると、陪審員は別なイメージを形成してしまう。たとえば、「証人は、子供の時から両親が外科医の裕福な家庭に育ち、大学はハーバード、そのあとハーバード・ビジネススクールに学び、現在会社を三つ経営している、うんぬん」と聞いて、

43　逆に、話の後半（終り時点）で示された性格特性のほうが人物評価に強く影響することも心理学的に説明されており、これを「親近効果」(recency effect）と呼ぶ。*See* Tyrone C. Moncriffe, *Storytelling and the Art of Persuation,* 35 The Champion 26 (2011).

陪審員全員が、なるほどこの人は信用できる、と思うかどうかである。

さて、主尋問のポイントとしては、証人席から距離を取って質問する。このことによって証人に法廷で大きな声で証言させることができる。みんなに向かって大きな声で平気で嘘をつくのは難しい。また距離をとって質問をおこなうのは、大事な質問には繰り返し聞くことができるからである。たとえば「すみません、よく聞こえないので陪審の皆さんによく聞こえるようにもう一度お願いします。」という聞き方ができる。

なお主尋問では誘導尋問は禁止されている。たとえば「Ａが財布を出せと言ったあとで、あなたの財布を奪ったのですね？」は誘導となる。「Ａが財布を出せとあなたに言ったあとで、彼は何をしたのですか？」は認められる。

次の事例は、マサチューセッツ州で発生したカトリック聖職者による児童に対する性的暴行容疑事件のために専門家証人として出廷した目撃証言者の研究で有名なロフタス博士（Ａ）に対する弁護人（Ｑ）の直接尋問の例である。

「Ｑ（証人に向かって）おはようございます。
Ａ：おはようございます。
Ｑ：陪審員の皆さんにあなたの名前をおっしゃっていただけますか？
Ａ：私の名称は、エリザベス・ロフタスです。
Ｑ：ロフタス博士ですね？
Ａ：はい。

Q：あなたは、心理学の博士号をお持ちですが医師ではないですね。

A：はい。

（そのあと、弁護人は証人の教育歴から始め、証人に陪審に対する目撃者証言の特色について研究する専門家であることを紹介する。そして、彼女が専門家としてこれまで目撃者証言について警察官や裁判官に講義することに多くの時間を費やしたことや、学者としての証人の十分すぎるほどの資格について説明してゆく。そして、事件の中味に入っていく。）

……

Q：私は、あなたが言ったことについてお聞きしたいのですが、ある人物が、嘘は言っているのではなく、たんに自分の言っていることを真実だと信じ込むということはありますか？

A：もちろんです。事象が起こった後の情報に関する私達の研究では、私達が被験者に誘導尋問をすることによって、または彼らをメディア報道にさらすことによって、あるいは彼らが他の証人の説明を耳にすることによって彼らの潜在的認識に事象後の情報を吹き込むと、彼らはその情報を獲得し、それを自分自身の記憶と信じるようになります。しかし、彼らは意図的に嘘をついているわけではありません。それは彼らの記憶になるのです。

……

Q：さて、私は無意識の転移（unconscious transference）と呼ばれている原理についてお聞きしたいと思います。まずそれはどのようなものですか？

A：無意識の転移とは、ある状況で見た誰かを別な状況で見た誰かに混同する場合の誤った記憶のことだと定義されています。定義は少しわかりにくいですが、無意識の転移について話されるときの古典的な例が理解を助けると思いますのでそれを紹介します。この例は、約三〇年以上前にパトリック・ウォールによって『刑事事件における目撃者証言』（EYEWITNESS IDENTIFICATION IN CRIMINAl CASES）という書物においてもともと生み出されたものですが、強盗にあった駅員の例です。彼は面通し（ラインナップ）によって強盗としてある者を特定しました。しかし特定された者は有罪の者でも強盗でもなく、たんに以前に何度かこの駅員からチケットを購入したことのあった者だとわかりました。したがって、このことから何が起こっているかおわかりと思います。つまり、この駅員はラインナップで何人かの顔を眺めます。そしてそのうちの一人に見覚えがあることを知ります。この見覚えが、以前に適切にチケットを購買した者であるというよりも、むしろ誤って強盗であるとの関連付けを行ったのです。これが、古典的ですが、無意識の転移の例です。

Q：つまり、その者がラインナップを見たときに、彼が特定している人物が強盗ではなく誰か以前に会った人と思う、ということですか？

A：いいえ、違います。この「無意識の」というのは、その者がよく見慣れた誰かを見付け出すということです。この見慣れた感がその者を適切に帰属するところよりは、むしろ誤って犯罪につなげてしまうのです。

Q：そのように、真面目であり、また自分の言っていることを真実と信じ込んでいる目撃証人が、以前にどこか他の場所で会ったと潜在意識にあった誰かを、ラインナップで見た時にまさにその人物であると誤って転移してしまうということですか。

A：そうです。

……[44]」

(4) 反対尋問（Cross-Examination）

主尋問が終わると、相手方に反対尋問の機会が与えられる。反対尋問の目的は、相手方証人が実際に述べたことをテストし、検討し、調べる方法である。反対尋問には基本的に四つの目的がある。一つは、証言の不確実性を明らかにし、証人の信頼性を落す（discredit）こと、二つ目は、他の証人によってなされた好ましくない証言を失墜させるような証言を引き出し、証人間の証言上の食い違いを導くことで証人の証言内容の信用性を失墜させること、三つ目は、証人としての人物の信用性を失墜させること、そして、四つ目は、自分側の立場の補強に役立つ証言をうまく引き出すこと、である。[45]

「証言の不確実性」を明らかにするとは、証人が知っていること、見たことについての証言内容に限界のあることを指摘するなど、直接尋問で示された証言をそのまま受け取らないように陪審に注意喚起するものである。これはYesかNoかで答えられる単純な質問を次々と繰り出して誘導尋問（leading question）を使い、証人を一定の矛盾のある結論の方向に引っぱっていくことによっておこなわれる。そのため反対尋問において誘導尋問を使うための有効な質問方法として、付加疑問文（tag question）がよく使われる。たとえば、「その時あなたは、その自動車を見たのでしょう?」（"Then, you saw the driver of the car, didn't you?"）とか、「それは、フランク・ジョーンだったのでしょう?」（"It was Frank Jones, wasn't it?"）とかである。

ただし、証人が反対尋問に乗じて、直接尋問での証言の補充をしたり、同じことを再度述べたり、直接尋問での内容を改めて説明させないように、自由返答質問（open question, いわゆる5W1H）

44 Direct Examination of Dr. Loftus by the Defense in Annoted Sample Direct and Cross-Examination of Expert on Eyewitness Testimony, https//www.criminaldefense.homestead.com/loftus.html, visited January 21, 2015.

45 *See* in general, Ronald H. Clark, William S. bailey George R. Dekle, Cross Examination Handbook: Persuation Strategies & Techniques（Walters Kluwer, 2011）.

を使わないことが必要である。

また、「証言内容の信用性を失墜させる」には、証人の認知能力や証言することによって得られる利害を明らかにする。たとえば、目撃証人に対する反対尋問であれば、その証人の認識度（perception）などの認識能力（の不足）を問題として取り上げ、証人の注意力を問題とすることがおこなわれる。それは、たとえば目撃事実の内容に関する証人の観察能力や観察機会の特異性を取り上げることでおこなう。たとえば、それが瞬時的（瞬間的）で、突発的な出来事でなかったかどうか。たとえば、当該目撃情報が、証人の興奮した状態あるいは恐怖心の下で得られたものではないかという点などである。その場合に、目撃時に大急ぎで職場に向かって車を走らせていたとか、長時間にわたって車を運転していたときの目撃であったとか、あるいはそのとき飲酒していたか、また薬物を服用していたなどである[46]。

さらに記憶（memory）の不確かさの側面を指摘することも有用である。証人の記憶形成が証人への情報のインプットであるとすると、証人がその記憶に基づいて証言するのは、情報のアウトプットとなる。情報のインプットでは、他の類似の出来事と混同していないか。大事なことを忘却してないか、また記憶の変容（とくに思い違い）がないかが問題にされる。

アウトプットでは、証言の伝達力（communication）についても問題にすることが必要となる。つまり、証人は「起こったこと」をはっきりと再生する能力を有するかどうかに関する質問である。たとえば、証人の方向感、距離感、時間感覚についての能力を問題とする。したがって証人の視力、聴力、その他の身体的認知能力上の問題点を指摘することも考えられるが、証人の身体的ハンディキャップをことさらに強調することは人権的観点からも問題であるし、陪審員はそのような質問や質問者

46 *See* James W. McElhaney, McElhaney's Trial Notebook, 4th ed.（ABA, 2005）at 368-374.

には反感を持ってしまう。

「証人自身の信用性」については、証人の人格そのものを問題とすることによって証言をおこなっている人物自身の「人格上」の信頼性を崩し、それにより証言全体の信用性を失墜させることである。そのため、証人が事件や被告人について証言する「動機」(motivation)を明らかにする。その結果、愛情や、憎悪や、復讐や貪欲さなど(love, hate, revenge, greed, etc.)のような証人の動機が明らかになると、証言全体の評価が変わることもある。また、証人の利害(interest or not)関係の存在、つまり証人が、事件そのものから得る利益(あるいは失うもの)を明らかにすることがおこなわれる。たとえば、財政上あるいは待遇上(finance, post)得られる証人の具体的な「利益」が示されると証言の評価が変わる可能性がある。

他方で、事件そのものに対してではなく、証人が一般的に持っている、ある特定の人や事柄に対する証人自身のものの見方、とくに人種的偏見や先入観(bias & prejudice)を明らかにすることで証言の客観性が失われることがある。[47]

反対尋問の例を引用しよう。以下は、第一六代合衆国大統領のエイブラハム・リンカーンが弁護士であった時に担当した刑事事件における目撃証人に対する有名な反対尋問の例である。事件は、一八五八年にイリノイ州巡回裁判所(Circuit Court of Illinois)で被告人ウィリアム・「ダフ」・アームストロング(William "Duff" Armstrong)は、ジェームズ(James Metzker)に対する殺人罪で陪審裁判を受けていた。当日は犯行を目撃したというチャールス・アレン(Charles Allen)が検察側証人として一通りの目撃証言を済ませていた。リンカーン(Q)は静かに立ちあがると、アレン(A)に対する反対尋問を開始した。

47 分厚い本であるが、基本的には F. LEE BAILEY AND HON. KENNETH J. FISHMAN, EXCELLENCE IN CROSS-EXAMINATION(Thomson West, 2013)が大変有用である。ほかに、ミシガン州弁護士会が連続して尋問技術について会報に連続掲載している。Thomas W. Cranmer and David D. O'Brien, *Trial Practice: The Art of Cross-Examination*, 92 MI. BAR JNL. 54(2013); Tom Branigan, *Trial Practice: Cross-Examination of Technical Experts*, 94 MI. BAR JNL. 58(2015)。

Ｑ：証人は二人の喧嘩を実際に目撃したのですか？
Ａ：はい。
Ｑ：そして、あなたは彼らのかなり近くに立っていたのですか？
Ａ：いいえ、それは、一五〇フィート以上（四五ｍ以上）離れていました。
Ｑ：遮るもののない空間でしたか？
Ａ：いいえ。樹木がありました。
Ｑ：どのような樹木でしたか？
Ａ：ブナの樹木です。
Ｑ：八月ですと木々の葉はむしろ茂っていたのでは？
Ａ：そうですね。そう見えました。
Ｑ：何時ころこのすべてのことが起こったのですか？
Ａ：夜の一一時でした。
Ｑ：あなたは、その時ロウソクを手にしていたのですか？
Ａ：いいえ。何のためにロウソクが必要なんでしょうか？
Ｑ：夜中の一一時にあなたはロウソクなしで、どうして一五〇フィート以上も離れた距離から二人を見ることができたのですか？
Ａ：月が、本当に明るく輝いていたからです。
Ｑ：満月？
Ａ：はい、満月でした。

（ここでリンカーンは、彼の後ろポケットから青表紙の暦《こよみ》を取り出して、ゆっくりと問題の夜の月見表を広げて、証人の前にそれを置き、反対尋問を続けた。）

Q：この月見表には、八月二九日には、月は満月ではなくて四分の一をかろうじて過ぎていたと書かれていませんか？

A：（証人からは何か聞き取れる返事はなかった。）

Q：暦には、この月も一一時には消えると書かれていませんか？

A：（証人からは何か聞き取れる返事はなかった。）

Q：一五〇フィートは言うまでもなく、遠くから離れて何かを見るには暗すぎたというのが事実ではなかったのですか？

A：（証人からは何か聞き取れる返事はなかった。）

Q：質問は以上です。[48]

(5) 異議申立て（Objection, Bill of Exception）

なお、証人質問の際に、当事者から質問を遮って、異議申立てがおこなわれることがある。主尋問においても反対尋問においても証拠法上の規則や判例から、法廷では違法とされる質問類型がある。そのため、そのような質問が発せられると証人が答える前に「異議あり」（"Objection."）を述べて証人の発言を防止（あるいは中止）させなくてはならない。違法とされる質問類型にはつぎのようなものがある。

・専門家でない証人に対する意見や評価（opinion and evaluation）を求める質問

48 Lincoln's Famous Cross-Examination: As Counsel for a Murder Defendant, Visithttp://www.re-quest.net/g2g/historical/trials/lincoln/index.htm

・伝聞（hearsay）質問
・法的評価（legal interpretation）質問
・論争的（argumentative）質問
・重複や繰り返し（duplication and repetitious）質問
・証人を困らせる（badgering or harassing）質問
・推測（estimation）を求める質問
・直接尋問における誘導（leading）質問など。

異議申立ての流れは、違法な質問が発せられたときに、証人が答える直前に間髪を容れず、「異議あり」を申し立てる。裁判官によっては、異議の理由を聞く場合もあるので、「異議あり。論争的です。」（"Objection, argumentative."）などと言う。そうすると、裁判官が、異議を認める場合は、「認める」（"Sustained."）と言い、「質問を変えなさい」（"Please, rephrase your question."）などと指示する。もし証人が質問に答え始めていた場合には、裁判官は、陪審に向かって異議が認められた質問とその証言を無視するように説示する。しかし、異議に根拠ないと判断すれば、「却下」（"Overruled."）といい、質問を続けさせる。

(6)　最終弁論（Closing Argument）

最終弁論は、事件事実やその争点について直接陪審員に語りかける最後の機会となる。アメリカの手続きでは、弁護側から始める。

最終弁論は、陪審員に対して、いままで見てきた証拠や聞いてきた証言をどのように整理し、どのように評価するかの指針を与える役割も持つことになる。そのために、陪審に対する伝達（communication）内容、つまり弁論内容や説明項目やその順序については、構成を注意深く考えることが求められる。

最終弁論の構成（structure）の一例としては、①導入（挨拶）から始め、②当事者の関係、③事件の場面、④証拠の評価、⑤争点について、⑥起こったことの解釈（争点への回答）、⑦無罪または有罪の理由、⑧他方の言い分への反論、⑨裁判官の説示の重視、⑩結論と常識への期待、が考えられる。

陪審員は公判中に疑問に思っていたことや知りたいこと、あるいは確認したいことがあっても原則として（証人に）質問できないので、当然彼らが考えそうな質問や疑問について最終弁論においてみずから発して理由をつけて答えておく必要がある。そのため、自問自答方式の利用（use self-question）がおこなわれる。最終弁論では、簡明で、戦略性があり、考え抜かれ、しかも陪審の知性を尊重する（simple, tactful and respect juror's intelligence）ことがポイントである。

たとえば、以下の最終弁論は、グレゴリー・ペックが演じるアティカス・フィンチ（Atticus Finch）弁護士が『アラバマ物語』（一九六二年製作のアメリカ映画。原題は、"To Kill a Mockingbird"）でおこなった最終弁論の一部である。本件は、アフリカ系アメリカ人に対する人種的偏見が根強く残っているアメリカ南部で、白人女性への暴行容疑で逮捕された黒人青年の事件を担当する弁護士の物語である。被告人はアフリカ系アメリカ人のトム・ロビンソンである。

「まず最初に、この事件はそもそも裁判にされるべきではありませんでした。州検察当局は、トム・ロビンソンが行ったという犯罪についてごくわずかのたった一つの医学的証拠さえ示していません。その代り、検察は二人の証人の証言に依存しました。しかしその証言すら反対尋問によって重大な問題が生じただけではなく、被告人の主張とは全く違ったものでした。いま、マイラ・イーウェルが、誰か、左利きの誰かによって残忍に殴打されたことを示す情況証拠がありまず。そして被告人のトム・ロビンソンは、みなさんの前に座っていますが、彼は、彼の利き腕を挙げて宣誓をおこないましたね。その手は右利きでした。

私は、州検察の主要な証人に対して本当に心から気の毒に思います。彼女は貧困と無知の犠牲者です。しかし、私は、彼女が一人の男性、つまり被告人の生命を危機に瀕せしめていることに対しては、同情できません。彼女は、自分自身が罪から逃れるためにそのような証言をしたのです。……

さて、彼女は何をしたのでしょうか？　彼女は、被告人を誘いました。彼女は白人です。白人の彼女はアフリカ系アメリカ人の男性を誘惑したのです。彼女は被告人にキスをしました。初老のおじさんにではなく、強くて若いアフリカ系アメリカ人に対してです。その時は何の気にもならなかったのですが、後で彼女はそれを否定する必要がありました。……

さて、私は、陪審のみなさんが、熱くなることなく、みなさんがお聞きになった証言を検討し、結論を出し、被告人を彼の帰りを待つ家族の元に戻してくれるものと確信しております。お願いですから、みなさんの義務を果たして下さい。お願いですからトム・ロビンソンを信じてくださ い。[49]」

49 *See* Atticus Finch's Closing Argument, The blog for English students at Cromwell College, https://ncowie.wordpress.com/.../atticus-finchs-closing-...

7　裁判官による陪審への説示（Instruction, Charge）

説示は、裁判官が、公開の法廷で、陪審に対して評議のために陪審室に退く前に、事件事実に適用される法律の説明や陪審が決定すべき事柄について説明を与えることである。評決の適正さはこの説示の内容によることが多いので、重要である。

その内容は、①起訴状記載内容を告げることで事件事実を示す（起訴状は証拠ではないこと）、②証拠法上の原則、つまり、(a)無罪推定（presumption of innocence）、(b)検察が有罪を立証する責務を負うという検察の挙証責任（state's burden of proof）、(c)合理的な疑いを越えた立証（proof beyond a reasonable doubt）、(d)証拠の許容性（admissibility）として、伝聞証拠は採用できないことなど、および(e)証人の信用性（credibility）である。さらに法の説明として、③犯罪構成要件を述べ、④当事者である検察官や弁護人の弁論は証拠ではないこと、さらに、⑤評決すべき評決の内容について指示する。これはたとえば、事件事実が殺人罪（murder）の中でも軽い量刑の下位犯罪カテゴリーにあるときには、裁判所は陪審にその選択の可能性を説明する。また、複数の容疑事実がある時は、それぞれにつき有罪か無罪かを評決するように指示しなければならないし、最後に、⑥評決の方法としては、全員一致（unanimous verdict）が原則であることを伝える（州によっては、多数決評決（majority verdict）を認めるところがある）。

この説示内容は印刷され、評議時に参照できるように陪審室に持って入ることができる。また、州の裁判所によっては、双方当事者間で最終の説示の内容について裁判官室で（in-camera）協議がおこなわれる。この説示において不当に陪審の判断に影響を与えたり、陪審の誤判を導くような内容であった場合には、控訴の理由とされることがあるからである。

最終説示の例を挙げよう。


「（説示に従う義務と無罪の推定について）

みなさんの決定は、この法廷で提示された証拠だけに基づかなければなければなりません。みなさんは、被告人または検察に対する同情または偏見によっていかなるかたちであれ影響されてはなりません。みなさんは法に同意しない場合であっても、私がみなさんに説明する法に従わなければなりません。またみなさんは、全体として私のすべての説示に従わねばなりません。みなさんは、法についての裁判所の説示を選択したり、または無視したりしてはなりません。被告人に対する起訴状、または正式起訴状は有罪の証拠ではありません。法は、すべての被告人が無実であると推定しています。被告人は、自己の無罪を証明したり、そのための証拠物を提出する必要は全くありません。もし、被告人が証言しないことを選択する場合、みなさんはいかなるかたちであれ、そのことを皆さんの決定の際に考慮に入れてはなりません。検察は、合理的な疑いを越えた有罪を立証しなければなりません。検察が合理的な疑いを越えた有罪を立証できなかった場合、みなさんは被告人を無罪とする評決を下さなければなりません。

……

（『合理的疑い』の定義について）

検察の立証責任は重いものです。しかし、検察はすべての可能な限りの疑いを越えて被告人の有罪を立証する必要があるというわけではありません。検察の立証は、被告人の有罪に関して『合理的疑い』を排除しなければならないだけです。『合理的疑い』は、みなさんが事件のすべての証拠について慎重に、また公平に考慮したあと、みなさんの理性と常識に基づいた本当の疑いことです。したがって『合理的疑いの余地なき立証』は、みなさん自身の関心事で最も重要なもので、躊躇なくそれに依拠し、また従うであろうことを確信させる証明のことです。もし、みなさんが被告人は合理的疑いを越えて有罪であるということが証明されたと確信したならば、そう言ってください。もしみなさんが確信しないのであれば、そう言ってください。……[50]」

8　評議（Deliberation）

裁判官による最終説示が与えられた後、陪審は評議のために陪審室に退く。評議の間は、マサチューセッツ州の場合、伝統的に陪審室のドアに斜めに白い杖のような棒が立てかけられる。それが現在評議中であるとのシンボルとされる。

すべての書証と物証は、裁判官の裁量によるが、通常、評議のための証拠として陪審室に持ち込まれる。もちろん証拠として認められなかったものを陪審室に持ち込むことはできない。証拠でないものに基づいて陪審が被告人を有罪とすることは、法の適正手続きを拒否することになるからである。裁判官の陪審の説示についてはそのコピーを陪審が評議中に参照することが認められているが、あくまでも訴訟当事者によって同意される場合だけである。[51] 法廷での証人の証言などの口頭の記録を録音したものについては、物的証拠とは対照的に、通常、陪審員室での陪審の評議の際には利用できない。

50　*See* "The Duty to Follow Instructions and the Presumption of Innocence" and "Definition of "Reasonable Doubt" from the Pattern Jury Instructions, Criminal Cases, Eleventh Circuit (2010 revision), update and extend the 2003 edition, *see supra* note 41.
51　たとえばペンシルヴェニア州では2009年の改正で、裁判官の説示のコピーの持ち込みが認められた。*See* Pa. Rs. Crim. P 646, 647 (2009).

もっとも主宰裁判官の裁量で法廷の速記官のメモが陪審に対して読まれることがある。しかし証言の特定の一部だけを読むことはそれを強調することにもなりかねず、裁判官は、相当な注意を陪審に対してしておくことが必要となる。[52]

9　全員一致評決（Unanimous Verdict）制

任務中の陪審員が当事者やその代理人を含む部外者と接触しないように陪審以外立入り区域が明示されている。

有罪、無罪ともに評決は、全員一致が原則である。全員一致を要件にしている理由は、陪審員が陪審として集団で決定することに意義を見出している点にある。さらに疑わしきは被告人の利益に（"in dubious pro reo"）を実現するためであるといわれている。

ところが、州制定法によって全員一致評決原則に変更を加える動きが表れてきた。その理由と根拠は、先に見た陪審定員の減少と同じである。すなわち評決について、憲法はとくに全員一致制を定めていないからというものである。これらの州では、全員一致原則を切り崩し、一一対一、一〇対二、九対三までの評決で、有罪か無罪につき評決しうるとした。この点に関する合衆国最高裁の判決を見ておこう。

オレゴン州は、第一級謀殺以外の罪で、一一対一および一〇対二の多数決による陪審の評決を制定していた。またルイジアナ州では、武装強盗罪（armed robbery）について九対三の多数決評決を認めていた。両

52　マサチューセッツ州では、陪審に、裁判官の裁量で当事者の同意なしでも、その訴追事実に関する録音テープまたはビデオテープを提供することができるとしているが、以下のような厳格な条件付きの場合である。すなわち(1)裁判官は両当事者に録音テープまたはビデオテープを陪審に評議のために提供するということを忠告すること、(2)テープ録音は完全に聞き取れるものであること、(3)裁判官は、陪審に対してテープ録音された訴追事実をどのように使用するかについて指示しなければならないこと、および(4)裁判官は当該テープを証拠物として特定すること、である。*See* David Duncan, The Jury: Contamination, Instructions, Deliberation, and

州においてこれら州で有罪とされた二つの事件が合衆国最高裁で審理された。一九七二年のApodaca v. Oregon事件[53]では、Apodacaら三人の被告人は、武器による脅迫、住居侵入強盗および重窃盗の容疑で起訴され、オレゴン州の陪審裁判でApodacaともう一人の被告人は一一対一の評決で、他の被告人は一〇対二の評決の非全員一致評決により有罪とされた。オレゴン州最高裁への上告が棄却されたので、Apodacaらはオレゴン州憲法が「陪審の全員一致による有罪評決を義務付ける第一級謀殺（first degree of murder）の場合を除き、すべての刑事訴追において一〇人の評決で有罪または無罪を決定する」[54]という陪審の非全員一致による有罪評決を定めた規定は、合衆国憲法第六修正の「刑事事件で陪審裁判を受ける権利」を侵害するものであると主張した。

他方、Johnson v. Louisiana事件[55]においてJohnsonは、武装強盗罪（armed robbery）容疑で自宅で逮捕された。その際、逮捕令状は発給されていなかったが、強盗の被害者によって複数の写真の中からJohnsonが犯行者であると特定され、さらに別の強盗の被害者によるラインナップでもJohnsonが特定された。この後者の強盗容疑による起訴に基づき、ルイジアナ州地裁の陪審は、九対三の評決によってJohnsonを有罪と評決した。Johnsonはルイジアナ州憲法の「重労働刑（hard labor）については一二人陪審による九人の評決とし、死刑を含む犯罪については一二人の陪審全員一致評決による」[56]とする規定、および同州刑法典の「死刑を含む犯罪については一二人陪審による全員一致評決、重労働刑については一二人陪審による九人の評決による」[57]とするこの九対三の有罪評決を定める規定は、憲法第一四修正の法の適正手続き、および法の下の平等に反すると主張し、上告した。しかし、同州最高裁はこれを拒否した。

二つの事件は、併合審理された[58]。

Verdict, Ch. 36, Oct. 2011. Visit https://www.suffolk.edu/documents/.../Ch36Jury. pd.

53 Apodaca v. Oregon, 406 U. S. 404（1972）.

54 *See* Or. Const. art. I, s 11.

55 Johnson v. Louisiana, 406 U. S. 356（1972）.

56 *See* La. Const. art. VII, s 41.

57 *See* La. Code Crim. Proc., art. 782.

58 アポダーカ判決もジョンソン判決もWhite裁判官が法廷意見を執筆し、他にBurger、

合衆国最高裁は、Apodaca 事件について、憲法第六修正の陪審裁判を受ける権利そのものが、刑事事件において合理的な疑いを超えた立証を要求するとは解釈されてこなかったこと、また合理的な疑いを超えた立証責任は、陪審裁判や全員一致評決とは別個に発展してきたものである、とした。さらに最高裁は、憲法が禁止しているのは、陪審団から地域社会の特定の部分を制度的に排除することであり、少数者が評議で排除されたわけではないため、陪審評議で多数意見者が証拠の評価を誤ったり、偏見で有罪とすることは認められず、したがって全員一致評決をする陪審と、一〇対二あるいは一一対一で有罪または無罪決定することを求められた陪審との間には差はない、とした。

これに対する反対意見は、陪審裁判を保障した第六修正は陪審評決が全員一致でなければならないとする保障を包含しているのであり、また全員一致評決が第六修正の陪審裁判の権利の重要な要素であると今日まで普遍的に理解されてきた、というものであった。

Johnson 事件について、最高裁は、これまで一度も全員一致による陪審評決が法の適正手続きの要件であると決定したことがなく、陪審のうち三人の少数者が無罪に投票したという事実は、有罪に投票した多数評決の完全性または正確性に関する憲法上の実質性にいかなる疑問も与えないとした。つまり有罪に投票した九人の陪審員が合理的な疑いを越えた証明に関する説示に従わなかったとか、あるいは九人のうち誰かが有罪証明の正直な確信を表せなかったとする理由を見つけることができないとした。また最高裁は、三人の陪審員が無罪に投票したという事実自体は、九人の陪審員がその意見に耳を貸さず評議を中断して評決を下したことにはならず、有罪に投票した九人の陪審員に関しては合理的な疑いを越えた有罪立証を確信したものであると結論した。最高裁は、三人の陪審が無罪に投票したことは Johnson がより低い立証基準によって有罪を宣告されたことにはならず、同州の制定

Blackman、Rehnquist および Powell 各裁判官が同調し、Douglas、Stewart、Brennan および Marshall の各裁判官が反対意見を表明した。

法は合憲であると結論付けた[59]。

Johnson 事件に対する反対意見は、憲法第一四修正からすれば州の刑事陪審裁判における全員一致の陪審評決を義務付けているのであり、また刑事陪審の選任における差別を禁止していることから全員一致の陪審だけが不十分な証拠に基づく有罪や、有罪証拠の明白な事案で無罪とする潜在的偏狭さを最小化する役割を果たすことができること、また九人の多数者の評決で足りるとする法廷意見はこの基本的な保障を蝕むものであること、さらに陪審評決の全員一致要件は憲法上の他の必要条件と同程度重要であり、それによって法と現代社会を結び付けるという陪審の機能を保持していると述べた[60]。

この二つの判決が一九七二年に最高裁によって決定されるまでは、刑事陪審では全員一致評決はアメリカの建国以来の原則であった。全員一致制を採る理由は、陪審員が陪審として集団で決定することに制度的意義がある点と、疑わしきは被告人の利益に（in dubio pro reo）を実現するためであるといわれている[61]。

しかし、いくつかの州政府は憲法第一〇修正の州権限に基づき、陪審コストの削減（陪審定数の削減）と審理時間短縮のために全員一致評決制の緩和を推し進めてきた。とくに非全員一致の評決の導入は、有罪の心証に至らない陪審員を残したまま決定できるという点で「合理的な疑いを超えた」有罪立証がなされたのか、という疑問が残る。また「合理的な疑いを超えた」有罪立証は、評議者（陪審）が最後の一人になるまで全員、証拠の評価や疑問を述べ合い、全体としての決定に至る。十分に時間をかけて評議したことが評決の信頼の裏付けとなる。しかし Apodaca の事件の評議は四一分で終了し、残り二人に対する評議も三〇分未満と五一分であった[62]。また、Johnson 事件では三人が無罪を主張し続けたまま評決が打ち切られた[63]。したがって、非全員一致の評決における「合理的な疑いを

59 *Id.* at 360, 364.
60 ダグラス、ブレナン、スチュアートおよびマーシャルによる少数意見は強力で説得力に富む。*See id.* at 395, 398.
61 Hans & Vidmar, Judging the Jury（Plenum Press, 1986）at 165-176.
62 Note, *In the Wake of Apodaca v. Oregon: A Case for Retaining Unanimous Jury Verdicts*, 7 Val. U. L. Rev. 249（1973）.

超えた」有罪立証に関する最高裁の理由付けの脆弱性についてはのちに多くの批判を招いた[64]。

さらに、全員一致陪審だと、明らかに不一致陪審（hung jury）の機会は増える[65]。このことは、Apodaca 判決で最高裁自身が認めている。不一致陪審は「合理的な疑いを超えた」有罪立証責任に対する一つの陪審の回答である。被告人にとって不一致陪審が有利なものである以上、非全員一致評決は制度的にそのような被告人の利益と機会を奪うことになる。この点の最高裁の理由付けも説得力に乏しい。

では、どこまでの多数評決ならば合憲なのか。それには限界があるのか。一九七九年の Burch v. Louisiana 事件[66]においては、六人制刑事陪審の五対一による有罪評決を認めるルイジアナ州の制定法の合憲性が争われた。Burch は、二つの猥褻な映画を上映した容疑で有罪とされた。評決が告げられたあと、裁判官が個別に陪審に評決を確認したところ、評決は五対一であったことがわかった。Burch は六人制陪審に非全員一致評決を認めているのは、憲法第六修正および第一四修正によって保障された「公正な裁判を受ける権利」に反すると主張した。最高裁は、全裁判官の全員一致判決によって時間と経費の節減という州の利益も、五対一による有罪決定を十分に正当化するものではなく、これは憲法第一四修正の法の適正手続きに反すると理由付けた。結局、六人制陪審の場合は、全員一致が原則とされた[67]。

10　評決（Verdict）

陪審が評決に至ると陪審長が廷吏に連絡を取り、廷吏を通じて裁判長と訴訟代理人に伝えられる。

63　Note, *Johnson v. Louisiana and Apodaca v. Oregon: Unanimity in the Criminal Jury Verdict*, 7 GA. L. REV. 339（1973）.
64　HANS & VIDMAR, *supra* note 61 at 176.
65　KALVEN & ZEISEL, THE AMERICAN JURY（Little Brown, 1971）at 241.
66　Burch v. Louisiana, 441 U. S. 130（1979）.
67　*Id*. at 139. しかし、それならば、10対２や９対３の評決についても同じことがいえるのではないかという批判もある。*See* Charian J. Nemeth, *Interactions between Jurors as a Function*

評決内容は、公開の法廷で陪審長によって（州裁判所によっては、廷吏が代読することもある）口頭で読み上げられる。評決は、各訴因について「有罪」（guilty）か「無罪」（not guilty）かのいずれかであり、その他はない。評決の理由を示す必要もない。有罪の評決の場合には、弁護人の要請で陪審員各人にその評決を確認することができる（これを polling call という）。

陪審が相当な時間評議をおこなっても、なかなか全員一致に達せず行き詰まったことが陪審長から伝えられると、通常、裁判官は、彼らを法廷に呼び戻して、一定の説示をおこなう[68]。この説示において、裁判官は、「事件は決定されねばならないこと」「陪審相互の主張に真摯に向き合うこと」「少数者は多数者の立場を再考して、みずからの立場を再考慮すること」などが告げられる。実際にはこのような説示により、ほぼ全員一致評決に至ることが多いのであるが、それでも相当な評議時間が経過した後に、これ以上時間を費やしても全員一致の評決に至ることは困難であるとの判断は、主宰裁判官の権限である。裁判長が公開の法廷で不一致陪審（hung jury）を宣することになる。それにより「審理無効」（mistrial）が宣言され、陪審を解放することになる[69]。

11　控訴（Appeal）

憲法第五修正が double jeopardy（二重の危険[70]）を定めているために、無罪評決の場合には検察は控訴することができない。

有罪評決が出た場合には、被告人は控訴が可能であり、その法的根拠は、裁判官の法手続き違反、判例または法令違反がある場合、あるいは陪審評決への不当な影響（たとえば不適切な裁判地）があ

of majority vs. Unanimity Decision Rules, 7 J. Applied Soc. Psychology 38（1977）ほか。

68　マサチューセッツ州ではこの説示のことを「ダイナマイト」説示にまたは、これを認めた州最高裁の判決（Commonwealth v. Tuey, 8 Cush. 1（1851））の名前を取って「Tuey 説示」といわれている。*See* Duncan, *supra* note 52.

69　この不一致陪審（hung jury）の扱いについては州裁判所ではさまざまな方法がとられている。*See* Barbara Luppi and Francesco Parisi, *Jury Size and the Hung-Jury Paradox*, 42 J. Legal Stud. 399（2013）.

ったことである。通常、控訴裁判所は法律審であるため、基本的には事実審理をおこなわない。したがって陪審による事実認定の誤りは控訴の理由とはならない。しかし、無罪を証明する新たな証拠が発見されたとき（DNA鑑定結果とか）は、控訴が認められることがある。これは、「公正な陪審」による評決でなかったといった理由で、裁判をやり直しさせる（new trial）命令となる。

70　憲法第5修正の定めるdouble jeopardy（二重の危険）については、*see* Carissa Byrne Hessick & F. Andrew Hessick, *Double Jeopardy as A Limit on Punishment*, 97 Cornell L. Rev. 45 (2011), Janet E. Retrial, *After a Hung Jury: The Double Jeopardy Problem Find Later,* 129 U. Penn. L. Rev. 701 (1981).

第10章　民事陪審制度

1　民事陪審制度の法的根拠

民事裁判過程に市民参加を認めている国はさほど多くない。しかし、アメリカは建国以来、二〇〇年以上にわたって民事陪審制度を維持してきている。アレクシス・ド・トクヴィルは、この民事陪審裁判こそアメリカの民主主義精神を支える重要な制度だと位置付けている。トクヴィルは次のように言う。

「陪審制度をどのような形で実施するにせよ、それは国民性に多大な影響を及ぼさずにはいない。だが、民事訴訟への導入が進むにつれて、その影響は限りなく増大する。陪審制、とりわけ民事陪審制は、判事の精神的習性の一部をすべての市民の精神に植え付けるのに役立つ。まさにこの習性こそ、人民をもっともよく自由に備えさせるものに他ならない。[1]」

民事陪審裁判を受ける権利は、合衆国憲法の第七修正（Right of Civil Jury Trial）に規定されている。

「コモンロー上の訴訟において、訴額が二〇ドルを超えるときは陪審による裁判を受ける権利が保

1　トクヴィル著・松本礼二訳『アメリカのデモクラシー第一巻（下）』（岩波書店、2013年）187頁。

持される。陪審によって審理された事実は、コモンロー上の規則によるのでなければ、合衆国いずれの裁判所においてもこれを再検討されることがない。」[2]

憲法の条文によれば民事陪審は、まず「コモンロー（common law）上の訴訟」に限定される。合衆国最高裁は、伝統的に第七修正が制定された時点における英国の「コモンローのもとで存在した民事訴訟」に対して陪審裁判を受ける権利を保持するものと考えてきた。この点について一九世紀初めの合衆国最高裁判事であったジョセフ・ストーリー（Joseph Story）裁判官は、一八三〇年のParsons v. Bedford事件[3]において、「第七修正は、正確な意味で法的権利を決定できると考えられる場合には、いかなる訴訟形態であれ、エクイティ（衡平法）と海事事件を除く、すべての訴訟を対象にするものであると十分に解釈される。」と述べている。[4]

ここでいう、エクイティ（equity, 衡平法）上の事件とは、差止め（injunction, enjoin）、家事法上の決定である離婚や養子縁組などの有効性に関する命令（decree）、特定履行（specific performance）や一定の権利確定のための仮差止めや、一時的執行停止をおこなう宣言判決（declaratory judgment）等のことをいう。このような裁判所の権利関係の確定や履行を求める訴訟は、歴史的にエクイティ（衡平法）裁判所の管轄に属するもので「コモンロー上の訴訟」ではないため、陪審裁判の対象とならないとされてきた。[5]

このコモンローとエクイティの関係については歴史的な経緯がある。現在では、制定法によってコモンローとエクイティの融合（merge）がなされており、[6]それぞれ異なった管轄事項として扱われるわけではない。エクイティに関する裁判については、本案と同一裁判所において受訴裁判官がその都度判断をおこない、本案の損害賠償に関する審理では陪審を用いるようになっている。エクイティ裁

2　合衆国憲法第７修正。

3　Parsons v. Bedford, 3 Pet. 433, 28 U. S. 446（1830）at 447.

4　同じように1789年裁判所法（Judiciary Act of 1789）が、「事実に関する争点の審判は、地方裁判所において、海事と海上管轄権に基づく民事紛争以外のすべての訴因について陪審によっておこなわれるものとする。」と規定していることと対応している。

5　コモンローとエクイティの関係については歴史的な経緯がある。*See* Developments in the Law: The Civil Jury: II. *The Value of the Civil Jury*, 110 HARV. L. REV. 1421（1997）and

判管轄に属する事案以外にも、たとえば海事法や海商法に関する紛争や、経理をめぐる事案については、歴史的には陪審裁判には馴染まないとされている。[7]

したがって、憲法第七修正が、「訴額が二〇ドルを超えるとき」を民事陪審の対象としていることからも明らかなように、民事陪審事件の対象は、損害賠償訴訟などのように、何らかの法的請求原因に基づいて提起された金銭による賠償を求めるものがそのほとんどである。[8] したがって、行為の差止めや権利の確定についての判断はおこなわない。

憲法第七修正は、コモンロー上の訴訟における陪審裁判の権利を保障するものであるが、これと同じような民事陪審を受ける権利を州憲法において有している州は少なくない。[9]

2　民事陪審裁判を受ける権利

民事陪審裁判を受けるためには、原告、被告ともに、「適時（timely）」の陪審請求が要件となる。これは、連邦民事訴訟規則（Federal Rules of Civil Procedure）が、陪審裁判の申立てを、「最終の訴答書面の送達がなされたときから一四日以内に」おこなうことを定めているからである。[10] したがって陪審裁判の請求申立てがなされないときは、民事陪審裁判を受ける権利を放棄したものと見なされる。実務では、陪審裁判請求の申立てを別個にするのではなく、訴状（claim）を出す段階で、陪審裁判の請求を述べておくことになる。

民事陪審審理を受ける権利とその対象についてのリーディングケースはCurtis v. Loether事件[11]である。この事件では公民権法（Civil Rights Act）の第八一二条[12]が、原告にTitle VIII（タイトル・エ

Developments in the Law: The Civil Jury: V. *The Jury's Capacity to Decide Complex Civil Cases*, 110 HARV. L. REV. 1489（1997）.

6　コモン・ローとエクイティの融合（Merger）については、参照、丸田隆『アメリカ陪審裁判研究』（法律文化社、1988年）305-306頁。

7　ジョセフ・ストーリー（Joseph Story）裁判官は、「憲法第７修正は、最も重要でしかも価値のある修正条項であり、そして憲法で保障された権利の高い基礎の上に、刑事裁判のそれと全く遜色のない特権である民事裁判における陪審審理という計り知れない特権を置いたが、

イト）に基づき公正住宅法（Fair Housing Act）違反の補償を請求するための民事訴訟（塡補賠償に加えて一〇〇〇ドル以下の懲罰的賠償、訴訟費用および合理的な範囲内の弁護士費用の求償が可能）の提起を認めている。

この事件の争点は、公民権法または憲法第七修正によって、この条項に基づく損害賠償請求に加えて、差止め救済（injunctive relief）も求める訴訟において民事陪審裁判を請求することができるかどうかであった。本件は、原告のアフリカ系アメリカ人女性が、被告（白人）の所有する賃貸アパートへの入居を拒まれたため、差止めによる救済および懲罰的賠償（塡補損害補償請求は後で加えられた）を求めたものである。連邦地裁は差止めによる救済を与え、本案の結審までに問題のアパートを他者に賃貸することを禁じた。原告は、訴答（answer）において陪審裁判を求める適時の要求をした。しかし、連邦地裁は、公民権法によっても憲法第七修正によっても原告の陪審請求は認められないとした。[13] しかし、連邦控訴裁は地裁の判断を覆し、制定法が権利を認めているのであるから憲法で保障された陪審裁判の権利について適用があるのは「明白すぎて疑う余地がない」としていた。[14]

合衆国最高裁は控訴裁の判断を認め、連邦裁判所における損害賠償請求訴訟において当事者が陪審裁判を請求することが認められるのは明らかであるとした。というのも、同修正条項の主旨は、一七九一年に存在していた陪審裁判対象事件をそのまま維持するが、その当時認識されていたコモンローの訴訟形式に限定されることなく対象が拡張するものであることは、長い間に定着してきたからである。[15] 最高裁は、後の時代の制定法に基づく請求原因に憲法第七修正が適用できることをしばしば表明してきた。つまり、制定法が法律上の権利および救済を認め、通常の法廷で損害賠償の請求訴訟が可能であれば、憲法第七修正はそのような訴訟に適用され、請求により陪審裁判を求めることができる

それはすべての者に、政治的および市民的自由にとって重要であると認められる。」（"[I]t is a most important and valuable amendment; and places upon the high ground of constitutional right the inestimable privilege of a trial by jury in civil cases, a privilege scarcely inferior to that in criminal cases, which is conceded by all to be essential to political and civil liberty."）と述べている。*See* J. STORY, COMMENTARIES ON THE CONSTITUTION OF THE UNITED STATES 1757 (1833) at 1762.

8　連邦民事訴訟規則（Federal Rules of Civil Procedure）では、陪審裁判の申立ては、「最

のである。最高裁は、それゆえ、公民権法に基づく損害賠償請求が憲法第七条修正の意味の範囲内にある「法的権利」を実施する訴訟であることは明白であるとし、控訴裁判所の決定は容認（affirmed）されるとした。[16]

この判例により、民事陪審を受ける権利の対象は伝統的なコモンロー訴訟に限定されず、むしろ、権利侵害からの救済を求める訴訟全体に拡張されたのである。

Matsushita Electronics 他事件

民事陪審を受ける権利は、基本的には当事者の権利である。したがってこれを放棄し、裁判官だけの裁判を選択することもできる。問題は、一方当事者が陪審裁判を請求し、他方当事者が陪審裁判の権利を放棄する場合である。[17]

そのような事案が争われた最初の事件として、Matsushita Electronicsを含む日本の家電メーカー一四社を相手取って起こされたダンピング禁止法違反事件がある。[18] この事件では、一九七〇年代に被告家電メーカーが、テレビの国外販売価格を国内価格より安く設定する価格協定を取り結んでいたとして、米国の家電メーカーから一二億六四万ドルの損害賠償請求訴訟を起こされた。

この審理において原告のZenithら米国の家電メーカーは陪審による審理を請求し、松下ら日本側の被告はそれを拒否した。被告らがあげた陪審審理拒否の理由は以下のような点である。①問題とされるダンピングの謀議なるものは、日本以外の諸外国にまたがるものであり、三〇年間に及ぶ九七件の関連ビジネスを含む。②争点となる事実の理解には、会計学、マーケティング、経済学および日本の商慣行についての理解が不可欠である。③必要となる日本人の証人数が多い。④審理には約

終の訴答書面の送達がなされたときから14日以内に」おこなうことが定められている。*See* FED. R. CIV. P. 38(B)(2).

9　*See* James L. Larry Wright and M. Matthew Williams, *Remember the Alamo: The Seventh Amendment of the United States Constitution, the Doctrine of Incorporation, and State Caps on Jury Awards*, 45 S. TEX. L. REV. 449 (2004).

10　合衆国民事訴訟規則（Federal Rules of Civil Procedure）が、陪審裁判の申立てを、「最終の訴答書面の送達がなされたときから14日以内に」おこなうことが定められている。

一年かかる。⑤ 提出される証拠書面は大部分が日本語であり、しかも一〇万ページを越える。したがってこのように事件が複雑な事実関係を含み、長期にわたる審理期間が予測されるときに陪審による裁判では適正な判決が期待しえず、したがって法の適正手続きに反することになるとして争われた。

松下ら被告は、民事陪審が憲法上の権利であってもその行使が当事者の権利を著しく損ない、適正な結論を得ることが困難であるとされるときは、そのような手続き自体が法の適正手続きに反すると主張した。原告の Zenith は、松下らの陪審裁判拒否の申立てに対し、民事陪審を受ける権利は憲法上保障されており、一方当事者が陪審裁判を拒否しても否定されないとした。したがって、この裁判の争点は、民事事件が複雑で、高度にテクニカルなものとなり、多数の証人と長期間の審理が予想される場合に陪審による裁判をおこなうことは、憲法第一四修正の法の適正手続き条項に反するか、というものであった。

第一審のペンシルヴェニア東部地区合衆国地裁は、松下らの陪審裁判拒否の主張を退け、まず、「合衆国憲法は民事陪審裁判をわれわれの民主主義国家の不可欠の要素として位置づけている。」「さらにコミュニティの代表者を選び、判断を仰ぐのは米国民の権利である。」と判断した。[19] これに対し控訴審である第三巡回合衆国控訴裁判所は、原審判決を覆し、松下らの主張を支持した。同裁判所は、「民事事件において陪審裁判を受ける権利は、憲法上の要請である。しかし憲法上の権利であっても、それが公正さを欠く場合には法の適正手続き（Const. Amend. 5th &14th）に反し、無効となる。」また「民事陪審によって審理することが法の適正な手続きの保障を著しく害する恐れのある場合は民事陪審を回避することができる。」とした。[20]

11 Curtis v. Loether, 415 U. S. 189 (1974).
12 Section 812 of the Civil Rights Act of 1968, 82 STAT. 88, 42 U. S.C. § 3612.
13 Rogers v. Loether, 312 F. Supp. 1008 (ED Wis. 1970).
14 Rogers v. Loether, 467 F. 2d 1110 (1972) at 1114.
15 Curtis v. Loether, *supra* note11 at 193.
16 *Id.*
17 参照、丸田隆「陪審裁判棄権約款（Contractual Jury Trial Waivers）の法的拘束力と合

3　民事陪審の定員

民事陪審の定員については、伝統的に一二人の陪審員で構成されているが、現在は必ずしもそうとは限らない。たいていの連邦地方裁判所では、民事事件の場合、陪審は一二人未満の陪審員で構成されている。しかし、州によっては、すべて、あるいは一部の民事裁判において、六人制のように一二人未満の陪審員で構成される陪審を認めている。

民事陪審では、州裁判所においても、連邦裁判所においても一二人以下の陪審定数と、評決の非全員一致評決が最高裁判例により認められている。したがって州裁判所においては陪審定数も評決についてもばらばらというのが現実である。現在なお一二人による全員一致評決を維持している州は、アラバマ、デラウエアー、ジョージア、メリーランド、ニューハンプシャー、サウスカロライナ、テネシー、バーモントの八州、六人陪審制で、五人による評決を認めている州は、ミシガン、ミネソタ、ニューヨーク、ワシントン、ウイスコンシン、ワイオミングの六州、八人陪審で、六人による多数評決を実施している州は、アリゾナ、アイオワ、メイン、オハイオ、ユタの五州である。他の州はそれらの複数を組み合わせたりしている。[21]

4　正式事実審理（Trial）

民事陪審の選任手続きは、先に見た刑事陪審の選任とほぼ同じ手続きを採る。陪審選任手続きのた

衆国憲法第7修正──民事陪審を受ける権利の契約による放棄の強制力について」法と政治66巻2号（2015年）200頁。

18　*In re* Japanese Elec. Prod. Antitrust Litig., 631 F. 2d. 1069（3d. Cir. 1980）.

19　478 F. Supp. 889（E. D. Pa. 1979）.

20　*See* Douglas King, Comment: *Complex Civil Litigation and the Seventh Amendment Right to a Jury Trial*, 51 U. Chi. L. Rev. 581（1984）; Nathalie M. Walker-Dittma, comment: *The Right to Trial by Jury in Complex Civil Litigation*, 55 Tul. L. Rev. 491（1981）. なおこの

めに集合した陪審候補者は、割り当てられた法廷に到着するまでは、民事事件を担当するのか、刑事事件を担当するのかわからないことが多い。到着した法廷で裁判官からの説示や事件事実を反映した陪審選定手続き（voire dire）が開始されて初めて、民事事件の担当であることがわかる。

(1) 陪審の宣誓（Oath by Jury）と冒頭説示

正式事実審理（trial）は、選任された陪審員が公開の法廷で宣誓（oath）すると、それが正式事実審理の開始となる。最初に、裁判長が陪審に向けて、冒頭の説示をおこなう。この説示では、訴訟案件の簡単な紹介とともに、陪審が審理中に心掛けるべきこと、審理中に起こる当事者間の異議申立てや、審理に関する当事者との協議（sidebar、サイドバー）、審理スケジュール等について説明をする。とくに陪審員が関心を持つ、休憩の取り方や、ランチメニューや帰宅時間についてユーモアを交えて紹介される。典型的な冒頭説示は次のようなものである。

「みなさん。みなさんが本件事件を担当する陪審となりました。私の役割はみなさんに法について説明することです。いまから申し上げます説示は、民事事件で適用される諸原則をみなさんにわかっていただくためと、みなさんがこれかお聞きになる証言を理解する手助けとなるものです。みなさんは正式事実審理のあいだは、この印刷した説示を参照することが認められます。しかしみなさんが夕方自宅にお帰りになる時にはこの印刷した説示を持ち帰ることができません。陪審室に置いて帰ってください。私は、正式事実審理の終盤にはみなさんがおこなう評議について最終説示をします。これらの説示、または私の説明から、みなさんは何かを推測したり、証拠

件に関する合衆国最高裁判決はない。

21　U. S. Department of Justice Office of Justice Programs Bureau of Justice Statistics Special Report Civil Justice Survey of State Courts, 1992 Civil Jury Cases and Verdicts in Large Counties July 1995, NCJ-154346, at12.

に関して特定の意見を持ったり、あるいは評決がどうあるべきかを決めないでください。みなさんの義務は事件のすべての証拠から事実を認定することです。認定された事実に対して私が適用することのできる法について説示いたします。みなさんは、それに同意するかどうかに関係なく、私が与える法を適用しなくてはなりません。みなさんは全員、個人的な好き嫌いや、個人的意見、偏見または同情心に影響されてはなりません。つまり、みなさんは法廷に示された証拠についてのみ事件を決めなくてはならないということです。みなさんは、さきほど宣誓においてそうすることを誓ったことを思い出すでしょう。……」（ワシントン州合衆国地方裁判所の説示例[22]）

冒頭の説示が済むと、裁判長に促されて、双方が冒頭の弁論（opening statement）をおこない、事件のアウトラインと争点を紹介することになる。

(2)　冒頭弁論（Opening Statement）

陪審が選ばれ、宣誓し、着席したあと、訴訟代理人による陪審に対する冒頭弁論がおこなわれる。冒頭弁論の目的は、当事者が事件事実を概説し、それぞれの請求または防御の内容についての導入を陪審に対しておこなうことである。事件の証拠は、陪審にわかりやすい順番通りには示されないので、出廷する証人の証言内容を概括的に整理して伝えることが必要となる。したがって冒頭弁論は陪審に事件の全体的ストーリーを伝える機会でもある。この紹介されるストーリーは、陪審が理解しやすい方法で、わかりやすく伝えることが必要となる。陪審員は冒頭弁論が証拠ではなく、たんに証拠のガイドとなるだけであると裁判官から説示されているが、研究によればこの「ガイド」が相当重要であ

22　Chief Judge Marsha J. Pechman, Jury Instructions of U. S. District Court of Washington, http://www.wawd.uscourts.gov/judges/pechman-juryinstructions visited August 1, 2015.

ることが示されている。というのも事件がどのように起こったかについての陪審員の意思決定プロセスの研究では、彼らがストーリーを自ら構成することによって事件全体を認識し、その確からしさ（accuracy）を確認するために彼ら自身の生活、または経験からストーリーを検討することが示されているからである。それゆえ冒頭弁論は、弁護士が整合的な方法で自分の側の「ストーリー」を提示する機会であるため、説得のための強力なツールとなる。

通常、最も良い冒頭弁論は、事件事実を時系列で示すことであるとされる。しかし、時系列に添っていれば、何を弁論しても良いわけではない。また弁護士は事件事実について議論するよりはむしろ、証明する予定事実を明示することが求められている。そのため、冒頭弁論中にはめったに相手方弁護士から異議申立て（objection）は出されないが、意見にすぎないことを述べる、「弁護士は自分の意見を論じています」（"Counsel is arguing."）という異議申立てがなされることがある。この点は、事件事実だけでなく、事件に適用される準拠法に関する議論についても生じる。つまり、適用法を否定したり、示唆したりすることである。他方で、両当事者は証拠に関して陪審が当事者の基本的な位置を理解できるように適用法に関する意見を述べることは認められている。先に述べたように弁護士が冒頭弁論で述べることは証拠でなく、証拠のガイドにすぎないため、弁護士が、「（あとで）証拠が示しますように」"the evidence will show later"ということばを使って、証拠の概略を話すことは通常おこなわれることである。

(3) 主尋問または直接尋問（Direct Examination）

民事陪審も刑事陪審も、アメリカの法廷では直接主義・口頭主義に基づいた立証や反証をおこなうので、書証よりも証人の証言に重点を置いた審理となる。それでも刑事に比べ、民事事件では契約書や書類などの書証の扱いは圧倒的に多い。これは書面そのものを物証として提出するだけでなく、書面の作成者や署名者を証人として召喚し、書面を参照しながら訴訟事実について証人に直接尋問することで証拠調べをするという方法を採るからである。つまりどういう状況下で文書が作成されたか、それが法的に合理的な手続きに従ってなされた適正な文書であるかどうか等について、証言を通して明らかにすることで書証の証拠力を確認していくわけである。

この直接尋問は通常三つの部分に分かれる。①証人の紹介、つまりその証人が誰であり、どういう仕事に就いているか、②事件が発生した場所や場面の設定、および、③証人がストーリーを語りだす際の状況の説明である。たいていの弁護士がおこなう直接尋問は、証人に対して「……について話してくれませんか」（"tell me"）とか「……について説明してくれませんか」（"explain"）という聞き方をする。しかし、直接尋問では、とくに、証人には、「誰が、いつ、どこで、何を、どのように、なぜ」、という質問（いわゆる5W1H）を発して質問をしていくことが必要になる。これらの質問に対する答えでは、その疑問詞（open question）に対応して証人のストーリーが語られることになる。質問に対する単なる「はい」か「いいえ」の証言ではなく、一定のことがらを語る証言となるので、陪審は、証人の証言についてより理解を深め、また証人が感じたことを受けとめることが可能となる。陪審は証人をどの程度信じられるかや証人の尋問にどの程度の比重を置くべきかを決めなければならないため、主尋問における証言は重要である。他方で、重要な事実を確認し、強調するために、証言内容に応じて、短い質問（場合により、認めるか認めないかの質問、closed question）をおこなう。上手な手慣れた法廷弁護士は、始めにopen questionで証人から事実の背景や内容を語らせておいて、重要で、押さえなければならないところが来たら、スピードを落として、closed question を使うことによって、陪審が認識しなければならない点を、念押し気味に確認させるという手法をとる。たとえば、

弁：「水曜日の午後三時ころに何があったのですか？」
証：「水道局の職員のような制服を着た二人が、私の家に来て、水道の検査が必要だからということで勝手に台所に上がり込んできました。」
弁：「二人は勝手に上がり込んできたのですか？」
証：「はい。」
弁：「あなたは二人に上がっても良いという許可はしたのですか？」
証：「いいえ、しませんでした。」
弁：「許可しなかったんですね。」

となる。この手法は、尋問のテンポ（pace of the examination）を考慮したものである。しかしながら、このような短い質問をし続けると、陪審を飽きさせてしまい、証言の基本的で重要なストーリーが短い証言に埋もれてしまうこともありうる。他方で、open question をだらだらと長く続けていくと、ストーリーが次々と展開して冗長になり、どれが重要な事実かがわからなくなる。また証言を覚えきれなくなると、証人が何を証言するために出てきたのか、陪審が理解に苦しむことになる。

短い尋問でも、直接尋問において誘導尋問をすることは違法な質問となる。というのも、誘導尋問

は、証人に答えが何であるかについて示唆して、それを確認する質問になるからである。たとえば、「あなたが水曜日の午後三時ころの自宅にいた時に、水道局のような制服を着た被告があなたの家に勝手に上がり込んだのですね?」は、違法な直接質問となる。

(4) 専門家証人 (expert witness)

民事陪審では、専門家証人 (expert witness) は欠かせない。民事事件では、被告の法的責任 (たとえば注意義務) の存否や、違反事実の有無 (故意や過失の有無など)、原告の損害の立証、それと被告の法違背行為との因果関係の有無、さらに損害額の算定の根拠等を陪審にわかりやすく立証する必要があるためである。

専門家証人は、とくに専門分野の事項に関して意見を述べるために召喚され、陪審に理解困難なことを理解しやすいように説明する。専門家証人には、特定分野に関する豊富な経験や知識が備わっている必要があるだけでなく、さらにその知識を公開の法廷で堂々と披露しなければならない。両当事者は、見解の異なる専門家を相互に法廷に召喚して、一定の事実的争点について証言させる。その場合、陪審はどちらの意見が正しいのかを最終的に判断することになる。[23]

なお、被告側弁護士による反対尋問に続き、原告側弁護士は、再直接尋問 (redirect) をおこなうことができる。この場合、その後に被告側弁護士が再反対尋問 (re-cross という) をおこなうことができる。

23　専門家証人については以下の文献を参照。Harvey Brown and Melissa Davis, *Eight Gates for Expert Witnesses: Fifteen Years Later*, 52 Hous. L. Rev. 1 (2014); Edward J. Imwinkelried, *Distinguishing Lay from Expert Opinion: The Need to Focus on the Epistemological Differences Between the Reasoning Processes Used by Lay and Expert Witnesses*, 68 Smu L. Rev. 73 (2015); L. Richard Fried, Jr., *Selecting and Preparing an Expert Witness in Civil Litigation*, 17 Hawaii B. J. 4 (2013); Edward H. Pappas, *Trial Practice: Cross-Examining Expert Witnesses*, 92 Mi. Bar Jnl. 48 (2013).

(5) 反対尋問 (Cross-Examination)

反対尋問の主要な目的は、証人による主尋問での証言の信憑性を徐々に崩すことにある。このような証人の証言は、証人の観察機会に対する能力に疑問を抱かせたり、証人自身の持つ思い込みや偏見を浮かび上がらせたり、あるいは、事件の結果(敗訴か勝訴か)について証人が得ることになる利益を明らかにすることで、証人の証言の真実性に対する疑問を抱かせることになる。また、反対尋問による証人の弾劾は、証人の法廷での証言よりも、以前におこなった陳述や説明(多くの場合、ディポジション)との矛盾や不一致を指摘することになる。

そのため、反対尋問では、誘導尋問をおこなうことが認められている。むしろ、多くの弁護士は、反対尋問においてはすべての質問が、誘導尋問によっておこなわれるべきであると信じている。そうでなくとも最低限、反対尋問における質問は、closed question でなければならない。というのも、証人に新しいことや繰り返しの証言をさせずに、「はい」か「いいえ」の証言しかさせないためである。もし証人が、「はい。確かにそうですが、しかし……」と答えを説明し始めた場合、「質問には『はい』か『いいえ』でお答えください」と注意を喚起することが必要となる。誘導尋問を使用することの背後にある発想は、反対尋問者にとって価値のある情報だけを証人から取り出すことにある。効果的な反対尋問者は、通常、証人に対して「なぜ?」とか、証人に説明する機会を与えるような質問をしないで、証人がどういう返事をするかを予め知っている質問だけしかしない。反対尋問をおこなう弁護士は、証人と議論することや、または証人を「せっつく」("badger") ことは認められない。何が、「議論になるか」や「何がせっつくことか」については、明確ではないが、同じ質問を繰り返し聞くことや、証人の証言が虚偽であると言い張ることは多くの場合、そのような質問であると判断される。

反対尋問で、多くの経験の浅い弁護士がおこなう過ちは、反対尋問に関してあまりに多くを達成しようとし、反対尋問を受ける証人に自分（弁護士）の立場に完全に同意させることができると思い込むことである。たとえば、主尋問で、証人が、「二人の水道局の職員のような男が、自宅に上がり込んだ。」と証言した時に、法的争点は自宅への不法侵入（trespass）を構成するかどうかである。その場合に、原告の明示の同意があったかどうかは重要な事実となる。その時に、「あなたは、はっきりと被告らに自宅に上がってはいけないと拒否の言葉を告げなかったのでしょう?」と聞いてしまうと、逆に「いいえ、はっきり告げました」と答えられてしまう。したがって、

「あなたは、被告らが勝手に自宅に来たと先ほど証言しましたね。」

「はい。」

「台所から上がってきた、そうですね。」

「はい。」

「台所のドアを開けたのは被告らではなくあなたですね。」

「はい。」

「被告らはあなたに何か、つまり水道水の検査だと説明したんですね。」

「はい。」

「そして彼らは、水道局の制服のような衣服を身に着けていたのですね。」

「はい。」

「あなたは、彼らが正規の水道局の方たちであれば自宅に入らせましたか。」

「はい。」

「被告らが正規の水道局の者ではないとわかったのは、あなたが浄水器の購入契約をしてからですよね。」

「はい。」

「ということは、あなたは彼らが水道局の者だと自分が勝手に思い込んで台所に上がらせたことになりませんか。」

「……。」


上手な反対尋問は、最後まで証人を追い込まないで止めておいて、最終弁論において、「原告は被告らを水道局の者だと勝手に思い込んで台所に上がらせた」と結論を示す方法である。つまり反対尋問では、ある程度の仕掛けをしておいて、その評価に関する議論は後で（最終弁論で）するというのが上手な方法である。

(6) 証人に対する陪審の質問 (juror questions)

陪審員が証人に直接、口頭で補充質問をすることは、原則的にどの裁判所でも認められていない。しかし、陪審の正確な理解を促し、証言のあいまいさを残したまま評議に入ることを避けるために、一部の州では、証人の証言内容に対して質問がある場合は、メモ用紙に無記名で質問事項を記入し、裁判官が公開の法廷でその質問を読み上げ、証人尋問の補充とすることがある。この方法には、裁判官が、読み上げる質問をあらかじめ当事者の（双方の代理人弁護士）の承認を得ておこなう場合と、裁判官が選択して読み上げる場合とがある。[24]

陪審による質問の利点は、証言による事実の確認と評議の際の事実認定に役立つことや、事実認定の主体が陪審であることを認識させることがあげられる（しばしば、陪審はjudge of factと称される）。また、陪審による質問を通じて、当事者の訴訟代理人が、引き続く証人尋問や最終弁論で考慮しなければならない点について注意を喚起するヒントを得る点があげられる。しかし、陪審による質問を認めないところでは、どちらかに有利な補充尋問となる可能性があるとか、質問がたくさん出た場合、審理に時間がかかるなどの理由で反対されている。[25]

(7)　陪審員のノート取り(note taking)

民事訴訟で明らかにされる情報量は刑事裁判に比べて相当多いのが普通である。そのために事件事実に関する証言や証拠の理解を助けるために陪審員にノートを取ることを許可している裁判所もある。この陪審員のノート取りについては州によって異なるが、その可否は裁判官の裁量によっている。陪審員のノート取りの長所としては、審理が比較的長期の日程を要するような場合、ノートされたメモが証人や証言について正確な記憶の拠り所となり、評議の際に役立つこと、またノートを取ることで注意深く証人尋問を聞くことができること、さらにはノートを取れば眠くならない、などの利点が考えられる。[26]

他方、短所としては、ノート取りに夢中になって証人の証言の際の表情や言い方、目線についての注意深い観察などがおろそかになることや、自分の中での証言の印象の濃淡が一面化してしまい、結

24　イリノイ州では、公判中に証人に対する陪審の質問が可能となった . *See* Supreme Court Rule 243, M. R. 3140 Supreme Court Order entered April 3, 2012. Effective July 1, 2012. 陪審の質問の評価はおおむね好評である。*See* Nancy S. Marder, *Answering Jurors'Questions: Next Steps in Illinois*, 41 LOY. U. CHI. L.J. 727（2010）; Shari Seidman Diamond, Mary R. Rose, Beth Murphy, & Sven Smith, Symposium: *Juror Questions During Trial: A Window into Juror Thinking*, 59 VAND. L. REV. 1927（2006）.

25　イリノイの場合について *see* Kristen L. Sweat, Note: *Juror Questioning of Witnesses in*

局、証言全体の中の重要なポイントを見失う可能性が指摘される。また、ノート取りの上手な人がノートに基づいて評議の時にリードする可能性がある、などの指摘がある。しかし、最近は、事件関係者や証拠だけでなく、証人の顔写真のリスト付きの資料をあらかじめ陪審に用意して、そこにメモが取れるように工夫されたものも用意されるようになってきた。[27]

(8) 被告の指示評決(Directed Verdict)の申立て

原告による尋問を通した証拠提出が終了した後、原告の証拠に法的根拠の存在しないこと、つまり原告が訴因を立証できていないことを理由として、被告から訴訟そのものについて被告の勝訴を求める申立てがおこなわれる。裁判官は、この時点でこの申立てについてその当否を判断しなければならない。もし、原告は十分に説得力のある証拠を提出できなかったと裁判官が判断した場合には、この申立てが認められ、被告の勝訴の判断が下される。これは陪審に直接的に被告勝訴の評決を下すよう指示するものではないが、歴史的には「指示評決」といわれる。[28]

(9) 最終弁論(Closing Argument)

原告被告双方が立証を終える（rested their cases）と、最終弁論に移る。最終弁論は、いずれかの評決を決定するように陪審を直接説得するために双方当事者に与えられる最後の機会である。

しかし、何を弁論しても良いわけではない。弁護士は、証拠について誤った情報を述べることはできない。これは、弁護士が正式事実審理で証拠によって示された事実以外には言及できないことを意味する。同様に、証拠が限られた目的のためだけに認められるときに、弁護士はその証拠を拡大して

Criminal Trials: The "Jury's Still Out" in Illinois, 2014 U. Ill. L. Rev. 271 (2014);

26 *See* Donald S. Buzard, *Jury Note-Taking in Criminal Trials*, 42 Jour. Crim. L. & Criminology491 (1951). 古典的研究であるが、ノートを取れば眠くならないなど、ノートを取ることの利点等検討されている。

27 最近の研究として公判に陪審が事実を十分理解するために工夫されたメモが用意されるようになった。*See* Irwin A. Horowitz and Lynne ForsterLee, *The Effects of Note-Taking and Trial Transcript Access on Mock Jury Decisions in a Complex Civil Trial*, 25 L. & Human

議論することもできない。

弁護士は、証人の信用性、または、依頼人の事案の正当性に関する自分自身の個人的意見を述べることは認められない。通常、相手方弁護士が最終弁論中にこれらの限界を越えて弁論している場合であっても、他方弁護士は異議申立てをしない。しかし、これは法的に規制されているためではなくて、伝統的な儀礼に基づくためである。したがって、度を越えた議論が自己の事案に悪影響を与える時は、躊躇なく異議申立てがなされる。

最終弁論の中身はとくに特定されているわけではなく、多様である。ある場合には、冷静かつ分析的であり、他の場合は、熱く情熱的である。しかしながら最も効果的な最終弁論は、まず重要事実だけに焦点を当てて事件の真の争点を提示することである。さらに、主張を裏付ける証拠を具体的に示すことによって争点に対する自己の立場を明らかにしておく必要がある。もし証拠の評価に争いのある場合は、陪審に、なぜ他方の評価が不適切であり、自己の評価が妥当なのかを根拠をあげて示す必要がある。

最終弁論は、しばしば、「要約」（summation）と称されるがこの言葉は誤解を生む。というのも、最終弁論は、たんに法廷に出された証拠を要約するだけが目的ではなく、それらを再構成し、それによって支えられる事実について議論することだからである。もし弁護士が、長くしかも複雑な裁判の果てに、いまから、正式事実審理で出されたすべての証拠を要約していきますと言ったら、すでに十分証拠を知っている陪審からはうんざりした表情とともに若干の怒りを含んだ気分で迎えられるであろう。たいていの陪審員が望み、必要とするものは、証拠が意味するものに関する何らかのガイダンス（guidance）である。それが最終弁論の主たる目的でもある。

BEHAVIOR 373 (2001).

28　歴史的に指示評決といわれる点について、*see* Renee Lettow Lerne, *The Rise of Directed Verdict: Jury Power in Civil Cases Before the Federal Rules of 1938,* 81 GEO. WASH. L. REV. 448 (2013).

証拠の持つ意味を陪審にガイダンスする際に用いられるのは、事件に対するテーマ（theme）を設定するということである。テーマは、陪審によって「有効な手本」（valid archetype）として容易に受け入れられやすい事案の手短な特徴の描写、または事案のストーリーのことである。それは、事案のすべてについて、あるいはそのうちの重要部分を説明するのに役立ちうる。たとえば、医療過誤訴訟での医者側の防御の一般的テーマは、原告の要求が不合理なものであり、原告が訴訟による奇跡を期待する「不愉快な患者」（ungrateful patient）であるとして描写することである。このテーマが機能するためには、それが強い証拠（たとえば申し分のない証人や文書）で裏付けられていることが必要である。さらに、テーマは陪審がすぐにどの証拠のことかについて認識できるものでなければならない。

5　裁判官による陪審への説示（Instruction, Charge）

最終弁論が終了すると、休廷を挟んで、裁判官は、公開の法廷で陪審に対して陪審の評議のために事件事実に適用される法律の説明、陪審が決定すべき事柄や注意事項について説明を与える。説示の内容は、①事件の争点の説明と、②認定された事件事実に適用される法の説明、が中心となるが、全体としての説示の内容は、手続き面と実体面の双方にわたり遺漏なくおこなわれる。また訴訟手続き面の説示として、民事訴訟法上のルール（規則）の説明をおこなう。

多くの裁判管轄区では、当該州の最高裁判所の承認を得た標準的なパターン化された陪審説示（模範説示集という）が用意されている。ただし、模範説示は、生起するすべての事件に対応する法の説明がカバーされているというわけではない。したがって個別事件に適応した説示内容を作り上げるのは、訴訟代理人である双方の弁護士と裁判官の作業になる。

陪審は、民事事件における通常の立証基準である「証拠の優越」(preponderance of the evidence)について説明を受ける。これは、法廷に示された「証拠のより大きな重み」(greater weight of the evidence)といわれるものである。また、「明確にして納得のいく証拠」(clear and convincing evidence)といわれる証明基準もある。これは、たとえば親権の終了や精神病院への強制的引き渡しのような非常に深刻な結果を有する民事事件で使われる。刑事事件による「合理的疑いを超えた立証」(beyond the reasonable doubt)責任を九五%とすれば、「証拠の優越」は、五一%の立証といえるのに対して、「明確にして納得のいく証拠」の場合は、七五—八〇%位の立証の程度だといわれる。[29]「証拠の優越」を説明している典型的説示は、以下の通りである。

> 「私は、みなさんに、『証拠の優越』によって、問題となっている争点が事件のすべての証拠を検討したうえで『無いというよりあったとする可能性が高い』(more probably true than not)ということでなければならないと言っているのです。みなさんが認定する事実は、蓋然性(probabilities)であって可能性(possibilities)に基づくものではありませんし、またそれが憶測(surmise)、推量(speculation)、または推測(conjecture)に基づくものであってはいけないのです。[30]」

訴訟の実体面に関する説示として、①原告の訴訟原因と争点、②被告の抗弁の法的要素として、た

29　民事事件で用いられる証明の基準は「証拠の優越」である。*See* Neil Orloff and Jery Stedinger, *A Framework for Evaluating the Preponderance-of-the-Evidence Standard,* 131 U. Pa. L. Rev. 1159 (1983)。また、民事裁判では、刑事事件で用いられるより厳しい「合理的な疑いを超えた立証」(beyond the reasonable doubt)という立証基準が求められているわけではない。*See* Thomas Lundy, *Jury Instruction Corner: Comparison of Standards: A Strategy for Explaining Proof Beyond A Reasonable Doubt,* 27 Champion 61 (2003)。

30　合衆国連邦地方裁判所の民事陪審説示から。Visit www. cod. uscourts. gov/…/CBS/

とえば人身に対する傷害事件の場合、「過失」とは何か、「寄与過失」とは何か、「危険への接近」、あるいは「最後の回避義務」などについて、その法的概念をわかりやすく説明する。③原告が勝訴と評決する場合には、損害額の評価にあたって考慮すべき諸要素についての説明がなされる。損害賠償額の算定に当たっては、民事訴訟において原告の受けた損害が、被告の故意または重過失に基づく場合、当事者の申立てに基づき裁判官は陪審が懲罰的賠償（punitive damages）を評決できる点を必ず説示しなくてはならない。懲罰的賠償の請求については原告の申立てが必要となる。なお、定められた説示内容以外に、裁判官は、最後の説示で評決の方法等について説明をおこなう。

英国とは異なり、合衆国において、裁判官は法廷に示された証拠についてコメントしたり要約したりしない。連邦裁判官は少なくとも理論的にはその権限を有し、かつては合衆国においても裁判官が証拠についてコメントすることが認められた習慣ではあった。しかし、裁判官の言明が何らかの形で不適切な形で陪審に影響しないように配慮することを重視して、現在では実行しなくなった。裁判官の証拠に関する要約やコメントの唯一の名残は、当事者の要請に基づいて裁判官が説示や事件についての説明を陪審に対して読みあげることができるということである。

「評決の方法」についての説示としては、評決が全員一致評決（unanimous verdict）でおこなわれることが原則であること、ただし、多数決評決（州によって一一対一や一〇対二の多数決評決がおこなわれる）の場合はどのようにしておこなうか、および各自必ず意見を言うこと、の説明がおこなわれる。また、補充陪審員（alternative jurors）については、審理前からあらかじめ一、二名の補充陪審員を決めている場合もあるが、たいていの裁判所では審理終了後に抽選やその他の方法で補充者を決めている。最初から補充陪審員であると決めてしまうことにより審理に向き合う姿勢が消極的にならないようにするためである。

陪審員長（jury foreperson）（司会役）の決定については、評議前に裁判長が任命する場合もあるが、評議室で互選する場合もある。後者の場合は、その点について裁判官が言及する。

これらの説示の内容については、裁判所や裁判官によってばらつきや一貫性を欠くことのないように刑事陪審の場合と同じように合衆国裁判所および州裁判所において模範説示集（model pattern jury instruction）が作られている[31]。

評議の現実

陪審の評議は秘密裏におこなわれ、しかもあらゆる陪審がそれぞれユニークであるため、評議で起こることについて何が一般的であるかを言うことはほとんどできない。しかしながら、模擬陪審やその経験についての陪審の手記等によって部分的な描写は可能である。それらによると陪審は、評議の途中で、あるいは評議の初頭で不一致度の広がりを知るために試験的投票（tentative vote）を試みる。そのあと陪審が全員で同意するか、または「行き詰まる」（deadlocked）まで、議論と投票が繰り返される。もし、陪審が「行き詰まっている」と報告すると、通常裁判官は陪審員がさらなる評議をすることで彼らの対立を解くことができるかどうかについて見るために、陪審相互の意見を尊重して再度熟慮するように勧告して、陪審員を評議室に送り返す。またそのために時々、追加的な説示がおこなわれる。

31　模範説示集（model pattern jury instruction）はWEBページで公開されている。参照、Bethany K. Dumas, Symposium: *Communicating with Juries: Jury Trials: Lay Jurors, Pattern Jury Instructions, and Comprehension Issues*, 67 Tenn. L. Rev. 701（2000）.

6 評決（verdict）

評決では、一般的に、陪審は被告に法的責任を生じさせるような事実の有無の認定と、それに基づいて被告の有責性が認められた場合には、原告に支払うべき損害賠償額の算定も評決でおこなう。陪審は、隔離された陪審室へ退き、評議に入る。これにより、陪審員は外部と接触することなく評議をおこなうことができる。評決は、徹底した評議の後に到達した陪審の集団としての合意となる。民事陪審では、ある事実や責任の有無について一括して評決する（これを一般評決という）よりも、個別的争点について陪審の個々の判断を求める特別評決（special verdict）の方法がとられることが多い。これは、事実関係に則して、争点ごとに順次評決したり、責任割合を評決したりする評決の仕方である。評決の個別的な問いは、裁判所があらかじめ当事者と協議して決めておくことになる。[32]

時には陪審が誠意を尽くして評議しても評決に達しないことがある。これを不一致陪審（hung jury）と呼ぶ。この場合、裁判官は「審理無効」（mistrial）を宣言することもある。

陪審員が評決に達すると、陪審は公開法廷に戻り、裁判官に評決書を渡す。そして訴訟当事者に、評決が言い渡される。その時、陪審員は評決に関して裁判官から、評決に賛成かどうかを、個別に質問されることがある。

32　なお、このspecial verdictについては、合衆国裁判所では認められていない。*See* Donald Olander, Note: *Resolving Inconsistencies in Federal Special Verdicts*, 53 FORDHAM L. REV. 1089 (1985).

7　陪審評決に対する裁判所の介入

いったん評決が出ても、当事者の申立てに基づいて、事実審裁判官は、陪審評決に対してそれを取り消したり、自判したりする権限が与えられている。つまり、敗訴当事者は、評決が出たにもかかわらず、裁判所の判決を求める申立てを提起することができる。

(1)　指示評決(directed verdict)

指示評決の申立てはすべての立証が終了した後にもおこなうことができる。すなわち、それまでに法廷に示された証拠に依拠するならば、いずれかの勝訴が明白な場合に、一方当事者の申立て（motion for directed verdict）によって、裁判官は、陪審の評議に付する前に直接みずからの評決をおこなうことができる。これを指示評決（directed verdict）という。この決定は、被告の反証が終了した時点で陪審をいったん法廷から退かせたうえでおこなう。この指示評決が上訴審で覆される（remand）と、新しい陪審による（あるいは裁判官だけでの）new trial（再審理、審理やり直し）となる[33]。

(2)　評決取消自判(judgment n.o.v.=judgment non obstante verdicto=not with standing verdict)

裁判官は、陪審の評決があった後、当事者が申し立てる場合には、いったん出された評決を取り消

33　*See* Eric Schnapper, *Judges Against Juries－Appellate Review of Federal Civil Jury Verdicts*, 1989 Wis. L. Rev. 237 (1989); Renee Lettow Lerner, *The Rise of Directed Verdict: Jury Power in Civil Cases Before the Federal Rules of 1938*, 81 Geo. Wash. L. Rev. 448 (2013).

し（set aside）たうえ、みずから判決を出す権限がある。つまり、いったん示された陪審の評決に対し、その事実認定過程に違法性があるとか、証拠の重みに反して不合理な評決であるとか、または通常人であれば反対の結論に達したであろう等の理由をあげて、陪審の評決を取り消して、改めてなされる裁判官の判決を求めることができる。この決定手続きは、陪審評決が下された後で、陪審を法廷から退かせたうえでおこなう。この判決が上級審で覆された場合、原陪審評決が支持されることになる。[34]

(3) 陪審の損害賠償額の評決に対する裁判官による賠償額の減増（Remittitur と Additur）

陪審の認定した損害賠償額が著しく高額であるか、または低額すぎると思われるときは、当事者はその申立てに基づいて、主宰裁判官に対して陪審の認定した損害賠償額について、減額または増額を命じる命令を要請することができる（ただし、これは裁判官の自由裁量ではなく、法律上の規定がある場合に限る。州によっては減額を認めないところもあり、また連邦裁判所は、減額のみである）。[35]

これは評決を不服とする当事者の再審理（new trial）の申立てに対して、その拒否を前提として判断される。つまり、事実審裁判官は、評決された損害賠償額が、明らかに不適切であると判断するときは、評決を無効とする権限がある。しかし、その時には、裁判官が再審理（new trial）を認める。しかし、additur の場合は、たんに損害賠償額が低すぎるといった理由だけでは認められない。さらに、additur に基づく損害賠償額の是正（増額）は、すべての州で認められているわけではないし、連邦裁判所でも認められていない。

34　評決取消自判（judgment n. o.v.）については、参照、Connie Alt, Note: *Preservation of Judgment N. O.V. Motion Under Rule 50(b): Renewal of Directed Verdict Motion*, 70 IOWA L. REV. 269 (1984).

35　事実審裁判所における陪審の損害賠償額の減増（remittitur と additur）に関する手続きについては、*see* David Baldus and John C. MacQueen, and George Woodworth, *Improving Judicial Oversight of Jury Damages Assessments: A Proposal for the Comparative Additur/Remittitur Review of Awards for Nonpecuniary Harms and Punitive Damages*, 80 IOWA L.

陪審が評決した賠償額を減額させるremittiturは、敗訴した被告が損害賠償額が高額すぎることを理由として再審理を求めたときにしばしば生じる。この場合、remittiturによる救済が、再審理や控訴の手続きを経ないで損害賠償額を是正するものとみなされている。

(4) 再審理、審理やり直し申立て(motion for a new trial)の理由

通常、再審理の申立ては、評決が証拠の重さに反していることをあげる。裁判官は、陪審が達した評決が、提示された証拠により裏付けられていないという一方当事者の主張に同意したとき、この申立てを認める。再審理は、このほかいくつかの理由によっても認められる。一般的に訴訟当事者は、(a)証拠の許容性に関する裁判官の決定に過ちや偏見があるとき、(b)裁判官の説示が法または判例に反するか、あるいは偏見に基づくものであるとき、(c)評決や判決が法廷で示された証拠の重み（weight of evidence）に反すると考えられるとき、(d)過剰な損害賠償額、極めて不適切な損害賠償、(e)新しい証拠の開示や、あるいは証拠提出に関する誤りのような理由で、評決あるいは判決が著しく正義に反していると判断するときは、申立てによって再審理を求めることができる。

8　控訴（Appeal）

再審を求める正式事実審理後の申立てを裁判官から却下された場合、これに不服な当事者は上位裁判所に控訴することができる。三〇日以内に申立てをおこなう（連邦上訴規則）か、または事実審裁判所の手続きの違法性について再審査（review）することを求めるかである。控訴審で事件の再審

Rev. 1109 (1995); Irene Deaville Sann, *Remittiturs (and Additurs) in the Federal Courts: An Evaluation with Suggested Alternatives*, 38 Case W. Res. 157 (1987); Shaun P. Martin, Rationalizing the Irrational: *The Treatment of Untenable Federal Civil Jury Verdicts*, 28 Creighton L. Rev. 683 (1995).

理をおこなうものではない。そのような場合は、裁判官が陪審への適切な説示をおこなわなかったことなどが理由となる。上訴審では、原則として新しい証拠は受け入れないからである。

弁護士は正式事実審理中に、それらしい誤りに対して逐一異議を申し立てて、それを記録に残すことによって、控訴に向けた地ならしをする。異議申立ての事実は、正式事実審理の記録に残されて訴訟記録文書の一部となり、控訴裁判所で検討される可能性があるからである。控訴裁判所の判決は、下位裁判所に対して、最初の評決を執行するか、再審理をおこなうか、そのどちらかを命じるものになる。

あとがき

すでにお気づきのことと思われるが、本書ではとくにアメリカ合衆国にあって、日本にはない法制度を取り上げて、それらを紹介し、解説している。そのことにより、「アメリカ法の考え方」を明らかにすることができると考えたからである。そのために本書は、『現代アメリカ法入門』というタイトルではあっても、現代アメリカのあらゆる法分野や法制度を概括的に紹介するものとはなっていない。もちろん、アメリカ的な法の考え方は、本書で私が取り上げた各章のトピックに尽きるものではない。むしろ本書では、アメリカ法の特徴をもっとも象徴する制度を取り上げ、その底流にある考え方を抽出することで、ここでは取り上げられなかった他の分野を理解する際にも役立つであろう方法的思考を提示することに主眼を置いた。

たしかに、アメリカ法の特殊性として本書で取り上げた制度に類似する法制度は、日本においても存在する。それらは、たとえば、「クラスアクション」に対応する「消費者集団訴訟」であったり、「ディスカバリー」に対応する「当事者照会制度」や「文書提出命令」であったり、「刑事陪審制度」に対応する「刑事裁判員制度」であったり、あるいは「アメリカのロースクール」に対応する「法科大学院」であったりする。しかし、一見同じような制度に見えても、それらの発想や運用は全くと言ってよいほど異なる。それはなぜなのか。本書では、ところどころにSidebarとして、その問題点を記した。類似した制度が運用上なぜそんなにも異なるのかという点を考えることで、日本が直面する法状況が理解でき、それを客観視することができるからである。法学の勉強の対象と面白さはまさにそういうところにあるのであって、所与の法条文の解釈を理解するだけにとどまらないのである。

アメリカ的な法の考え方の特徴は、アメリカという国の歴史的背景や、移民を受け入れてきたという国家の成り立ちを色濃く反映したものでもある。そのことは間違いがない。しかし、同じように英国から自立し、アメリカほどオープンではないかもしれないが、移民を受け入れて成立したアメリカと類似した国は、カナダやオーストラリアのように、他にもある。しかし、アメリカがこれらの国と異なって独自のアメリカ的な法の発想を持つ理由は、本書の中で何度も言及しているが、じつはアメリカ憲法にある。アメリカ憲法こそがアメリカ的な法の考え方の根源にある。

したがって、アメリカ的な法の考え方をより深く知るためには、アメリカ憲法の考え方にはどのような特徴があるかを明らかにしなくてはならない。このような作業は、とくに日本において憲法の規定自体が持つ意味が軽視されたり、明確な理由もなく憲法そのものを改変しようという発言や動きが提唱されている現状だからこそ、アメリカの憲法の考え方を比較的に知ることは必要なことである。本書では、その根本となるアメリカ憲法の考え方については解説を行っていない。しかし、本書に引き続いて、アメリカ憲法の考え方について明らかにする予定である。

最後に、本書では、要所要所で図や表や写真を掲載した。法的概念や法制度と言う抽象的で捉えどころのないものを説明するときに、具体的に表象する図や表や写真を提示することで、より深い理解ができると考えたからである。具体的な証拠物を提示しながら事実を語るという手法によって、聞き手のより深い理解を可能とすることは、二〇〇〇年以上にわたっておこなわれてきた法的実務の教えるところでもある。このことを理解していただき、法に関する書物ではほとんど前例のないような図や表や写真を掲載することに十分な理解をしてくださった日本評論社と編集部に感謝を申し上げたい。

著　者

ま

や

ら

わ

な

は

た

さ

事項索引

Arphabet

あ

か

●著者紹介

丸田　隆（まるた・たかし）

1949年和歌山県生まれ。関西学院大学法学部、同法学研究科修了、ミシガン・ロースクール大学院修了。関西学院大学法科大学院（ロースクール）教授。同名誉教授。法学博士。弁護士（兵庫県弁護士会）。

ミシガン・ロースクール客員教授、英国サセックス大学刑事法センター客員教授、ハワイ大学ロースクール客員教授、ハーバード・ロースクール客員研究員、コロンビア・ロースクール客員研究員、ニューヨーク・デイ・ピットニー法律事務所客員弁護士、ニューヨーク・ロースクール非常勤教授などを経て現職。

専門は英米法（アメリカ法、比較裁判制度、陪審制度）。

著書に、『アメリカ陪審制度研究――ジュリーナリフィケーションを中心に』（法律文化社、1988年）、『陪審裁判を考える――法廷にみる日米文化比較』（中公新書、1990年）、『銃社会アメリカのディレンマ』（日本評論社、1996年）、『アメリカ民事陪審制度――「日本企業常敗仮説」の検証』（弘文堂、1997年）、『日本に陪審制度は導入できるのか――その可能性と問題点』（編）現代人文社、2000年）、『裁判員制度』（平凡社新書、2004年）、翻訳としてヴィドマー＝ハンス『アメリカの刑事陪審――その検証と評価』（日本評論社、2009年）、『アメリカ憲法の考え方』（日本評論社、2019年）がある。

現代《げんだい》アメリカ法入門《ほうにゅうもん》――アメリカ法《ほう》の考《かんが》え方《かた》

2016年５月20日　第１版第１刷発行
2023年10月20日　第１版第２刷発行

著　者――丸田　隆
発行所――株式会社　日本評論社
〒170-8474　東京都豊島区南大塚3-12-4
電話03-3987-8621（販売）――8592（編集）　振替　00100-3-16
http://www.nippyo.co.jp/
印刷所――精文堂印刷
製本所――井上製本所

装丁／銀山宏子

ISBN 978-4-535-52195-7　Printed in Japan